# 革命キューバの民族誌

非常な日常を生きる人びと

田沼幸子

人文書院

ダイオウ・ヤシの林。キューバの国章に描かれており、人びとは国樹と認識している。

世界遺産のサン・ペドロ・デ・ラ・ロカ城にて。サンティアゴ・デ・クーバにあり、現地では「モロ要塞」と呼ばれている。日の入り前に、独立軍兵士（マンビー）の姿をした人びとが大砲を撃つ。

オルギン市での一コマ。非常期間の際に都市部では「豚を風呂で飼った」という逸話がよく聞かれるが、田舎では外で。

セントロ・アバナの通り。比較的低所得者層が多いと言われる。

アバナ・ビエハの一角。射撃ゲーム小屋の壁に、独立戦争の架空の兵士を題材としたアニメ映画『エルピディオ・バルデス』の主人公の絵。「すべてのキューバ人は射撃ができなければならない」とある。

ヌエボ・ベダード。ソ連型の大型住宅と米国型の低階層住宅が並ぶ。住民は比較的裕福で、政治的に「統合された」層が多いといわれる。
以上3枚、撮影：森田良成

観光客目当てにアバナ・ビエハに集う年長者たち。チェに似せた帽子をかぶった男性は、ガイドブック『ロンリープラネット』の表紙を飾っている。

ハバナの一角。サンティアゴ出身者による落書きらしい。キューバ国内でも野球は大人気だが、一般的に自分の出身州のチームを応援する。

ベダードの中心にあるアイスクリーム・パーラー「コッペリア」。映画『苺とチョコレート』の冒頭で主役の二人が出会うシーンの舞台である。

「ホセ・マルティ生誕150周年記念、モンカダ兵舎襲撃50周年記念」立て看板。フィデルがマルティについて語った言葉の一部「私は心に師の教えを携えている」が掲げられている。ハバナ、2003年。

キューバの守護聖母カリダッド・デル・コブレに、七月二六日運動のメンバーが同志の無事を祈願し、成功に感謝する品の数々。サンティアゴ・デ・クーバ。

ハバナ大学の前にある大階段での政治集会。フィデルが登場するため大勢が動員された。赤く大きな旗はキューバ青年共産主義者同盟（UJC）のもの。1999年。

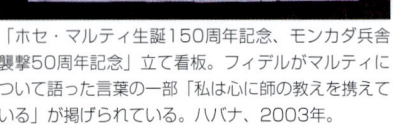

もくじ

# 革命キューバの民族誌——非常な日常を生きる人びと

アメリカ合衆国
マイアミ
バハマ
メキシコ湾
ハバナ
ピナル
デル・リオ
サンタ
クララ
シエンフエゴス
キューバ
ピノス島
カマグエイ
オルギン
グアンタナモ
バラコア
カリブ海
サンティアゴ・デ・クーバ
シエラマエストラ
ジャマイカ
ハイチ

# 序章

本書は、キューバのいまを生きる人びとの民族誌である。一九五九年、カリブの小国で起きた型破りの革命は、世界中の植民地や知識人、左翼活動家にとって夢と希望となった。今もなお、ゲバラは、彼が誰かを知らない若者にさえ、世界中でカウンターカルチャーのアイコンとして目にされているし、キューバがどこにあるか知らない人でさえ、カストロという名前は知っている。社会主義の国キューバでは教育と医療は無料で保証され、最低限の食料は配給でも手に入るという。

実際のところ、どうなのだろう。キューバの「普通の人たち」は、どういう生活をし、何を考えているのだろう。

一九九九年六月、私はメキシコシティを経由して、初めてキューバへと向かった。エメラルドグリーンの海に浮かぶ赤茶けた起伏のない大地に、様々な濃淡の緑が点々としていた。すでにキューバで過ごしたことのある人たちから、外国人に金目当てで近づく輩が少なくないことを聞いていた。不安を隠しながら、空港から宿に向うタクシーの値段交渉を行った。キューバ滞在経験のある女性から相場の額と聞いていた「五ドルで」と言うと、運転手はさもおかしそうに笑った。そんな額では誰も行くはずがない、と。その額でも、この国の公務員の平均月給の半分の額のはずなのに、と思いながら、表情を見ると嘘をついているようにも見えない。結局、一〇ドルでハバナ大学前のホテルにたどり着いた。東部出身のフィデル・カストロも学生時代に泊まったことがあるとガイドブックにあった。しかし、室内は古く暗く、サービスと呼べるほどの応対はなく、バイキングの朝食は種類が少なく、パンはパサパサしていた。メキシコシティで泊まった同額（三〇ドル）の部屋は、二倍の広さがあり、天井も高く、木造のコロニアルスタイルの味わいがあった。何より普通のサービスと温かい食事があった。それでも、キューバ滞在の一ヶ月後にはこの朝食がここでは恵まれた食事だったことを思い知る。

キューバで過ごした時間が合わせて一年をこえたころに、初めて外国人向けに整えられていない部屋に住み始めたときは、へこみのないベッドマットレス、長年の使用で真ん中が薄くなったシーツではないということがどれだけ贅沢なことかを知った。だが暗くじめじめした家で、同世代のキューバ人らと生活し、停電にみまわれ、食べ物を探し、来ないバスを待ち続けるなか、延々と続くおしゃべりにつきあうようになったこのときから、私は本当の意味での「参与」観察を始めることができたのだった。

## 「普通の人びと」との出会い

ある意味、偶然の重なりによって、住む場所やインフォーマントは定まっていった。私の関心はもともと「移民」にあったが、そもそも人びとがなぜ移動することを決断するのか、移動するのは彼らにとってどういう意味があるのか、それを理解するため、庶民の日常生活のあり方や価値観をとらえたかった。しかし、「普通の人」について何かをとらえる、というのは、ある意味、雲をつかむような話だ。その場にとびこめば何とかなるのでは、と思い立って行ったものの、実際ははるかに難しかった。

私はつてや知り合いもほとんどないままキューバに向かった。公用語であるスペイン語はその五年前にアメリカ、サンディエゴへの交換留学中に九ヶ月間勉強したきりで、心もとなかった。そのうえ、キューバは長らく、「資本主義国」側の調査者を入れなかったため、どうすれば長期調査ができるのか分からないのが悩みの種だった。とりあえずハバナ大学の外国人向けスペイン語講座を四ヶ月（一ヶ月二五〇ドルのところ、四ヶ月前払いすると八〇〇ドル）履修することにして学生として滞在許可をとり、フィールドワークの足がかりをつかもうとしていた。日本から手続きしようとハバナ大学にメールをしたが、音沙汰のないまま時が過ぎる。すると二ヶ月以上経ったころ、ハバナ大学は大変歴史のある大学である、といった内容のオフィシャルなメールが届いた。しかし要は現地に行って手続きをすれば履修できるということだった。その翌日、大学職員のメールを通じて、現地の男性からのメッセージが届いた。大阪にいる日本人の彼女と連絡をとってくれないか、という。大阪駅そばの飲食店で彼女に会うと、手紙をことづけられた。下宿先を紹介[1]してもらうため、キューバ人男性と結婚した別の日本人女性の連絡先を教えてもらった。電話をすると、その夫が出て、私がキューバに行くと聞くなり、まくしたてた。

「日本は仕事ばっかり。でもキューバでは友達や家族、とても大事です」。

さて、ホテルを出て紹介されたアパートに行くと、すでに別の長期滞在者がいて泊まれなかった。だが、このアパートの家主であるオルランド（仮名。以下、インフォーマント名はすべて仮名である）と、その友人のレイと知り合ったことで、私は革命を一般的な支持者とは別の視点から見ることになった。大学で知り合った日本人女性に下宿を探していると言うと、ちょうど一緒に住む人を探していた、と誘われる。しかし、親族のつてで貸しアパートをしようと田舎からハバナに出てきた大家夫婦には、小さな子供が二人いるうえ、ソラールと呼ばれる、中庭に面した廊下に全戸の玄関が並ぶ労働者向けの建物は近所の人の出入りも激しく、音が筒抜けで落ち着かないことこのうえない。しばらく住んだものの、結局、月末になって、あさってから別の観光客がもっといい額を払うから出ていくようにと告げられた。次に入居したアパートは、獣医の兄とサンドイッチ屋で働く弟、そして年配の母親が同居していた。ある日とつぜん、リビングでしっぽを振る子犬と目が合った。彼らは万が一、動物が嫌いな外国人がいることを恐れ、その存在をひた隠しにして賃貸用に大きな部屋を明けわたし、三人と一匹で小さな部屋で暮らしていたのだ。獣医の兄は丁重に、八月頭には、スペインのセニョールが来るから悪いけど部屋を空けてくれ、と言った。[2]

「そういうわけで来月からの部屋を探しているのです」と七月に二ヶ月目の授業が始まったとき、自己紹介で言うと、担任の教員が私を呼んだ。「近くにそれは美しいアパートがあるの。そこを紹介するわ。あなたは、スペイン語の個人授業を受けたい学生がいたら私に紹介してくれる?」彼女が、後に私自身が個人授業を受けながら、多くのことを学んだヨアナだ。この家には二ヶ月住んだが、外国人を泊まらせるのに必要な許可がないため近所から革命防衛委員会[3]に通報されたらしく、大きなお腹を抱えた家主とともに、移民局に、「下宿ではなく、友人として泊まっています」と陳情に行った。しかし、罰金は免れたものの「外国人は友達の家に泊まってはいけないよ」と諭され次の宿を探さなければならなかった。結局、最初のソラールで同居した日本人女性が新たに見つけた下宿に転がり込むことになった。

退職し、一人娘も独立して家に空き部屋のある六〇代の夫婦のアパートだった。三匹の猫たちと、埃にまみれた家具やがらくたが一杯だったが、かつては技術者としてソ連やドイツに出張に出かけたというエルナンドと、カマグエイという地方都市で革命軍に従事していたことを誇りに思いながらも自分からはそれについて語ろうとはしないミレイダと過ごす時間は、初めて自分の居場所があると感じられる、落ち着いたものだった。

同年一一月に帰国し、二〇〇一年一月、一ヶ月の予備調査のためまた戻ったとき、エルナンドとミレイダの家に寄ると、北欧から調査にきていた人類学の院生が一人滞在していた。そこで、フェルナンド・オルティス協会というキューバの民族学・人類学研究のための研究所があり、一ヶ月に一〇〇ドル払えば研究員として所属できることを知り、ようやく長期調査のめどがついた。大学でヨアナの授業を一緒に受けたアフリカ系カナダ人の院生にも再会し、カリブ海地域をフィールドとするアメリカの著名な人類学者シドニー・ミンツのアドバイスを受け、米国から来ていたケイトにも初めて会った。このとき、四人の人類学の院生が集まり話したのは、キューバで同世代の友達をつくるのが不可能に近い、ということだった。仲良くなったと思っても、結局はお金や出国のための「招待」（第五章参照）が目当てなのではないか。そんな話をして、自分だけじゃないのだとお互い慰めあった。

このあと、マイアミの大学に文献調査に行く予定だった。それを聞きつけたフェルナンド・オルティス協会の受付の女性が、私に一冊の本を持ってきた。「これをヘレン・サファ教授にわたしてくれる？」請け負ってサファにメールすると、返事が来た。しかし、マイアミではなく、フロリダの北部にいるという。すると彼女は、「ちょうどシドニー・ミンツの講演があるからいらっしゃい」と、マイアミの大学の友人に連絡し、私を北部まで同乗させるよう頼んでくれた。

ミンツの講演は「世界の果てで愛もなく」というタイトルで、人類学者の経験を小説のようなかたちで描く、ユーモアとウィットに富み、うきうきするようなものだった。砂糖に関する歴史人類学的な研究書『甘さと権力』（ミンツ 一九九八）しか知らなかった私は、かつて、彼が友人となったプエルトリコ人についての著書を著したこと、仲がよいことが明らかに分かる書き方をしたことから「科学的でない」と批判されたということを初めて知る。一方で、九〇年代には、ポストコロニアル研究が盛んだったため、この時期になって同作は、米国人による植民地主義的な権力関係によって書かれたものだと批判されたという。「同じ作品が、初めは仲が良すぎるから、後になって十分に仲が良くないから、と批判されたのさ」。フィールドワークは死のように孤独なものだけど、死と違って何度も経験しなければならない、その一方、仲良くなったフィールドの友人に、帰らなくてはならない、世界の別の場所に、まだ君たちのことを知らない人たちがいるから、と伝えたと語るミンツの話を、私はうらやましく聞いた。キューバで、外国人として、そんな友人ができるなんていうことがあるんだろうか。

数ヶ月後、長期調査をするためにエルナンドとミレイダの家に戻る。ケイトにはキューバ人の婚約者ができていた。彼とアパートで同居して調査を手伝ってもらっていたものの、近所の人に「ＣＩＡの手先」という疑いをかけられたり強盗に襲われたりするなど、大変な思いをしたそうだ。エルナンドはメキシコに渡った娘の妊娠が発覚したことで、少し精神的に不安定になっていたようだった。下宿、それにハバナにいるのが息苦しくなった私は、オルランドたちの家に遊びにいった際、知り合った日本人女性と東のほうへ旅しようと意気投合する。

はじめの滞在地、シエンフエゴスには、ミンツに紹介してもらった研究者夫婦らが経営する宿に泊まった。清潔で手入れが行き届いたホテルのようなそこは、私が想像していた「田舎」の宿とはまったく異なるものだった。地方都市はどこも、ハバナと違って街が清潔に保たれる一方で、隣人や警察の目が厳しく行き届いているという印象だ。そこでのんびりと海岸通りを進む馬車に乗っていると、連れに対して、男性が声をかけてきた。旧東ドイツ出身で米国在住のデニスだ。ハバナ大学のスペイン語クラスを一緒に受けていたという。こうして三人で東はバラコアまで旅することになった。ハバナに戻ると、女性は旅を続けるため南米に去り、デニスは残った。そこで彼が泊まっているキューバ人の友人たちの家のパーティに招待された。二〇代後半から三〇代前半の、大方やせ細っているけど、目が輝いている人たち。勢いよくしゃべり、踊り、笑い、怒る。デニスはニューヨークで知り合ったアルゼンチン系カナダ人のグスターボから、この家の主であるエリサとホアンの連絡先を教えられたのだという。初めのうち、デニスは普通の観光客同様、外国人向けの下宿に泊まっていた。しかし一泊二〇ドルもすると聞いて、ホアンとエリサは彼らの家に泊まるよう勧めたのだという。それは、精神科医という専門職に就いているホアンの月給二五〇ペソ（当時のレートで一〇ドル）を大幅に上回る額だったからだ。

ホアンとエリサと彼らの友人たちと知り合って二ヶ月後、私も同様に彼らの家の一室に住み着くことになる。専門職とはいえ、高給が得られるわけではない彼らがどうやって生活しているのか。何を考えているのか。どうして多くの人が国を出るに至るのか。同世代のキューバ人が、生きていくために「闘う」姿を、日々、目の当たりにすることになる。それはそれまで読んできた革命家を中心としたキューバの歴史書やルポルタージュでは見えてこなかった「普通のキューバ人」の生のあり方だった。

## 本書の研究関心

キューバは、一九五九年のキューバ革命――現地の表現で「革命の勝利（el Triunfo de la Revolución）」――によって、政治的な関心を呼んできた。フィデル・カストロとチェ・ゲバラという世界的に著名な指導者たちは、革命が次々と多くの問題に挑み、勝利したことを内外に誇ってきた。このため、「西側」の研究者によるキューバ社会研究は、しばしば、革命の成果を査定する傾向があった（田沼二〇〇三参照）。その多くは、革命指導者の言葉や政策、マスメディアといった二次資料に頼って書かれてきた。一九九〇年代以降になってようやく、国外の研究者による比較的自由な現地調査が可能になった。しかし、この時期からの現地調査研究の報告には、以下のような問題がある。

ひとつには、キューバ革命はすでに失敗しており、これからもそうでありつづけるだろうという運命論的な論調である。背景には、ソ連と東欧の社会主義政権崩壊がある。それまで、資本主義に対する現実的なオルタナティブと考えられてきた社会主義は、労働者の祖国とされたソビエト連邦共和国が消滅したことにより、その説得力を失った。その衝撃は、しばらくの間、社会主義者だった研究者たちが、自分がそうした夢を持っていたと回顧し、考察することすら不可能にしたのである（塩川二〇〇一）。そうしたなか、ソ連・東欧からの実質的な経済援助に頼っていた小国のキューバが社会主義の存続を主張したことは、しばしば、滑稽で異常な方針として受けとめられた（Horowitz 1995; Pérez-López 1998; Salazar-Carrillo 1995）。これらの研究には、一九九〇年代半ばには、キューバも早晩「独裁」から脱し、「民主化」と「自由化」＝「市場経済化」が起きるだろうという確信と、政府に対する批判が色濃く反映されていた（Peters 1998; Elinson 1999; Horowitz 1995）。

しかし、私は、キューバ社会がいかに「破綻」しているかを批判するのではなく、キューバの人びとがどのような言葉遣いで自分たちの社会を説明しているのかに着目する。キューバ社会に住む人びとが自社会を説明するための言葉は、外側からの観察者が記述するものとはかなり異なる。キューバに住む人びとは、自社会について論じる際、共有する歴史的物語やイデオロギー、日常生活を経験している者だけが理解できる言葉や枠組みを用いる。こうした言葉や枠組みを共有する人たちを、本書ではある「文化」を共有する「人びと」の共同体としてとらえる（中川　二〇〇三：二六三―二六四）。このため、本書では、キューバで出会った無名の人びとも、キューバ革命指導者も、立場は異なりながらも、重なり合う言葉を用いて語っている点で、「文化を共有する人びと」とみなして分析する。したがって、キューバを扱う人類学者やその著作も、社会的コンテクストと状況への埋め込まれ方の違いに留意する必要はあるものの、「人びと」のひとつとして扱う。

研究者をフィールドの共同体の一員として捉えるという、今日の人類学者にとっては特に珍しくない立場を敢えて明言するのには理由がある。キューバ社会は、一四九二年のコロンブスによる「発見」から数十年で先住民が絶滅し、入植したスペイン人と、黒人奴隷と、双方の間の混血による住民から成り、早くからグローバルな市場経済に取り込まれるという点で近代化が進んだ社会であった。このため、どんなに非合理でも「彼ら」が「我われ」とは異なる思想体系や行動規範をもっているという前提のもと、「住民の視点から」理解することを試みるという人類学者の基本的態度は、ことキューバをフィールドとする人類学者のあいだでは、あまり重視されてこなかった。「先進国」においても、「彼らキューバ人」の生活は、「我われ」の社会と類似しており、政治経済的に関連ある社会としてとらえられてきたのである。とりわけ米国の学者たちは、キューバに、理想的な未来を託すか（e.g. Randall 1974; Safa 1995, etc. 真島 二〇〇六参照）、近代化の遅れを叱責するか（e.g. Bunck 1994, Crabb 2003, etc.）によって、自国のキューバ政策のあり方に関与しようとしてきた。さらに、キューバ革命自体が、人類学をはじめとする社会科学の言説を取り入れつつ、自らがとるべき指針は何かを考察してきた。フィデル・カストロ自身、ラテンアメリカ・カリブ海地域の「貧困の文化」研究で知られる米国の人類学者オスカー・ルイスにキューバのフィールドワークを申請され、両者の面会がかなったとき、『サンチェスの子どもたち』は「五万冊の政治的パンフレットより価値ある」革命的な書物（ルイス、ルイス、リグダン 二〇〇七：一三）だと称え、賛同した。(4) つまり、革命後のキューバは、キューバにいる「ネイティブ」たちも、それを囲む人類学者たちも、「当事者」であるかのごとく、その社会を考察し、記述し、研究対象としてきたのである。

二〇世紀初頭の人類学が前＝資本主義社会を調査することによって、資本主義の代替となる社会のあり方を模索しているとき、キューバは植民地化によって、すでに資本主義に包摂され、米国に依存する政治経済制度となっていた。この地が文化人類学者の関心を呼ぶようになったのは、マリノフスキーが、キューバ人民俗学者であり政界にも関与していたフェルナンド・オルティスの著作の序文において、「トランスカルチュレーション」という言葉を借りるときにはオルティスの名を挙げると約束したというエピソードを記した一九四〇年のこと（Malinowski 1995）であり、オスカー・ルイスがハバナ大学に招聘されキューバで初めての人類学講義を担当し、スラムの予備調査を行った一九四六年のことだった。

つまり、キューバの人類学研究にも、キューバ革命にも、その萌芽期から、人類学者としてミードらが「民主主義とは相容れないもの」（ミード、ベイトソン　二〇〇〇a：二五五に引用）だと考えた「社会工学」的思考が、埋め込まれていたのである。

あるべき社会像を提示しようとする「社会工学」的思考や、社会主義政権の崩壊を予告する運命論的論調を避け、「住民の視点から」現在のキューバがどのように見えているのかを示すため、本書では「住民の語り方」に沿って革命キューバをみてゆく。これらの様々な語りによってつむがれる物語は、決して理路整然としたものではない。むしろ矛盾と綻びだらけである。にもかかわらず、これらの物語は国内外の多くの人々を惹きつけてきた。その力を感じられるよう、本書は「革命キューバ」（Cuba Revolucionaria）という場がつむいできた数々の物語――英雄たちのもの、女性たちのもの、そして子供たちのもの――を、現地の人々が語り、聞くあり方に寄り添って描いていく。革命キューバの今を生きる人びとは、理想と現実の板挟みをのりこえるために、親密な語りのなかで共感されるアイロニーを駆使する。それは単なるシニシズムではなく、アイロニカルな希望というかたちで人びとの生を支えている。

本書のもととなった調査は、大きく二部に分かれる。第一次は、筆者が一九九九年から二〇〇四年にかけてのべ二六ヶ月間、博士論文執筆のために首都ハバナで行った長期調査である。第二次は、二〇〇七年から二〇〇八年にかけての合計四ヶ月、キューバから移民した人びとを追ってイギリス、スペイン、チリ、米国、そしてキューバ本国で撮影しながら行った追跡調査である。この調査は『キューバ・センチメンタル　Cuba Sentimental』（六〇分、二〇一〇年、監督・撮影：田沼幸子、構成協力：市岡康子）

という映像作品に結実した。

本書の第四章までは、この第一次調査に基づいて書かれている。つまり、最も連続して長く滞在した二〇〇二年から二〇〇四年のデータが主である。この濃密な期間を振り返るにあたり、一章から四章までは、二〇〇四年を「いま」として描く。実際は変化のある社会を、あたかも不変であるかのように永遠の「いま」として描くレトリックは、「民族誌的現在」(ethnographic present)と批判的に呼ばれたが(Fabian 1983: 86)、私は、不変であるかのように感じていた現地の「人びと」に寄り添うためのレトリックとして、そして五章以降で論じる「その後」における変化をより強く感じるためのレトリックとしてもちいたい。

私が調査を始めたのは、ソ連崩壊と同時に名付けられた「平和時の非常期間」(El Período Especial en Tiempos de Paz)が始まって一〇年が経つ頃だった。「非常《エスペシアル》」と名づけられたのは、社会主義政権という範疇を変えないまま、経済危機に対応しようとする政府の苦肉の策だった。それまでキューバ人が所持するだけで一年投獄されたという米ドルが、キューバペソとともに流通するようになった。町のあちこちに「外貨回収店」(Tienda de Recaudación de Divisas)という名目でドルショップが設けられ、ペソ払いの配給所や売店では手に入らないぜいたく品だけでなく、食用油や乳製品、肉、飲料、洗剤、あらゆるものが販売されるようになった。その価格も米国と同じかそれより高いぐらいだった。それでいて、一般の公務員——社会主義ゆえ、主な雇用主は「国」であり、多くの人は公務員だった——の平均月給は二〇〇ペソ、換算して一〇ドル程度であった。つまり、そこは、短期間で様々な状況が刻々と変化し、そこを生きる人びと自身が対応にとまどうような場であり、時であった。そうした特殊な歴史的瞬間を

「いま」として書くことで、「革命キューバ」の始点を一九五九年と位置づける従来の研究ではとらえられなかった同時代のキューバの人びとの視点を示すことができるのではないかと思う。革命は、キューバのコンテクストでは、一九五九年に「起きた」ものではなく、「勝利」し、持続するものとして表象されていた。一九九〇年代、ソ連・東欧の社会主義政権の崩壊を受けて、日常生活すら立ちいかなくなるなか、ドルとペソが流通する二重経済にあっても、そこは「革命キューバ」であった。この序章を書いている二〇一三年、ラウル・カストロ首相のもと、さらに多くの制度的変化がもたらされているが、その点は変わらない。

## ハバナでの現地調査について

キューバは、米国の南東部にあるフロリダ州から一八〇キロメートル南にある。全国の人口はおよそ一一〇〇万人であり、人口のおよそ六六パーセントは白人、一一パーセントが黒人、二二・九パーセントが混血、〇・一パーセントがアジア系とされる。東西に細長くのびる島の北西部にある首都ハバナの人口は、二一〇万人を超える(Cantón Navarro 2000: 9-10)。私が居住し、調査した人びとが住む区域は、ハバナの中心地であり、外国人向けの下宿の多い区域でもある。住んだ順番であげてゆくと、(1)セントロ・アバナ(Centro Habana)、(2)ベダード[新市街地](Vedado)、(3)アバナ・ビエハ[旧市街地](Habana Vieja)、(4)ヌエボ・ベダード[新・新市街地](Nuevo Vedado)である。ヌエボ・ベダードはベダードの南に位置する。

各区域の概要を説明しておく。セントロ・アバナは、経済活動の中心地ベダードと、観光名所の多い

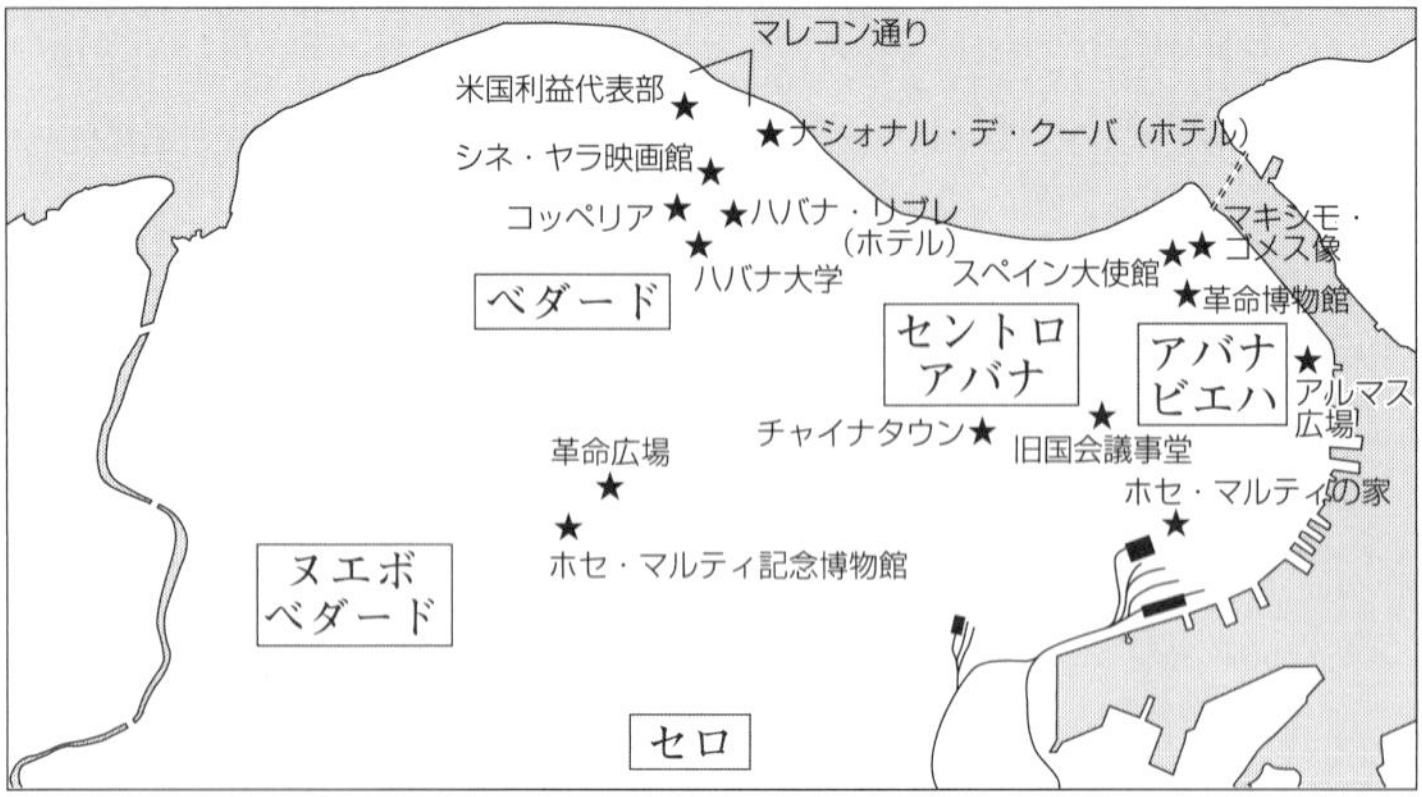


ハバナ市中心部地図

エリアであるアバナ・ビエハの間にある。便利な位置だが、あまり「良くない」地区とされ、住民には「非行者」(delincuente)が多いといわれる。清掃が行き届かず、道にゴミが落ちたままになっていたり、民家の音楽が大音量でかかっていたりする。これに対し、ベダードは、広い空間に比較的新しい建物が建つ、「まともな《デセンテ》」(decente) 地域であると言われる。[5]

アバナ・ビエハは、ユネスコに世界遺産として登録された地域でもあり、外国人観光客が多く訪れる。しかし、人びとは、老朽化の進んだスペイン植民地時代の建築物を必要に迫られて使用しつづけており、住宅事情はよくない。住民の経済レベルも高くない。だが、私が歩いて得た印象では、セントロ・アバナやベダードで声をかけられるときは、何らかの金銭的利益を得ようという目的をもって話しかけてくるキューバ人が多いのに対し、アバナ・ビエハでは、そういうことが少ない。セントロ・アバナやベダードでは、余所者が外国人を目当てに道を歩いているのに対し、アバナ・ビエハやヌエボ・ベダードは、ごく限られた観光スポットを除いて、余所者が歩いていることが少ない。理由は、両地区の大半が、キューバ人の居住区域であるためだけではない。アバナ・ビエハでは外国人に対して近づくキューバ人に対する警察や防犯カメラなどの目が張り巡らされているためである。一方のヌエボ・ベダードでは、警官がいなくても住民に軍人や、共産党員（「闘士《ミリタンテ》」militanteと呼ばれる）が多いためだと考えられる。

ヌエボ・ベダードは様々な省庁の建物が立ち並ぶ革命広場に隣接した区域であり、周辺を歩いているとしばしば、フェンスで囲まれた「軍区域」（zona militar）に行き当たる。ソ連型の巨大高層住宅か、アメリカ型の二階建ての住宅が多い。地域内は静かで、働かずにぶらついている人間は見当たらない。観光客がいないにもかかわらず、ドルショップや両替所（CADECA）があり、この地域のキューバ人住民が相対的に裕福であることが感じられる。ヌエボ・ベダードには、他の三区域にはない、オルガノポニコ（有機栽培）の畑が広がり、新鮮で質の良い野菜が安く手に入る。

滞在初期三ヶ月はセントロ・アバナで過ごしたが、追い出されたのちは、おもにエルナンドとミレイダの家を中心に一年以上をベダードで過ごすことになった。アバナ・ビエハは調査の都合で一ヶ月、あるキューバ人研究者の家に居候したが、後述する友人であるティート夫妻の家や、文献調査で使う教会の図書館がこの地区にあったので、頻繁に訪れた。ヌエボ・ベダードには、友人となったエリサとホアンの家がそこにあったことから訪れるようになり、彼らと同居して五ヶ月間住んだ。

ハバナに滞在し始めてすぐに、そこが首都であり、都会であるにもかかわらず、私はほとんど一人でいることもできず、匿名状態に放置されることもなく、状況をほとんどコントロールできないことに気づいた。再会したくても相手の家に電話がないことも多い。インターネットやメールは、職場で必要だと判断されたキューバ人以外には使用が禁止されているため、これらも日々の連絡に使うことはできない。[6] 待ち合わせをしても、市内の唯一の公共交通機関であるバスが目的の時間に現れるかどうかは偶然に左右され、結果として会えないことも珍しくなかった。効率的に計画を立て、お互いの都合を合わせてインタビュー調査を行うことは、諦めざるをえなかった。一方で、キューバでは、もともと路上で知らない人と言葉を交わすことが珍しくないため、偶然に出会った人であっても、その日のうちに、詳細なライフヒストリーを聞けることもあった。

もっとも、外国人の調査に協力することは、一般のキューバ人にとって、反革命活動の疑いを持たれるリスクだと考えられていた。このため、特に調査初期の段階では、本人の前でノートをとることは拒否されることが多く、帰宅してから記憶に頼って書き起こすこととなった。とはいえ、調査の後半には、質問表を用意して録音する聞き取り調査が可能になった。こうして録音したファイルは、インフォーマントでもあるエリサ、ホアン、それにヨアナの息子の三人に依頼して書き起こしてもらった。

非常期間のキューバに外国人として、それも現地の人間でない姿形の者として、さらに女性として単身で滞在することは、とにかく目立つことを意味していた。まず、外国人であることは、「外国人にたかる」ことを意味する、ヒネテアール（jinetear）の対象となることであった。非常期間のキューバでは、国の雇用によるペソの給与だけは生活できない。多くの人は、副業を持つなどして収入の増加を見込む。しかし、給与額が年長者よりもさらに安い若者の場合、キューバには「未来がない」ので、外国に行こうとする者が後を断たない。その彼らにとって、出国のための最も早く、安く、確実な手段が、親密な関係を築いた外国人から、出国のための「招待状」を得ることなのである。また、逆説的なことに、キューバ人が、キューバ国籍を保持したままで外国に住みつづけたい場合、外国人との結婚による出国が最適な手段だと言われている。移民とみなされ財産を没収されることなく外国に居住しつづけることが認められるからだ。(7) 結婚するような親密な関係を築かずとも、当面、生活に必要なドルを手に入れたり、手に入れるきっかけを得ようとしたりして、外国人と話そうとする人は多い。

調査の初期は、ヒネテアールするキューバ人に話しかけられることが多かった。初めて会うなり、「結婚しませんか」「帰国まででいいので付き合いませんか」「僕に何かプレゼントしたくないですか」と言い寄ってくるのである。ヒネテアールが目的でないとしても、キューバでは、男性が見知らぬ女性に声をかけることは、日頃の習慣の延長線上にある。男性は、女性にすれ違い様に、「プスプスプス……」という音で気を引こうとしたり、ピロポ (piropo) と呼ばれる言葉を投げかけたりする。「褒め言葉」「お世辞」と訳されることが多いが、内容は褒め言葉とは限らない。また、ピロポにも、上品で「教養のある」(culto) なものから、「低俗な」(vulgar) ものまで様々である。

筆者はあからさまにヒネテアールする人びとには直接、インタビューを行わなかった。目を惹く事象なため、欧米で彼らに関する研究が過度に蓄積されている一方、それ以外の人びとに関する研究が少ないと考えたためである。このため、ヒネテアールをせずに生きようとする人びとと知り合いになれるよう、質素な服装や生活をするよう心がけた。その甲斐あってか、調査後期には、路上でヒネテアールされることはほとんどなくなり、逆に、キューバ人女性同様、ヒッチハイクをして車に乗せてもらう (coger bottella =「瓶を拾う」と呼ばれる) ことができるようになった。

また、キューバ人と同居することによって、会話によって様々な知識を得るだけでなく、生活のあり方全般を参与観察した。一九九六年に合法化された下宿業は、法令によって、持ち主が同居したまま、その一部を貸し出すことが義務づけられていた。実際には、持ち主は住んでいるフリをするだけで、一軒まるごと貸し出されていることも少なくなかったが、私は、スペイン語の練習と調査のため、また、身の安全のために、持ち主と同居するかたちの下宿を選んだ。

## 本書に登場する人びと

本書で引用するインフォーマントについて概説しておく。年齢は、四章までは二〇〇四年の時点のものである。彼らのほとんどは、キューバでは「白人」(blanco) と見なされる肌色と顔立ち、社会的地位にある。インフォーマントが白人に偏ったことには、ひとつには、ヒネテアールせずに生活しようとする／しなくても住む人の多くが、「白人」と呼ばれる人びとの範疇に属するためである。革命後に亡命した富裕層や専門家《プロフェショナル》の多くは白人だったため、その親戚がいることの多い彼らは、送金を受ける機会があり、ヒネテアールしなくてもよい確率が高い。そうでなくとも字が読めるといった、一定の文化資本があるため、大学や研究所で専門職に就く者が多い。さらに他人に貸し出すだけの余剰空間のある家に住み、家族の成員数が少ないのは、一般的には白人のほうである。

キューバでは、それぞれの人種は、誰もが同意するはっきりした基準があって定まっているわけではない。肌が白く、顔立ちが白人の特徴とされるように鼻が小さければ「白人」(blanco/-a)、アジア系のような顔立ち、すなわち、目が切れ長ならば、どのような肌色でも「中国人」(chino/-a)、白人と黒人の混血のなかでも、ある種の特徴的な顔立ちの人びとは「ムラート／タ」(mulato/-a)、どのような顔立ちであれ、肌色が黒ければ「黒人」(negro/-a)であるとされる。[8]公式文書では、「白人」「混血」「黒人」という三種類の人種のみが記述されるが、顔立ちや髪、社会的地位などによって、こうした人種による呼びかけは変わるうえ、見る人によっても、その判断は異なる。

**オルランドとレイ**　ともに五〇代男性。オルランドはハバナ大学経済学教授だった。レイは会計士だったが、病気のため辞める。経済危機以降はふたりで植物を育て、鉢植えを売った。大学から徒歩三分という立地を生かし、オルランドと母親が住む家(二階建ての二階部分)の一部屋を外国人に貸し、オルランドは日中、観光客向けの絵画の販売をする間、レイが家事を担当するようになった。母親の死後は貸し部屋を増やし、レイは自分の家を売り、同居するようになった。二人とも妻を含む家族のほとんどが外国に住んでいる。

**ヨアナ**　五〇代女性。調査当時、ハバナ大学スペイン語教授。後に学科長になる。メキシコやカナダに出張したことがあり、「他の国で私ぐらいの地位にある人間がこんなに小さいところに住んでる?」というほど小さなアパート(四畳半ほどの客間、八畳ほどのベッドルーム、セントロ・アバナ)に娘と息子と暮らしていた。調査開始時はふたりとも一緒に暮らしていたが、娘はイギリスに招待され訪問中、以前恋人だった共産党員のイギリス人と結婚。息子もスペインに渡航し、定住した。ヨアナ自身もハバナ郊外の機械修理工の男性と再婚した。

**エルナンドとミレイダ**　六〇代の夫婦。大学裏口から徒歩七分のベダードのアパートに住む。エルナンドは技術者、ミレイダは建設省の秘書として働いていたが二人とも退職し、外国人学生向けの下宿を始めた。開始時は古びて壊れていた家具が、徐々にきれいに直されていった。エルナンドはハバナ出身で、良家の女性と何人か子供をもうけ離婚した後の再婚で、ミレイダは初婚で一人娘をもうけた。ミレイダは中東部にあるカマグエイ州出身だったが、他の姉妹もハバナの近所に住んでいた。

**エリサとホアン**　ホアンは三〇代前半、エリサは二〇代後半の夫婦。通常、住宅不足のため、若い夫婦はどちらかの親と同居することが多いのだが、彼らはエリサの父親と後妻が移民したため空いたヌエボ・ベダードの家（二階建ての一階部分）に二人で住んでいた。ホアンは両親がピナル・デル・リオという西部の田舎の出身だった。父親はトラックの運転手、母親は専業主婦で、厳しくしつけられたが、食べ物には困らなかった。高校時代、体育が好きで、大学に入るために兵役に三年服す。当時からの友人によると、他の誰もまじめにやらなかったランニングに彼もつきあわされたという。内気だったホアンは、大学入試の面接で心理学教授たちに「なぜ自分は内気なのか」と問い返したことで心理学部に合格する。(9)のちに精神科医として仕事を始めるが、出国を意識し始めてからは、医療従事者への出国制限を鑑みて文化省や地方大学の講師に職を変えた。

エリサは両親ともハバナ出身の専門家で、その一人娘だった。両親は彼女が三歳のとき離婚し、父親は再婚したが、父母が不仲になることはなかった。病院で働くエリサの母親と、離婚した父親の両親は、二家族別々の住居を離れ付きのアパートと交換し(10)、ほぼ一緒に暮らすようになった。エリサは高校で士官学校に進学したものの進路変更し、薬学部に入学した。卒業後、大学卒業生に課された「労働奉仕」では、臓器移植の適合血液を検査する仕事を二年間行った。大変ストレスがかかるにもかかわらず、生活できるだけの報酬が受けられないことが分かり、最終的には世界遺産であるアバナ・ビエハの改修に関する歴史文献資料調査などを行う仕事に就く。

**サーシャ**　二五歳。エリサの友人。ハバナ大学歴史学科卒業。エリサと同じアバナ・ビエハの改修のための調査を行った。父方の祖父母は、ハイチ革命の影響でキューバにのがれてきたフランス系住民の子孫。サーシャは鼻幅が少し広いので「彼らにとって私は白人じゃない」のだと言う。のちにエリサたちの友人であるアルゼンチン系カナダ人のグスターボと付き合いはじめ、同居するようになる。

**ダビッド**　三〇歳。エリサとサーシャの職場の先輩。工科学校を卒業したので学歴は二人よりも低いが、アバナ・ハバナ改修のための仕事の試験を受け、合格。発掘のような肉体労働、考古学的発見があったときの資料確認、給与支給のための作業など、様々な仕事を行う。この仕事に就く前には自由化された農業市場で売り場を持ち、一日一〇〇ペソ以上を稼いでいた。ロシア人ハーフの女性と彼女が医学生のときからつきあい、結婚したが、のちに離婚。両親から譲り受けたアパートを元妻にとられたため、妹のヤネットとおばのアリーナがダビッドの祖父から譲り受けたベダードの家に暮らしていた。

**ヤネット**　ダビッドの妹。二八歳。調査時は船乗りの夫とのあいだに子供が生まれたばかりで専業主婦だった。高校中退の後、結婚と離婚を繰り返す。兄のダビッドと前夫が持っていた農業市場の売り場を手伝ったり、母と兄とともにマスコットを手作りして売ったりするなどして家計を支えた。母親は建設省に勤務し、模型作りをしていたが、副業として靴の修理や本の補修などを行っており、これも手伝っていた。

**アリーナ**　六〇歳。ダビッドとヤネットのおば（母親の姉）。四人兄弟全員、サンティアゴ・デ・クーバの出身。父親は「インディオ」とよばれる先住民風の顔立ちをした混血の共産主義者、母親は裕福な白人の地主の娘だったため、駆け落ちして結婚。長男は結婚前に生まれた。長男は上映技師、長女であるアリーナは内務省勤務者として映画館やカフェなどの監視、末娘であるダビッドの母親も上映技師をしていた。三番目の子供である次男はソ連に留学し、「敵陣営のコンピュータなどの技術を分析する」仕事をしていた。経済危機以降はアンティーク家具の修理を専門に行う工場《こうば》を屋上につくり、息子とともに生業としていた。

**フリオとシェイラ**　フリオはファンと大学時代から同期の精神科医。シェイラは生化学専攻で在学中から彼と付き合っていた。エリサとも長年の友人。

**ティートとオルガ夫妻**　アバナ・ビエハ在住。四〇代前半。アフリカ由来の宗教とカソリックが混合したサンテリアの司祭夫妻。ティートはもとは高校で化学の教師をしていた。オルガは国立古文書館で働いていた。ふたりのあいだにはまだ小学校に上がったばかりの一人息子がおり、ティートの独身の兄と母親と同居していた。家のなかはティートをパドリーノ（padrino＝代父）とする信者たちが常時、出入りしていた。徐々にスペインとメキシコからも信者が訪問し、入信や健康祈願のための儀礼を行うようになった。オルガの家族も近くに住み、頻繁に行き来していた。オルガの父親は船乗りで日本に寄港したことがあり、簡単な日本語のあいさつや、ヨコハマ、コウベ、という港町の名前を私に言うのが常だった。

**フェリシダー**　六〇代、混血女性。父方の祖父は中国人。大学のスペイン語学科を退職後、外国人向けのスペイン語コースの講師として働くほか、自宅で外国人学生に個人教授を行っていた。革命前は、社会的地位のある混血の家族のみが所属できるクラブ・アテナのメンバーだった。家族は同じ混血であるバティスタ派（Batistiano）だったという。革命後は亡命する手はずを整えていたが、父親が中国からの移民である祖父が祖国を懐かしみ、ベランダの揺り椅子で静かに涙していたことを想起し、思いとどまったという。母親は、長年の夢として実現した書店を接収され、「一生、フィデルを許さなかった」。経済的にも厳しい時期を乗り越え、フェリシダーと姉妹たちは革命政権下で教育職に就き、数年後には十分な地位を築いた。

## 本書の構成

本書は六章からなる。

第一章「『新しい人間』をつくる——フィデルとチェの理想と現実」では、革命が勝利した直後の熱狂と、それが日常となるなかで生まれてきた問題に対して、革命家がどのように「人間」や「労働」を捉え直そうとしてきたのかを概観する。なかでも、重視すべきは「精神」か「物質」かが争点となり、指導者たちのあいだでも見解が揺れ動いてきたことを見る。しかしこうした上からの視点では、理想と現実の板挟みにある状況を、そこに生きる人びとがどのように考え、語っているのかをうまくとらえられない。

そこで第二章「同志たちの愛と友情——創設フィクションとしてのキューバ革命」では、より親密な場における語りから、別の革命の姿を描く。一般の人々は、指導者の公的な指示に従うだけの存在ではなく、理想化された革命家たちの愛や友情といった私生活に関するうわさ話をする。こうしたうわさで交わされる彼らの私生活の失敗や人間としての欠点は、必ずしも彼らへの批判となるわけではない。同じ人間として、その過ちを「許す」という形で、逆に革命への支持を継続させる要因のひとつとなっているのだ。

しかし、第三章「平和時の非常期間——ソ連なきあとの非常な日常」では、以上のような親密さを通じた革命への支持が、もはや限界に達しつつある現状を描く。人々は革命家を、厳しく欠点はあるが、正しい志によって子を導こうとする親のように慕ってきた。しかし、その思いを踏みにじるかのように、経済危機を理由に行われた、ドル所有の合法化、国際観光の推進といった政策の転換は、それまでの革命の理想とは大きく矛盾した状況を露呈させる。しかし、そういった矛盾に関して公に語れない状況は、人々を身動きのとれないダブルバインドへとからめとっていく。

第四章「ポスト・ユートピアのアイロニー」では、ダブルバインド下にある人びとがそこから抜け出すため、非常期間の相矛盾した状況を笑い話にする様子を紹介する。それは、あらゆる思想を無化するポストモダンのシニシズムではなく、かつては自分も信じたユートピアが失われたことへの哀惜の念をともなうポスト・ユートピアのアイロニーである。

しかし、国内で矛盾をやりすごすことに限界を感じる人びとがいる。第五章「ディアスポラとしての『新しい人間』――『キューバ・センチメンタル』とその後」では、革命政権下で育った三〇代の青年たちが、「新しい人間」として育ったがゆえに、まだ見ぬ外国へと「希望移民」するさまを、ある友人グループのライフストーリーから描く。本章は、私が監督・撮影した映画『キューバ・センチメンタル』とその過程で得たデータを基にしている。撮影・調査は二〇〇七年から二〇〇八年に行われた。

第六章「アイロニカルな希望」では、今後、キューバで導入される移動の「自由化」が、見た目ほど「自由」ではないこと、「自由」を得たはずの国外のキューバ人らが、思うようにならない現実のなかでどのような構えによってこれを乗り越えていくかを展望する。

# 第一章 「新しい人間」をつくる——フィデルとチェ(1)の理想と現実

チェやフィデルは捕虜を殺さず、怪我を治してあげたから味方が増えたんだ。

これ(革命)は確かにバティスタに対する薬だった。でも病気よりも副作用のほうが激しかったよ(笑)

——エルナンド

親は、子供に種をまく。子供が困った時に助けてあげなければ、自分だって歳をとって、お金が払えない時に助けてもらえなくなる。

——ダビッド

一九五三年、弁護士でありながら武力による革命を目指すフィデル・カストロ率いる反乱軍は、腐敗と恐怖が横行するバティスタ政権とは対照的な、清廉で正しい社会の建設を呼びかけた。総勢一三五人の反乱軍は国軍のモンカダ兵舎を襲撃するも、味方の多くがとらえられ、虐殺された(cf. Cova 2007)。フィデルは裁判で、後に最後の締めくくりの言葉をとって『歴史が私に無罪を証明するだろう』と題される、自己弁護の演説を行う。恩赦によって釈放され、メキシコに逃れ新たな反乱の準備を始めた彼は、アルゼンチン出身のエルネスト・ゲバラ（のちにアルゼンチンで「君」という呼びかけの言葉であるチェという愛称で呼ばれる）に出会い、ラテンアメリカ解放の一歩としてのキューバ革命をともに始める。古いレジャーボートのグランマ号に定員を大幅に超えた八二人の反乱軍兵士が乗りこみキューバを目指す。難破同然でたどり着き、大勢が死ぬも、フィデルは自分たちの勝利を疑わなかった。彼の出身地に近いキューバ島東部にゲリラの拠点を設けると、農民たちの支持を受けて徐々に革命軍は力を増し、西の首都ハバナに向かって勢力を伸ばす。そしてチェ率いる軍が中部のサンタクララで勝利した一九五八年一二月末の翌朝未明、バティスタは亡命し、革命の勝利が宣言された。(2)

偶然、一月一日にその場に居合わせた米国人ジャーナリストのロックウッドは、そのときの様子をこう語る。「それは素晴らしい時間、まれに見る、魔術的な歴史的瞬間だった。シニカルな人間がロマン主義者になり、ロマン主義者が熱狂者になり、すべてが可能に思えたのだ」(Lockwood 1967: xvi)。その革命の熱はバティスタの追放に終わらず、一九世紀末以来、キューバを政治経済的に多大な影響下に置いてきたアメリカ合衆国との断絶と敵対へと向かった。それは当時、他の発展途上諸国のありうべき未来像を先取りした姿として映った。コロンビア大学の社会学者だったミルズは言う。

キューバの人たちが今日言ったりしたりしていることは、南アメリカのほかの空腹な諸国民が、明日言ったりしたりすることなのです。そのような見とおしを持つことは、キューバ人の誇大宣伝でもないし、また、キューバ人のおどかしでもないのです。それはひとつのはっきりしたみこみなのです。アフリカにおいても、アジアにおいても、南アメリカにおけるとおなじく、この声によって代表される人々は、彼らがいまだかつて知らなかったほどの一種のいきどおりをもって、強い勢力になりつつあります。国民としては彼らは若く、彼らにとって世界は新しいものなのです。(ミルズ 一九六一:一)

こうした熱狂とロマンは、当時、植民地支配下にあった国々が次々と独立を勝ち取り、新しい国となり、なにもかもが可能になるように思えた時代、「未来」を導くかたちとして先進国の学生や左翼運動家、社会学者をもとりこにした。これら独立国の多くがその後たどった様々な政治経済的危機を知る私たちにとって、いまやこうした希望は無邪気なものに見える。しかしこの無邪気さと希望と、不可能を可能にしたという自負や誇りが、その後陥った困難のなかで、人びとに「すべてが無駄に終わった」というアパシーやシニシズムに陥せないための、重要な役割を果たしてきた。チェが支援を試み失敗に終わったアフリカやボリビアにおける革命、後ろ盾となったソ連の崩壊、それに続く深刻な経済危機――こうしたニュースから、国外からはもはや「未来」とみなされなくなっていったにもかかわらず、キューバの人びとはそこにとどまり生きている。こうした彼らにとって、革命とはどのようなものとして語られ、経験されてきたのだろうか。

## 1 革命の物語

人類学者や文化論者が指摘するように、キューバ革命は当初、多くの国民によって、宗教的な枠組み

演説するフィデルの肩に白い鳩がとまる

で理解されてきた（Behar 2000; Fernández 2000; 大杉二〇〇二、二〇〇四）。現在、国外に住むキューバ人は、革命の神話を、キリスト教に重ねて見たという。キューバにはカソリック教会があったが、信者は富裕層が中心だったため、他のラテンアメリカ地域ほどの影響力はなかったとされる。それでもカソリックの学校に優秀な生徒たちが集まったため、社会的ヘゲモニーをもつ考え方の中心となってきた。キューバ系アメリカ人人類学者ルース・ベハーは、キューバでは、ゲバラの死後、彼を「父」、カストロを「子」、そしてキューバ革命と国家を「精霊」とする三位一体ができあがったと分析する（Behar 2000: 138）[3]。キューバ系アメリカ人学者のダミアン・フェルナンデスは、革命直後の雑誌記事の紹介をし、それらの多くが、革命家たちと出来事を聖人たちや聖書の内容に喩え、イエス・キリストに似た革命家の写真を載せていたことを指摘している（Fernández 2000: 71-77）。

一方、キューバにとどまった研究者たちは、革命が対比されてきたのは、アフリカはヨルバ出身の奴隷たちの宗教とカソリックが混交した宗教、サンテリアだという（サンテリアに関しては工藤 一九九九を参照）。彼らによれば、フィデルは、知と統治の神とされるオバタラ（Obatalá）の化身であり、対するバティスタは、邪悪な死者と盟約を結んでいたとされる（Barnet 1983: 157-158）。オバタラの化身は白い鳩でもある。革命勝利直後の演説中、白い鳩がフィデルの肩にとまり、演説が終わると同時に飛び立っていったのは有名な話である。

しかし現在のキューバでは、信者のレベルでは、カソリックとサンテリアは、明確に分離したものとしてはとらえられていない。サンテリアとカソリックにおいて、それぞれ異なる聖人が、対応する同じものだとも見なされるのだ。例えば、東部のカソリック教会に奉られているキューバの守護聖母カリダッド・デル・コブレ（La Virgen de la Caridad del Cobre）は、サンテリアの女神のひとり、オチュン（Ochun）でもある。カリダッド・デル・コブレ像のある教会には、七月二六日運動の勝利を祈願した品々が展示されている。また、七月二六日運動がシンボルカラーに用いた赤と黒は、エレグア（Elegua）というサンテリアの神の色でもあった。エレグアは、「道を開く」神であり、七月二六日運動もそのイメージと重ね合わせてとらえられたといえる。

エレグア（筆者所蔵）

さらに、いわゆる土着の宗教としては島西部のハバナを中心としたサンテリアだけでなく、東部を中心に広まった、エスピリティスモがある。サンテリアとカソリックの間に、明確な線が引けないのと同様、サンテリアとエスピリティスモも明確に異なる宗教として存在しているわけではない。サンテリアの信者（サンテーロ）は、精霊の祭壇を飾り、降霊も行う。私が調査に行った時期には見かけられなくなっていたが、一九九〇年代半ばまでは、ゲバラの絵や写真が、精霊の祭壇の上に飾られていた（大杉 二〇〇四：四四四）。フランク・デルガードというヌエバ・トローバの歌手は、以下のように歌っている（訳は筆者による）。「新しいトローバ」を意味するヌエバ・トローバは、一九六〇年代後半に生まれ、七〇年代には広くラテンアメリカの知識層に聞かれた。政治的なメッセージと、新しいメロディをあわせもつ歌である。

君の子供たちは、僕と同じパンを食べ
僕らは同じ学校にいった
君は人びとと同じ条件で生活した
だから君はカミーロのとなりにいるし
チャンゴの左にいるのだ

Tus hijos comieron del mismo pan que comí yo
fuimos al mismo colegio
viviste con el pueblo en su misma condición
por eso estás al lado de Camilo
y a la izquierda de Changó(4)

カミーロとは、次節で述べるように、チェ、フィデルと並ぶ反乱軍総司令官で、人気の高いカミーロ・シエンフエゴス（Camilo Cienfuegos 1932-1959）である。チェがカミーロと並べられるのは、公式の場においてである。一方、サンテリアの神のひとりであるチャンゴと並ぶのは、非公式な場においてである。

かくして、革命直後から、革命家は神話によって理解される一方、革命自体が神話化され、革命家自身が神格化されてきた。あまりに高い期待と要求に対し、一九五九年二月六日、フィデルはシェル石油会社の労働者を前にして、「私は神ではない」と名づけられた演説を行っている。

諸君は、私が人間であって、神ではないことをよく知っている。私はどこにでもいるというわけにはいかない。ほかの人たちの活動全部に責任をとることはできない。一人の革命家として、私は、今日も昨日も、そして明日も、私の義務をはたし、人間にできることは何でもしよう、といつも努力している。

（カストロ 一九六一b：一二二）

以上のような発言が意味をもつのは、彼が人間というよりは神に近い存在であると認識されているからである。反語的に、彼は、不可能なほど多くを期待し、要求する人びとを牽制する。そして、キューバ国民が自己の責任として革命をとらえ、協力しない限り、革命は失敗すると訴える。

しかし、後年になっても、彼が聞いてくれさえすれば、問題は解決するはずだという見方は続く。私は調査時、年輩の人が、フィデルは忙しすぎて、人びとの問題を認識できていないだけで、それを知らせない周りの人間が悪い、と言っているのを聞いたことがある。実際、フィデルは何か重要なものが足りないと聞くと、そこに財源と労働力を投入し、短期間でそれを具現化するということを行ってきたからだ。[5] このように、必要なものを与える彼の姿は、人びとへの愛として受けとめられた。無償（gratis）で与えられる医療・教育

左がカミーロ、右がチェ

や、ただ同然（regalado＝贈られた）の配給品は、特に革命勝利前後を生きた世代によって、見返りを求めず与えられる恩寵（gracia）のように語られる。「ありがとうフィデル（Gracias Fidel）」という言葉は、公式なスローガンとして街頭で見かけられる。

一方、稀にではあるが、現在でも「フィデルはいい人だろう?」「フィデルは本当に国のことを考えてくれている」という言葉を聞くことがある。筆者が出会った時には、フィデルに対してすでに批判的だった男性（序章であげたサンドイッチ店で働く大家）が、「昔は話を聞くと涙が出た。神だと思った」と言ったと聞いて驚いたこともある。

## 2　独立と革命の英雄たち

革命が長期にわたって維持された要因として、東部の農村で二年間調査を行った人類学者ローゼンダールは、「キューバの伝統的な男性のジェンダーの理想が、革命家の理想像と非常に似通っていること」（Rosendahl 1997: 166–167）をあげている。伝統的に理想とされる男性像が、社会主義者の理想像としてあげられる、強さ、大胆さ、責任、率先、勇気へと移されたのだという。革命家たちの男性性（hombría）は、社会主義思想に対する共感を失った人にも、あるいはもとから持ったことのない人びとの間でも、キューバ国民として誇らしく語られるものとなっている。

以下に一九世紀から二〇世紀にかけての男性革命家たちを紹介する。

## ホセ・マルティ

革命とキューバという国の精神を表現する最も重要な人物は、一九世紀にキューバ独立のためにキューバ革命党（Partido Revolucionario Cubano）の党首となったホセ・マルティ（José Martí 1853-1895）である。キューバ「革命党」とあるように、対スペイン独立戦争は、革命と呼ばれていた。マルティは若冠一六歳で、スペインへの叛逆のかどで政治犯として投獄された後、スペイン、ラテンアメリカ、米国で、ジャーナリスト、詩人、独立運動家として活躍した。おびただしい著作はホセ・マルティ全集として出版され、愛国的で革命的なキューバ人の家庭の本棚に置かれている。彼の言葉や詩はあらゆるマスメディアで参照され、年輩の人びとは日常会話でもそれらを引用する。

マルティは、見た目は、キューバで男性的とされるような男性ではなく、決して美男子ではない。しかし、彼はロマンティックな美しい詩を書き、亡命先の国々で、様々な美しい女性たちと恋仲になったことによって（cf. Quesada y Miranda 1943）男らしい男と見なされているのである。ベダードのアパートの大家だったエルナンド（六〇代男性）は、マルティが下宿先の姉妹両方に慕われ、双方と付き合ったことに関して、「それは彼がマリコン（maricón＝オカマ）でないという証」だと語った。革命前からの見方では、「雄」（macho）とは、女性をものにするチャンスがあれば、必ずそれを逃さないものだとされていたからだ（Mulhare 1969: 49）。マルティが武人ではなかったにもかかわらずキューバの戦場に赴いたことも、男らしさの証左とされている。しかし、一八九五年の戦争開始後すぐに命を落としてしまう。年輩の人びとは、「彼は闘いに向くような人間ではなかったのに」と残念そうに語っていた。

## フィデル・カストロ

フィデル・カストロは、マルティの果たせなかった精神を体現する者として自己を位置づけてきた。サンティアゴ・デ・クーバでスペイン人移民の地主の子として生まれ、ハバナ大学で学んだあと弁護士になったが、法廷で貧困層を援助することに限界を感じ、武装闘争を開始する。一九五三年の七月二六日モンカダ兵舎襲撃の失敗によって拘束され、裁判にかけられると、自分の反乱は、マルティによって

アバナ・ビエハ（旧市街）の壁画
上：一九世紀の革命の英雄。左からカルロス＝マヌエル・デ＝セスペデス、マクシモ・ゴメス、アントニオ・マセオ、ホセ・マルティ
下：二〇世紀の革命の英雄。左からチェ・ゲバラ、カミーロ・シエンフエゴス、フリオ＝アントニオ・メリャ

起草されたものだと主張した（カストロ 一九六一a：三三五）。フィデルは、マルティが代表する、キューバの理想的な男性の精神を再現するだけでなく、武器をとって闘うことによって、この理想像を体現しようとした。さらに彼は、キューバで、男性的とされる肉体と態度を持っていた――背が高く、体格もよく、声が大きく、話がうまく、恐れを知らない。女性に人気があり、婚外でも多くの子供をもうけたと言われている。エルナンドによれば、女性たちの方が、こぞってフィデルの子供を欲しがったのだという。

ある日本人ジャーナリストが「銅像なき権力者」（戸井 二〇〇三）と称したように、フィデルの銅像は存在しない。だが、若くして亡くなったチェ・ゲバラとカミーロ・シエンフエゴスとともに反乱軍としてとらえられたフィデルの姿は、革命精神の永続化を訴える標語とともに市内の大きな看板や工場の壁に掲げられている。また、フィデルの弟、ラウルの妻だったエスピン（第二章八六頁参照）が語ったように、「いま、六〇代前後の女性たちは皆、フィデルに恋していた」と、ダビッド（三〇歳）は言う。一方、元会計士のレイ（五〇代男性）は、苦々しく語る。「僕の従兄弟の姉は、バティスティアーノ（バティスタ主義者）だった。反バティスタ活動をする弟を密告したことさえあった。ところが、革命が勝利した途端、フィデルの大きなポスターを部屋に貼った。彼に恋をしたんだ」。

フィデルに惚れたのは、女性たちだけではない。大国の米国にたてつく態度を見て、男たちは「やつは馬だぜ」（Es un caballo）と讃え、「馬《カバジョ》」の隠喩で語られるようになったという。物事がうまくなされるときに使われる表現だが、「玉《コホーネス》」（cojones＝睾丸）があることを指す。

## チェとカミーロ

エルネスト・ゲバラとカミーロ・シエンフエゴスは、フィデル・カストロに並ぶ反乱軍の総司令官であり、今日でも、革命の精神を体現する男性二人としてなくてはならない存在である。ローゼンダールは、カミーロが肉体労働者の、チェが頭脳労働者の理想を体現しており、二人合わせて完璧な男性を象徴しているとしている（Rosendahl 1997: 86）。革命博物館に揃って展示の一角が設けられているように、この二人はセットで示されることも多い。彼らは二人とも、革命後に若くして亡くなった。カミーロは、一九五九年一〇月二八日にキューバ内陸部からハバナに帰還する小型飛行機に搭乗した後に消息を絶った。チェは一九六七年一〇月八日、ボリビアで革命を起こそうとするなか、捕らえられて銃殺された。

カミーロは、教育程度も高くなく、陽気な人間だったことを理由に、一般のキューバ人のあいだで「とてもキューバ人らしい」と言われる。(6) エルナンドの妻ミレイダの姉妹の家には、彼の肖像画が、まるで自分の家族の肖像画や写真であるかのように彩られ、額に入れられていた。チェは彼が初めは規律がなく、間違っていたが、のちにそれを是正して良いゲリラ戦士になったと語っている。そしてまた、革命軍のなかの派閥争いなどのいざこざを取り持ってくれたのは彼だと語った（ゲバラ 一九六九c：八一―八二）。

一方、チェは、一般的に、真面目で厳格な人間として記憶されている。キューバ国外や、キューバのドルショップで観光客向けに売られる写真集などでは、彼のリラックスした表情の写真が数多く見られる。しかし、キューバ国内の、キューバ人向けの本やポスターに掲載されているのは、斜め前方に殉教者的なまなざしを向ける肖像画や、肉体労働に参加したり、軍服で軍事と政治に従事したりする姿が中心となっている。

チェはアルゼンチン人だったが、革命に貢献したため、キューバ国籍が与えられた。(7) しかし、チェがキューバ人らしい、と、語られることはほとんどない。逆に、規律がなく、冗談ばかり言っているカミーロに代表されるようなキューバ人が、チェのように真面目になることが求められてきたのだ。彼の死後は、キューバ政府によって、「我々もチェのようになります（Seremos como el Che）」という標語が学校教育で唱えられるようになった。革命直後に亡命したキューバ人のあいだでは、チェを、無為に牛を撃ったり、軍事的冒険を冒そうとしたりする、共産主義を持ち込んだ迷惑な外国人だという見方がある（二〇〇一年一月、マイアミでのフィールドワークより）。しかし、革命政権下のキューバでは、チェが示した「国際主義」は、キューバ史の流れにのっとったものとして語られる。国外から参戦した先駆者として、ドミニカ共和国生まれでありながら、キューバ独立戦争に参戦したマクシモ・ゴメス（Máximo Gómez 1836–1905）がいる（Cantón Navarro 2000: 46–47）。一方、独立戦争の英雄のひとり、アントニオ・マセオ（Antonio Maceo 1848–1896）も、つましい出身にもかかわらず、その武勇によって昇進したことや、ムラート（混血）のキューバ人らしさによって人気がある。

見てきたように、二〇世紀の革命の英雄たちは、一九世紀の英雄たちの革命を受けつぎ、「一〇〇年の闘争」（Cien Años de Lucha）を勝利に導いた存在として表象されている。国外からは一九五九年以降に新たに取り入れられたかに見える国際主義、社会主義、共産主義は、キューバ国内では連続的な革命史の一部として語られている。

## 3 犠牲

反乱軍は、一九五三年、七月二六日、時の権力者バティスタへの反乱のためモンカダ兵舎を襲撃したものの、失敗する。捕えられたフィデルは、自らが弁護士として法廷に立ち、長い自己弁護を行った。彼はこの演説で、自分たちの革命政府が樹立したあかつきに行う政策をあげる。そしてその具現化のため、釈放されると再び国内外で武装闘争によるバティスタの転覆を目指す七月二六日運動（Movimiento 26 de julio）を開始した。

サンティアゴ・デ・クーバに住んでいたダビッドのおばアリーナは、一九五九年には一五歳だったが、運動の武器の運搬にかかわっていた。

私たち兄弟は父が共産主義者だったから、七月二六日運動にも参加したの。共産党はそのころ、武装闘争には反対で、大衆運動が大事だと言っていた。けれども、運動は、共産主義と共鳴するところが大きかったから、父に内緒で参加した。内緒にしたのは危ないと思われるといけないから。実際、スカートに隠して武器を運んだけど、一度、落として慌てたことがある（笑）。

父親が、この運動のハバナ支部局長だったレイはこう回顧する。

四月九日〔一九五八年〕のハバナのゼネストが失敗したとき、大勢が見つかって殺された。僕の家は、チャプレの丘にあったそれなりに贅沢な家で、三階建てだったから、四三人をかくまっていた。〔……〕僕はまだ六、七歳だったけど、兄弟で、荷台で武器を運んでいた。父は仕事で一一時まで帰ってこなかった。その不在中、警察が来て、母を連行した。そのまま、一週間、拘束された。誰をかくまっていたか、口を割らせるために、爪と肌を剝ぎ取られた。だけど、彼女は何も言わなかったんだ。

語り終わったレイは、誇らしげににやりと笑った。

このように、多大な犠牲を払って、七月二六日運動は武力闘争を続けた。島東部から西に向かって進攻した革命軍の勢力がハバナに近づき、島中部を制圧したのを受け、バティスタは亡命し、一九五九年、一月一日、革命が勝利する。

フィデルが裁判で主張した、小農に土地を分け与え、住宅問題の解決のために家賃を引き下げるという宣言は、実際に革命直後に遂行される。そのいくつかを、フィデルは以下のように一九五九年一〇月二六日の演説で、人びとの前で列挙する。目の前に集まった聴衆に対して、彼が、革命政府が労働者と農民に代表される「人民」に支持される理由をあげていくと、聴衆は、「賛成だ」の叫び声で答えたとされる。

・独裁時代に金をもうけた犯罪人の財産を人民の手に返した
・調査局〔バティスタ政権の特高組織のひとつ〕の敷地を公園にし、軍用地を体育センターにした
・電話会社〔キューバの電話事業を独占してきた米国系会社〕に与えられた利権を帳消しにした
・電気代の値下げ
・薬代の引き下げ
・住宅建設局が一万戸の住宅を建てたこと
・農民に土地を与えること
・農民の住宅をつくり、農民の生活水準をひきあげること

（カストロ　一九六一c：一六二―一六三）

一行目にあるように、彼にとって、革命が行ったことは、働いた人びとに妥当な対価として支払われず、盗まれた金を返すことであった。革命を非難する米国やキューバ人の上層部の人びとが言ったように、富裕層が正当に「所有」していた財産を奪ったわけではなく、彼らがもともと盗んで手に入れた金を、返したというかたちで事実を再確認したのである。

しかし、これ以降、さらなる発展のため、カストロは犠牲《サクリフィシオ》（sacrificio）の必要性を訴える。彼はまず、自分たち革命政府が犠牲を払ってきたことを思い出させる。

革命政府は人民が賛成しないようなことを何かやっただろうか？〔……〕革命政府はキューバの利益になることなら、一切を犠牲にしてそれをやる用意があるのではないだろうか？（拍手）（カストロ　一九六一

c：一六四）

反米感情と愛国心に訴えかけながら、フィデルは、次々に異なる話題をもち出し、人びとの自己犠牲の精神を称揚し、これを求める。そして最後には、革命政府ではなく、人びとの側の自己犠牲の精神を称揚し、これを求める。人びとの拍手と賛同を誘う。

われわれは革命が前進していること、人民との協力が日ましに広がっていることを、強調しなければならない。われわれは、道路や学校を建設している兵士たちのこと、規定の給料の半分で働いている教師のこと、建設の仕事で一日九時間あるいは一〇時間働いている労働者のこと、資金集めをやる市民のこと、小ゼニを集める子供たちのこと、革命の力と資源を補うため、日曜日に自発的に働いている労働者のこと、を語らなければならない（拍手）。

これは自己犠牲の精神の表明であり、人民の政治的自覚が高まり、犠牲なしでは未来をかちとることができない、という信念、英雄的な民族だけが幸福になり、独立する権利をもつようになる、という信念が強まってきたことを物語っている（拍手）。（カストロ 一九六一c：一八〇）（強調引用者）

ここでは、教師が規定の給料の半分で働いていることが讃えられている。しかし、一九五三年の演説をふり返ると、このときに目指されたのは、教師の給料の増額である。「教育という使命を托している男女の教師を乞食のように待遇することはとっくに中止すべき」であり、「報酬は一ヶ月二〇〇ドル以下であってはならない」（カストロ 一九六一a：六九）としている。革命後、労働者の給料が増加しないことへの疑問と批判に対し、彼は「キューバ経済がまだあまりにも弱くて、十分生産していない」ためだと答えた。しかし、「工業化が進むにつれて、現代の世代はいま払わなければならない犠牲についてやがて報いられるであろう」（カストロ 一九六一d：一八七）と約束する。その犠牲は、外国資本の誘致を退けてでも、キューバ経済を自立的に発展させるためのものである。「われわれキューバ人は、他人の労苦と汗で生きようとは思わない。他人の富を犠牲にして生きようとは思わない。われわれは、われわれ自身の労働と富によって、生きようと思う」（カストロ 一九六二d：一八九）（強調引用者）。

以上のように、労働と賃金に対して行う革命の内容は、その過程で現実に可能なことと不可能なことを選り分けていくうちに、変わっていった。七月二六日運動の犠牲は、一九五九年の勝利へと結実し、数多くの恩寵がもたらされた。しかし、政府が国民に贈り続けることができなくなると、再び、未来に来る恩寵のため、犠牲が要求される。最終的に現れた自己犠牲の称揚と、未来のより良い社会のために労働する人間は、五年後の一九六五年に、チェが『キューバにおける社会主義と人間』（ゲバラ 一九七〇）において、「新しい《オンブレ》人間《ヌエボ》」（hombre nuevo）として規定する革命的人間像の枠組みとほぼ同じものである。

## 4　共産主義への前進——愛と精神主義へ

現在、キューバの公式な歴史においては、一九五九年当初から、社会主義革命が目指されていたかのような記述がなされていることがある。例えば、キューバ人研究者らによる研究書の導入部は、以下のようになっている。

> 一九五九年の革命以来、キューバは「新しい人間」によって治められ、守られる、新しい社会の建設を試みてきました。その食住と健康と教育の基本的な必要性は、共産党が指導する政府によって様々な方法で集団的に調整され、支援されてきました。（Moreno et al 1998: 1）

社会主義宣言記念モニュメント（ハバナ市内）

しかし、キューバ革命は、その勝利の時から現在まで、キューバでは様々な意味づけがなされてきた。革命初期には、フィデル・カストロは、革命が共産主義的なものであるとは言わなかった。それどころか米国政府から寄せられた「共産化」という見方を非難していた（カストロ 一九六一e）。ところが二年後の一九六一年、米国の亡命キューバ人部隊による侵攻（ピッグス湾事件）の前日に、共産化を目指す社会主義政権であることが宣言された。国家を統治するキューバ共産党が結成されたのは一九六五年のことである。

フィデルが当初、自分は共産主義者ではないと明言していたのに対し、チェ・ゲバラは、もともとマルクス＝レーニン主義を学んだ共産主義者だった。しかも、他の低開発国を実質的に支配していたソ連を批判し、第三世界が自立した経済を営み、対等になる社会をつくることを目指していた。ここでいう共産主義とは、物質的報酬のためではなく、他者への思いやりと正義感によって働く人びとからなる社会をつくろうという、「精神主義」とも呼べるようなものであった。社会主義とは国家のために個人を犠牲にすることではないかという資本主義者からの批判に対し、チェは反論を加えたのち、革命家は、大きな愛情に導かれていなければ、真の革命家とは言えないという（ゲバラ 一九七〇：一三五）。彼があげる、共産主義をつくりだす「前衛」の革命家にとって重要な特質をまとめると、以下のようになる。

一、人民にたいする愛
二、物質的な見返りを求めない行動
三、平等精神

前衛としての革命家は、「人民に対する愛、もっとも神聖な目的にたいする愛を理想とし、それを唯一、不可分のものにしなければならない」（ゲバラ 一九七〇：一三五）。彼らは「日常的な小さな愛情の量だけをもって、普通の人間たちが同じようにそれ〔愛〕を行使している場に降りていくことはできない」ので、人類愛をもたねばならない（Guevara 1967: 40-41）。なぜなら革命家は、全生活を革命に捧げなくてはならないにもかかわらず、自分の子供の靴が破れているとか日用品に事欠くという心配があると、そこに堕落／汚職の萌芽が芽生えてしまうからだ。一方、自分の息子と普通の人びとの息子が持っているものは同じで平等であるべきである。「われわれの家族もそのことを理解するとともに、そうするために闘わねばならない」（ゲバラ 一九七〇：一三六）。チェ自身、自分の家族が配給品をより多く受け取っていたことを知らなかったことについてキューバの新聞で公に詫びたとされる（第四章参照）。彼の考えでは、身近な人びとのための小さな愛によって、革命や人類全体への大きな愛を犠牲にしてはならないのだ。一九六五年、キューバ市民権を放棄したときには、カストロ宛ての手紙に、以下のように書いている。「僕は子供や妻には、何の財産も残さない。〔……〕僕はそのことに十分満足している。国家が彼らの生活と教育のため必要なものは与えてくれると思うから、何も彼らのために要求するものはないのだ」（ゲバラ 一九六七：九八）。[8]

一九六七年、チェはボリビアで殺害される。フィデルは、悪化した物質的基盤を、さらなる共産主義、すなわち精神主義の推進によって改善しようと試みる。チェの死が公になった一九六八年の三月一三日、カストロは新たに「革命攻勢」（Ofensiva Revolucionaria）の開始を宣言する。ここで彼は、カフェやアイスクリーム屋などの街角の小売業者が不当に利益を上げ、他者を搾取していると批判し、小売業を全廃することを宣言する。

> 旦那さん方《セニョーレス》（Señores）、ここでは商売の権利を確立するために革命が起きたのではないのだ！そういう革命は、一七八九年、ブルジョア革命の時代に起きたことであって〔……〕いつになったら、この革命は、社会主義者の、この革命は、共産主義者のものだと分かってくれるのだろうか？（拍手喝采）〔……〕われわれはまだ、貨幣をなくす段階にまでは至っていないが、いつか共産主義に到達したら、貨幣などなくて済むようになるのだ！（拍手喝采）。（Castro 1968）

こうして、米国の社会学者スーザン・エックスタインの言葉でいえば、「ユートピア的な未来にむけて」の「共産主義への前進」(Eckstein 1994: 33) がなされる。私的な利益のために働くことは違法化され、よりよい成果への報酬は給与ではなく、賞状や旗などといった象徴的なものによってなされた。肉体労働への偏見をなくすため、頭脳労働との間の給与格差がせばめられるだけでなく、頭脳労働者は農業に「自発的労働」という形で参加するよう勧告された (Eckstein 1994: 34)。同時に、無料の社会福祉サービスが拡大された。あらゆる教育、医療、社会保障、デイケア、そして住宅が必要に応じて与えられた。教育と医療の無料サービスは、「非常期間」の今日まで続けられている。「マルクスがユートピア的共産主義社会ではそうなるだろうと議論したように、貨幣はその歴史的意義をかなりの程度、失ったのだ」(Eckstein 1994: 34)。フィデルによれば、教育と医療のサービスは、人びとの労働によって支払われている。一方、商売をするものは、自分は働くことなく、その無料の恩恵を受けている寄生的な存在だった。

フィデル率いる反乱軍は、バティスタ政権下の貧富の差の理由を、今まで労働者が生産してきた富を、権力者たちが不正に盗んでいたからだとして非難してきた。このため彼らは、革命が勝利した時点から、富める者から貧しい者へと物質的恩寵を分け与えてきた。しかし、こうして分けられる物質には限りがあり、政府はやがて、生産を増やすため、自己犠牲の精神に基づいた労働の重要性を訴える。しかし、一国の自立経済の建設は不可能で、精神的動機づけによる動員が難しいことが分かると、今度はソ連との緊密な関係と、物質的動機づけが採用される。労働には高い精神性が要求される一方で、労働による物質の生産が重視される。このような精神と物質との間での評価の揺れは、キューバ史では繰り返し見られてきた問題だった。

## 5 物質か精神か

チェは、共産主義社会を建設するには、物質的基盤（base material）の整備だけでなく、古い見方に囚われない精神を持った「新しい人間」を育成しなければならないと説いた（ゲバラ 一九七〇：二二六）。彼のいう「新しい人間」は、しばしば、物質的報酬によらずとも、利他的な精神的動機によって、労働するというものだと要約されてきた（Behar 2000; Nelson 1972; Eckstein 1994）。しかし、チェが「新しい人間」の理想像を説く際にあげた労働に対する見方と、フィデルの主張との間には揺れがある。この揺れは、キューバにおける「精神」（espíritu）と「物質」（material）、頭脳労働と肉体労働において、前者が高く評価され、後者が過小評価されてきたことと関係している。キューバでは、自国に対し、政治経済的影響力をふるってきた米国の「物質主義」を批判しスペインからの独立運動を主導したホセ・マルティが示す「精神主義」の優越性が説かれてきた（Agramonte 1971; Catalá 1942）。

しかしその一方で、「物質」にも良いものと悪いものがあることが繰り返し議論されてきた（大杉二〇〇四：四四五）。この揺れを理解するには、社会学者ネルソン・バルデスがいうように、以下のキューバの歴史的背景を知る必要がある。まず、スペインからの独立を主張した革命家たちは、カソリックや伝統に囚われたスペインの遅れた精神を批判し、自分たちが近代的な唯物論者（materialista）であるこ

模範を示すためサトウキビ畑で働くフィデル

とを説いた。ところが、対スペイン独立戦争に米国が介入（一八九八年）し、そのままキューバに対する支配力を行使するようになると、この論法は通じなくなる。米国のほうが近代化が進み、いっそう物質主義的（materialista）だからだ。このため、米国の影響力から離れて真の自律性を確立せんと訴える人びとは、今度は米国に対抗してモラルや理想主義といった精神を主張するようになる（Valdés 1992）。ここに精神と物質のどちらを評価するかということに関して二重性が生まれてきたのである。

　同型の議論は、フィデルやチェの労働観にも見られる。革命政府は、従来低く見られてきた肉体労働の評価を高めようとした。特にサトウキビ刈りは、一九世紀終りまではアフリカからの奴隷が、二〇世紀前半にはスペインや中国の貧困層が契約労働者として行っていたため、奴隷労働と同一視する傾向があった。また、農民（guajiro）という言葉が「田舎者《グアヒロ》」という蔑称をも自動的に意味するように、ハバナでは農民を「文化のない」人たちとして嘲笑の対象としていた。人びとがこのように労働を軽視し、忌避する態度をチェとフィデルは問題化し、肉体労働こそ国の発展に必要なものだとして自らサトウキビ刈りに従事する姿を模範として示してきたのである。

　とはいえ、彼らは、肉体労働を称揚し、頭脳労働をおとしめたわけではない。ただ、肉体労働を忌避すべきものとする慣習的な考え方は、誤った考え方だととらえていたのである。

## 頭脳労働者に労働を

チェは、革命が必要とする「新しい人間」を、「真に革命的でない」という原罪をもつ知識人と対比させた。若者はこうした原罪から解放されて生まれる「柔軟な粘土」だという（ゲバラ 一九七〇：一三三）。その粘土から似せてつくられるのは、フィデルやチェたち自身の姿である。彼ら自身が、弁護士と医師という、ラテンアメリカで最も権威のある頭脳労働者でありながら、他者のために自己を犠牲にし、労働してきたように、新しい人間は特権に安住することなく、労働とは何かを知らなくてはならない。そのために、フィデルは新しい教育を施す。

われわれの学校は、以前のもののように、少数の金持ちの子供たちだけが通い、労働の意味を学ぶことのない学校とは違う。そのころの彼らが労働の意味を知る必要があっただろうか。当時の社会は、貧乏人が代わりに働いてくれたので金持ちは労働について何も知らなかった。われわれの子供たちは小さな頃から労働の意味を知る。六歳の一年生でも、レタスの作り方を学ぶのだ。〔……〕そうすれば彼らは、どうやって物質が生産されているのかを理解できるようになる。〔……〕こうして彼らは労働の尊さを知る。軽蔑すべきものや犠牲としてではなく、喜びや快いものであり、人間が行う最も気高いものであり、必要なことだと知るであろう。（Castro 1967）

同じくチェは、新しい人間をつくるために、次世代の知識の再生産を担うであろう給費生（学生）を、

「当初から労働に組み入れる」ことが肝要であるという。しかし、続く言葉には、労働に対する彼自身のアンビバレントな見方が現れている。

わが国の給費生は、休暇中または勉学と平行して、肉体労働をしている。労働はある場合褒賞であり、またある場合教育手段であって、けっして罰ではない。新しい世代が生まれようとしている。（ゲバラ一九七〇：一二三四）（強調引用者）

別の場所で彼は以下のように、キューバでは新しい労働が実現したと語っている。

いまや、わがキューバでは、労働はいっそう新しい意味を持つとともに、新しい喜びを持つようになっている。……キューバの女性たちが愛と喜びをもって砂糖きびを刈り取っているのを見てもらうことができよう。労働にたいする新しい態度を見てもらうことができよう。労働が人間を隷属させるのではない。生産手段を持たないためにそうなるのである。（ゲバラ一九六九c：五九）（強調引用者）

以上の言明から明らかなのは、労働は、通念では、罰としてとらえられており、チェたちが新しく教えようとしている考えは、労働が教育手段で、褒賞でもあるというものだということである。しかし、もともと肉体労働それ自体に面白みや価値があるとみなされているわけではない。より興味深く価値があるのは、都市の頭脳労働者の文化と労働であり、彼らはこれを、「文化水準の低い」肉体労働者に学ばせることも重視した。

## 肉体労働者に文化を

革命政権は、農民と労働者を今まで通りの肉体労働者にとどめるのではなく、彼らに、革命を体現するにふさわしい、「精神」を教えようとした。一九六一年は「教育の年」とされ、都会の若者と大人たちが、農村や郊外へおもむき、字の読めない人びとに字を教えた。同年には「文盲」(analfabetismo)は実質的に撲滅されたと宣言された。革命政権はまた、字を読むという技術的な側面だけではなく、農民や労働者が「文化」を身につけることも望んだ。東部の農村から、ハバナの「農家の少女たちのためのアナ・ベタンコート学校」に参加した女性が語る教育内容は、都市の頭脳労働者たちの「文化」を、農民に教えようとする姿勢がよく現れている。彼女たちの滞在先は、ハバナの海辺にある高級住宅街ミラマールの邸宅だった。長旅で疲れて到着すると、その「夢のような」美しい家の床に座り込んだ。一生忘れられないことに、彼女たちは「白いご飯とステーキ」のお弁当を渡された。そして、「革命指導者」たちは、あらゆる「文化」を教えた。

彼らは、私たちに、すべて、すべてを教えた。〔……〕演劇、ダンス、合唱、楽器演奏を教えてくれたし、先生方は本当によかった。毎週日曜日には、映画や水族館にいった。私たちは演劇を、そのころは全然分からなかったけど、ハムレットなどを見たものよ。彼らはすべての文化を、いっぺんに、私たちの頭に詰め込みたかったのね。私たちは一世紀の無知によって、ひどく遅れていたから、彼らはそれを

すぐにでも取り去りたかったのよ。(qtd. in Rosendahl 1997: 131)

革命とは、頭脳労働者たちが農民と労働者の仕事《トラバッホ》(trabajo)を無償で行うことによって、物質的基盤を学び、その物質的生産に貢献する一方、肉体労働者たる農民と労働者が頭脳労働者の精神と文化を学び文化水準を上げることによって、両者が近づき、徐々に平等が達成されていくという、そのようなものとして捉えることができる。

## 6 社会主義への後退——物質主義へ

キューバは「共産主義への前進」から、しかし、一九七〇年代に至って「社会主義への後退」(Eckstein 1994)を余儀なくされる。再びエックスタインの言葉を借りれば、共産主義という「未来から戻ってくる」ことになるのだ。精神的動機づけだけでは人は働かなかった。経済状態は悪化した。この打開のため、ソ連との政治経済的関係が強化される。革命当初は、砂糖に依存するモノカルチャー経済から脱して工業化する計画だったが、ソ連に輸出するために、一転して砂糖の増産が推進されることになった。そして、一九七〇年代からは、ソ連型の社会主義の制度化と中央集権化が進む。

国外の研究者は、現政権下のキューバ人の労働意欲の低さを、社会主義制度そのものの誤りとして、すなわち、物質的報償のなさをはじめとする、理想主義に結びつけて論じてきたが(e.g. Nelson 1972;

Bunck 1994）、キューバ共産党は、その理由を過去のプランテーションや奴隷制、植民地化という、資本主義の産物として位置づける（Plataforma Programática del PC, ed. cit. 237 qtd. in Salomón Beckford 1986: 207）。しかし、精神主義の失敗に対して、再び、物質主義的な要素が取り入れられることになる。カストロ自身、労働意欲を高めるには精神主義だけでなく、物質主義的要素も必要だと認めている。

精神主義的インセンティヴ（estímulo moral）とともに、物質主義的インセンティヴ（estímulo material）も用いなければならない。どちらかが度を超すようであってはならない。前者は理想主義に陥ってしまうだろうし、後者は個人主義的エゴイズムの発展につながってしまう。（Castro, F. Revista Economía y Desarrollo 19: 29; qtd. in Salomón Beckford 1986: 216）

労働意欲と質を向上させるため、物質的報酬が導入され、同時に、一九七〇年には、働かない者への罰則規定もつくられる。それでも不足する労働力を補充するために女性の社会参加が促され、男性の家事分担を義務づける「家族法」が一九七六年に制定された。しかし、一九八六年には今度は物質主義への行き過ぎに対する「誤りと否定的傾向の矯正」が行われる。農作物市場が、利益が大きすぎるという批判のもと閉鎖されるなど、再び、精神主義的インセンティヴの重要性が主張される。経済政策の精神主義か物質主義のどちらかの行き過ぎに対しては、改めて、どちらかを強調することによって、政府はバランスをとろうとしてきた。

尊敬に値する《レスペタブレ》（respetable）⟷　下品な《チュスマ》、低い《バハ》（chuzma, baja）
慎みのある《デセンテ》（decente）　⟷　〃
教養がある《クルト》（culto）　⟷　〃

## 7　誰が上で下なのか――日常言語に見る革命

精神と物質の間で揺れながらも、革命指導者は「人びと」の側にありつつ、より上位の人間として、まだ物事をきちんと理解できていない「人びと」を啓発し、ともに新たなキューバを建設する「新しい人間」を育てようとしてきた。それはあたかも、愛するがゆえに厳しく子供をしつける親の姿のようである。勝利によって得られた富を惜しみなく分け与えたものの、自立して生活するには「犠牲」と「労働」が必要であることを教え諭す。そしてそれは一定の成功を収めたといえる。

例えば、他人を評価する際の分類のあり方において、革命前と後において、変化が生じている。ミルタ・デ・ラ・トーレ・ムルヘア(9)が調査からまとめた革命前のカテゴリーをみてみよう。彼女によれば、一般の人びとのあいだでは「ミドルクラス」というカテゴリーは存在せず、「上」か「下」かで人びとの価値付けがなされていた。

「尊敬に値する」人びととしてあげられるのは、よい家柄、権力者、金持ち、資産家、知識人、よい評判で知られる家系、などである（Mulhare 1969: 59）。一方、財産や名声がなくとも、慎みのある生活態度や身につけた教養によって、人びとは「上」に位置づけられることができた。革命後も、財産の多寡と関係のないこれらは同じく評価の「上」に位置づけられている。

現在は、高い経済力や家柄を評価するレスペタブレ（respetable）という言葉は、日常

仕事（trabajo）　↔　商売（negocio）
まともな（decente）↔　非行（delincuente）
教化された（culto）↔　低俗な（vulgar）無知な（bruto）

生活において、ほとんど用いられていない。高い経済力を持つ人を語るとき、その人が、「金を持っている」（tiene dinero）、「百万長者だ」（es millonario）、「金持ち」（maceta）[10]などといいながら、軽く握った片手の親指と人差し指をすりあわせ、「金」（dinero）の仕草をする。そこには、レスペタブレという言葉にあるような尊敬の念はない。革命家たちによれば、キューバ国内外にいた金持ちは、本来、労働者や貧しい人びとが持っていた天然資源や、彼らの労働の生産に対する妥当な対価を支払わずに、盗むも同様のやり方で豊かになったためである。代わりに高い価値を示す基準として表されるようになったのは「労働《トラバッホ》」（trabajo）である。

トラバッホ／トラバハール（仕事・労働／働く）は単なる個々人の生活の手段ではなく、他者への奉仕とよりよい社会の建設という革命のプロジェクトの一部である。まず、社会主義思想によって、従来は仕事として位置づけられていた「商売《ネゴシオ》」（negocio）が、仕事の枠組みから排除される。働かないこと自体も、他人の労働によって得られる無償《グラティス》（gratis）の医療・教育サービスにただ乗りする、盗みと同じ犯罪として扱われるようになっていく（Nelson 1972: 119）。仕事には、頭脳労働（trabajo intelectual）と肉体労働／手仕事（trabajo manual）が含まれる。

ここでは、価値判断の基準とその変化を理解するうえで重要な、上の三つの概念「トラバッホ」「クルト」「デセンテ」に絞る。以下、これらにまつわる事例を見ていこう。

## トラバッホ

### a 政府の仕事

現在は、政府に雇用され、規定の給与を受け取る公務員としての仕事のみを「仕事《トラバッホ》」と見なす考え方がある。これは革命政府が、指導者の思想を具現化する法律や制度によって国民に広めてきたものである。この見方は、彼らが意識しないほどに自然化されている。例えば、ダビッドの妹ヤネットと話をしていたところ、「私は働いたことがない」と言う。ところが、彼女は、以前、農作物市場で売り子をしたり、自分でつくったマスコットやろうそくを路上で販売したりしていたことがあると語っていた。現在も、非合法だが、自宅で靴の修理をしている。しかも、それらの仕事で、公務員の月給と同じかそれ以上の収入を得ていた。私がそのことを指摘して初めて、彼女は、そういえば、という調子でうなずいた。つまり、これら政府に雇用されない労働を、彼女自身、仕事とみなしていなかったのだ。

一方、サンテリアの司祭の妻のオルガは、「サンテリアの神が私に働いてほしくないから」、古文書館の仕事を辞めたと言う。ところが同時に、儀礼のあとの掃除をしながら「この宗教はつまるところ、トラバッホとコミーダ（comida＝食べ物）に要約される」と言う。ここでは同じ言葉を使いながら、前者のトラバハールは政府の仕事／外の仕事を指し、後者では、家事と宗教にまつわる家のなかの仕事という異なるものを指しているのである。

### b 自発的労働

革命以降、とりわけ光があてられたのが、「自発的労働《トラバッホ・ボルンタリオ》」(trabajo voluntario)であった。チェによれば、頭脳労働者はこの労働によって初めて、それまでどのようにつくられているのかを知らなかった物質の生産の過程に参加して肉体労働者への尊敬の念を高め、両者の格差が縮小されるとした。これは、本来、あくまで自発的にやりたい人間だけが参加すべきものであった(ゲバラ 一九六九c)。

しかし、革命防衛委員会(序章注(3)参照)や職場の上司などが、近隣の住民や部下の参加を確認していたため、参加すべきという社会的圧力があった。自発的労働として都市のオフィスワーカーが農作業と肉体労働に動員された。

### c 骨折り

スペイン語ではもともと、トラバッホ(trabajo)は、英語のlaborと同様、骨折り(苦労、困難)を意味する。例えば、あるとき、年輩の女性が「キューバは好き?」と話しかけてきた。「ええ」と答えると、「私は嫌い。トラバッホがいっぱい」という返事が返ってきた。この返事では、文字通りの「仕事」をたくさんすべきと言いたいのか、それとも日々、様々な困難がふりかかってくることを言いたいのかはっきりしない。つまりこれは、「仕事」は大変で、困難なことであり、苦労と同じことであるという意識があることを示している。

俗語では、「働く」をピンチャール(pinchar=突き刺す、注射する)という。その語感のとおり、つらく、仕方ないこととして仕事を表現している。一方、オフィスワークや頭脳労働者などの肉体的に楽な仕事は、ヒッチハイクと同じく「瓶《ボテーヤ》」(botella) と呼ばれている。革命前には、「瓶《ボテーヤ》」は、権力者とのコネによって得られる、実際に働かなくても給料を得られるポストのことを意味していた (Mulhare 1969: 101; Nelson 1972: 140)。

以上のように、従来、キューバではトラバッホには骨折りや奴隷のような無給労働といった、つらく、報われないイメージがつきまとっていた (cf. Bunck 1994)。これに対し、チェとフィデルは革命によって人びとが生産手段を所有することによって、労働は新しい意味を帯びることになると語る。そして、「革命のトラバッホ」(無償労働と政府が統制する仕事) によって社会全体が発展すると語った。それは、よりよい未来のために必要な犠牲であった。

トラバッホが革命のプロジェクトと結びつく「犠牲」であり、高く評価されるのに対し、商売《ネゴシオ》は「金」と結びつき利己的なものとして低く評価された。人びとのこの見方は、金を必要悪と見なす革命政権の見方を反映している。

たとえば、私の調査時、キューバでは、学生がアルバイトのような形で初めての仕事をすることはなかった。勉学に集中すべきだとされる学生は金のために働くことを禁じられていたためだ。一方、彼らは無償労働を行う。夏休みには「田舎の学校」(escuela del campo) において数週間、親元を離れて寄宿生活をしながら、タバコの葉の収穫などの農作業をするのだ。また、大学卒業後は、学んだ専門知識を生かして二年間の勤労奉仕をすることが義務づけられている。

子供たちに対するお金に関するしつけや教育という習慣はないという。年輩のキューバ人たちは、子供が何か欲しがったら、お金を渡すとどうでもいいものに使い切ってしまうので、欲しいものを買って与えていたという。現在二〇~四〇代の青年たちも、バスに乗ったり映画を観たりするために何ペソが欲しいなどと言って、具体的に必要最低限のお金をもらうか、親が何かをくれる（regalar）のを期待していたという。政府が時々、人びとに学校や職場を通じてTシャツなど（たいていは政治スローガンが入っているのだが）を与えることもある。

私が知り合った米国の人類学院生は、キューバでこの様子をみて初めて、子供の頃、スポーツチームの活動資金とするためにクッキーなどを売ったことが、自分たちを「良い資本主義者」にするための教育だったのだと気づいたという。これに対して、キューバでは、「良い社会主義者」にするために、子供たちには、必要な物や欲しいものは、政府か親によって贈られていたのである。もし物が不足していたら、用意できない親か、あるいは親をそんな経済状態においてしまった政府が悪いとされた。政府の方は、経済的困難を米国の経済封鎖と帝国主義に帰してきた。こうして、革命後に生まれた世代は、労働と金とが結びつくという意識や、「金を大切にする」という感覚があまりないまま育った。彼らにとって、大切にすべきものは金ではない。ダビッドに、日本のお駄賃の話をすると信じられない、とクビを振って言った。

なんでもお金で買える、というメッセージになってよくない。親は、ただその子供を送り出しただけじゃなくて、愛する存在、困ったときに助けてくれる存在のはずだ。

つまり、大事なのは、愛であり、愛とは、必要な物を必要な人に無償で与えることとしてとらえられてきた。このような考え方で育てられてきた結果、たとえば薬学部を卒業したエリサは、「お金がどうやってできるか」就職するまで考えたことがなかったという。

## クルト

チェは、革命を起こすには一定の文化水準が必要だが、なければ革命のなかで水準を高めようというレーニンの考えに賛同していた（ゲバラ　一九六九c：三四）。また、文盲の多い国民を、教育によって教養を身につけ文化のある状態クルト（culto）に高めることは、国の発展に必要な質のよい労働力の育成につながることとして考えていた。

ただし、あまりに高い教養をもつ知識人は、「充分に革命的でない」という原罪を負っているとされる（ゲバラ　一九七〇：一三三）。彼らは革命以前において特権層であったうえに、革命の物語自体に疑義を差し挟むためだ。例えば、フィデルは、一九六一年、知識人を前にした演説で、何を表現しようと自由だが、「革命のなかではすべて〔を認め〕、革命の外ではなにも〔認められない〕」（Dentro de la Revolución, todo; Contra la Revolución, nada）と明言している（Castro 2000: 76–82）。このため、同じクルトという言葉でも、かつてのように「教養がある」というニュアンスよりは、「教化された」というニュアンスが強くなる。

クルトであることは、「ストリート《カイェ》（calle）」のことしか知らないこととも対比される。「カイェの」（de la calle）ものとは、違法性や俗悪性を指す。「あの人たちは文化がないんだ」（Esa gente no tiene cultura）とは、カイェの違法な取引や俗悪なことしか知らず、学校教育や合法的な雇用、正しい社会的振る舞いなどを知らない人びとに対する非難である。例えば、キューバの日常会話では、語の末尾を発音しないことが多い。こうした話し方は度が過ぎると、文化がない、すなわち、きちんとした教育を受けていない、カイェのしゃべり方だといわれる。このしゃべり方は、しばしば、黒人特有のものだと（誤解されて）考えられている。(11)

スウェーデンの人類学者モナ・ローゼンダールが調査した東部の農村パルメラ（仮名）では、文化の有無は、正しい社交の仕方ができるかどうかを示す言葉として使われていたという。普段から楽しく社交する間柄を築いて初めて、物のやりとりができる。にもかかわらず、あまり親しくもないのに路上で一〇〇ペソを貸してほしいと話しかけてくるような人物は、「文化がない」と非難される（Rosendahl 1997: 44）。

## デセンテ

先の例にあるように、物や金を欲したり、そのやりとりをあからさまに行ったりすることは、文化の欠如だけでなくデセンテ（decente＝品位のある、礼儀にかなった、つつましい、きちんとした、見苦しくない、常識的な）であるかどうかに関わる。貧しくても、金品を手に入れるために何でもするのではなく、手段を選び、欲望を抑制することは、デセンテであるために必要な態度とされてきた。すぐさまに物質的な欲求を満たそうとする態度は、「下品」（chuzma）で「低い」（baja）、「非行者」（delincuente）のものと考えられている。この一点は、革命前後でも変わっていない。しかし、革命前後で大きく変わった点が一つある。それは、男女間の性愛とデセンテの関係である。

革命前には女性はデセンテであるために、結婚前の性交渉が禁じられていた。一九世紀の性と結婚に関して文献調査を行ったマルティネス＝アリエ（Martinez-Alier 1989）と一九五〇年代にハバナのフィールド調査を行ったムルヘア（Mulhare 1969）によれば、確固とした身分の定まった上流階級の女性や、階層の上がることが初めから期待できない下層階級の女性たちのあいだでは、婚前の処女性はあまり問題にならなかった。しかし、その中間にある階層では、欲望の抑制によって、生活をデセンテなものとするのと同様、性の抑制によって娘の花嫁としての価値を高め、より高い経済力をもつ男性との結婚をさせることが可能だった。

ダビッドのおじの婚約者だったニエベスの例をあげる。ニエベスは印刷工の父母のもとに生まれた九人兄弟の長女だった。印刷工は、肉体労働者であるが、読み書きができるため、ある程度クルトな仕事として考えられていた。しかし彼らの家は、床をつくることができないほど貧乏だった。それでもニエベスの両親は、家族の誇り（orgullo familiar）を保とうと心をくだいた。例えば、小売店を経営する父の姉は、子供たちの誕生日を機会として利用して、必ず服を買ってくれたが、決してニエベスの家族が彼女に頼んだからではなく、彼女がそうしたいから贈ったのだ、とニエベスは強調した。さらに、彼らが誇りを保つために気をつけたのは、娘の性の統制である。当時デセンテとされる男女交際は、男性が女性の親に、結婚の意思があることを告げ、結婚するころには彼女を専業主婦として養うために、どのような仕事をするつもりなのか、その計画を明確に述べ、その計画が妥当なものだと認められて初めて両親から許しを得ることができた。「女性の仕事は結婚である」という言葉があったように、デセンテな女性は家で妻と母親としての仕事に専念するものとされていたのである。

現在、マルクスとエンゲルスの著作を知るキューバの人びとは、これは、ブルジョアが自分たちの財産を残すために「娘を売る」、男性優位主義、マチスモのための二重規範だったと語る。革命直後に二〇歳前後だったダビッドのおじによれば、経済的不安がなくなるように感じた人びとが、子供を持ちたいという気分に駆り立てられ（embullaron）、多くの子供が婚外で産まれたという。現在、婚外子はもはや、以前のような差別を受けることはない。

## 8　平等と格差のダブルバインド

### 行き過ぎた平等？

革命家たちと共産党は、従来あった社会格差をなくすべきだと唱えてきた。しかしオスカー・ルイスとともに革命勝利一〇年後に現地で人類学的調査を行ったバターワースの民族誌では、ハバナのかつてのスラム住民たちとそれ以外の「ミドルクラス」の住民は、当時もまだ、以前の格差を意識し、互いへの不信感を露にしている（Butterworth 1980: 129）。すでに述べたように、革命家たちにも、クルトな頭脳労働を肉体労働より重んじる傾向があり、その価値判断は、給与体系にも現れていた。頭脳労働者の最高給与額は、一九六〇年代後半には、最低賃金と一三倍もの開きがあり、一九七〇年に格差が縮小された時にもまだ五倍の開きがあった（Butterworth 1980: 40–45）。

これに対し、ローゼンダールが一九八〇年代後半に行った東部の村パルメラ（仮名）の調査では、肉体労働と教師の仕事の差が二倍強ある程度で、格差は小さくなっている（Rosendahl 1997: 32-35）。小さくなったのは給与額だけはない。この民族誌からは、人びとは職業が異なっても平等であることを自明視する様子が示されている。パルメラの第一書記は、村人たちに、医者などが違う「水準」（nivel）の人びとであることを自覚するよう演説で指摘している。共産党員は、「決して大衆の上ではなく、常に大衆とともに、そして大衆のハート（中心、心）の中に」あるべきとされる（Programa del PCC 1987: 71）にもかかわらずである。彼は、演説で、機会は平等であるべきだが、誰もが平等であるべきではないと強調した。

我々は、より多くを行うという抱負をもつべきですが、すべてが完全に平等な社会をつくることは不可能です。それは嘘であり、決して起きません。私たちは、もっとも公平な社会をつくろうと努力しています。でも、それは完璧でも平等主義でもないのです。我々が努力しているのはそういうことなのですが、多くの人がそれを理解していません。人びとは、みんなが同じになれると思っています。ノー、セニョール、医者は、決して、例えばカウボーイと同じではないし、同じものを受け取るべきではありません。例えこのカウボーイが、最高のカウボーイであり、ほかの人たちのために物事を向上させたとしても。医者は別の水準、別の地位を社会から認められているのです。だから、二人はどちらも同じ機会があったとしても、必ず違いは出てきます。医者、エンジニア、専門家は、違うし、違いはあるべきものなのです。見て下さい、私の手には五本の指があって、どれも異なっていますが、どれも指であることには変わりありません。もし平等社会を目指し、理想化したら、この社会は、率直に言って、破滅に至るでしょう。そんな平等は存在しえないのですから。（Rosendahl 1997: 100-101）（強調引用者）

この演説で印象的なのは、本来、いつかは完全に平等な社会がつくられるという未来を「教育する」側にいたはずの共産党員が、「完璧な平等などありえない」というように、人びとを教育しなおしているということだ。それは彼一人のせいではなく、すでに見たように指導者の演説と、その思想に基づく経済政策が一貫していないからでもある。

共産党の創設に際してチェが述べたように、「前衛（vanguardia）」としての党の機能は、「非物質的なものへの関心の旗、非物資的刺激の旗、同志から認められるために闘い、それ以外のものを望まない人びとの旗――をできるだけ高く掲げること」（ゲバラ 一九六九b：五三）であるとされた。

しかし、現実には基本的な物質さえ十分に行きわたらないなか、「非物質的なものへの関心の旗」を重視すべきだという主張は、国民の側に、ときに欺瞞として受けとめられた。例えばレイは、ハバナで私と知り合って四年近く経って初めて、彼の父親が七月二六日運動のハバナ支部局長だったことを明かした。そして、「共産主義」への不満を露わにした。

〔僕らの革命は〕共産主義なんかじゃなかった。そうして実際に何かをしていた僕らに向かって、革命だなんて言ってほしくない。〔……〕父がガンで病んでいたとき、闘士協会（Asociación de Combatiente）は鶏肉の一片だって持ってきてはくれなかった。僕が造花を売って牛乳、肉、チーズを食べさせなければいけなかった。彼らは葬式に、勲章と旗を持ってきた。「そんなもんは尻をふくためのものだ！」と言って帰したよ。生きている時には何もしないで、父よりいい暮らしをしていたくせに。

レイ自身は、「僕は〔非常期間までは〕ずっと政府のために働いてきた」という。しかし、以上のような必要最低限の生活が保証されない報われない状況においては、「政府の仕事」に対する労働意欲が向上しないのは無理もない。その一方、チェが望んだ意識改革のうち、平等に対する意識は、前衛党員が望む以上に、広まっていたのである。(12)

しかも、経済政策における精神主義と物質主義の交互の現れのために、人びとを導くはずの前衛までもが、「ダブルバインド」に陥っている。ダブルバインドは矛盾するメッセージが発せられ、しかもそれについてコメントをすることが禁じられることによって起きる（ベイトソン 二〇〇〇b：二九六）。労働に関する政策と方針は、その時々の政治経済的状況によって相反するものとなってきた。前衛は、これを首尾一貫した革命の物語として語り直さなければならない。パルメラの第一書記は、「機会の均等」は確保されるべきものの、農業労働に従事する者と、専門職に従事する者は「決して同じにはなりえないし、そうあるべきではない」と明言することによってこの窮状を解決しようと試みた。その根拠となるのは、「水準」という曖昧な言葉である。明言は避けられているが、キューバで生活した者なら、それが、「文化水準」(nivel cultural) を示唆する言葉だと推測できるだろう。すでに見たように、革命家たちは、労働者や農民に対し、自分たちのより高い文化を教えるという立場をとってきた。前衛は、ただ働くだけでなく、高い精神性をもってその労働を行う、文化水準の高い人びとだと考えられていた。

共産党員になるためには、生活態度がデセンテであることが要求される（Rosendahl 1997: 92-93）。しかしこうしてデセンテであり革命にとって役立つ人間だと認められると、その仕事を人びとのために効率的に行うという理由のもと、様々な物質や情報などへのアクセスが可能になっていたのである。

## 統合されること

バターワースとローゼンダール、そして私の調査から明らかになったのは、「革命的」で、「まとも《デセンテ》」な労働に従事する人びとは、非常期間までは、利他的な無償労働をする一方で、無料で多くのサービスを受け、少額でさまざまな財にアクセスすることができたということである。革命の理念を受け入れた人びとは、私のインフォーマントのあいだでは、「統合された人びと《インテグラードス》」（integrados）と呼ばれていた。

パルメラの第一書記のような指導者層は、給与そのものは高くないかもしれないが、他の人びとよりも希少な情報の入手と、旅する機会や手段が確保できた（Rosendahl 1997: 92）。情報源が二つの国営新聞と二つの国営放送チャンネルに限られ、近郊に旅するにも公共交通の便によって移動の範囲としやすさが影響される国において、この両方があれば生活水準は劇的に向上する。結果として、「統合された人びと」は、革命の発展の物語を実証するかのような物質的な条件にも恵まれてきたのである。

バターワースは、かつてのスラム住民たちを調査する際、キューバ政府からアシスタントとして派遣されてきたキューバ人の若者たちがまさに、そのような状態にあったことを描いている。彼らは革命イデオロギーによく「統合」されているだけでなく、その見返りとして、給付金、配給の特別割り当てなど様々な特権をもっていた。彼らのうちの一人は、バターワースとの調査によって、それまで考えてきたように、革命が何もかもを解決したわけではないということを直視するのが最も厳しい試練だったという。そうした社会問題としてあげられるのは、物乞いやストリートの行商人だった元スラム住民たちが、革命後に労働者として雇用されるようになっても、変わらず置かれている以下のような状況である。

大家族の世帯主にもかかわらず支払われるのは低い給与の額、学校中退、不法博打、売春、ブラックマーケットの売買、そして、もっと多くの配給品を得て、それをマーケットに高額で売るためだけに子供を身ごもること。(Butterworth 1980: xviii)

それでも彼女は、こうした「すべての悪」に「直面」することによって、「私たちは、その住民たちといっそう一体感をもった」(Butterworth 1980: xviii)という。しかし、調査アシスタントのキューバ人は、自分たちの精神主義を、かつてのスラム住民の物質主義にとって替えたわけではなかった。「私たちは、毎日、社会から見下されてきた人びとについて少しずつ学んでいるし、彼らのほうも、従うべき社会の規範に、ゆっくりだが順応しつつある」(Butterworth 1980: xviii)というように、根本的に、自分たちの方が物質的に恵まれるシステム自体への内省は起きていない。結局、バターワースがインフォーマントに調査の謝礼を渡そうとすると、キューバ人アシスタントたちはこれに反対した。彼らが情報を提供するのは、純粋に精神主義的な動機であるべきだと主張したのである(Butterworth 1980: xix)。

## ダブルバインド

以上のように、革命政権の指導者たちは、少なくとも言葉から判断する限り、人びとのためを思って様々な精神主義と物質主義の政策と方針のあいだを揺れ動いてきた。国民の意識の変化に期待する指導者たち、特にチェの言葉は、まさに、「わが子が将来、偉大さと幸福を兼ねそなえた、限りなく不可能に近い人生を歩むことを、本心願って手を尽くす」（ベイトソン 二〇〇〇a：二五四）（強調引用者）親のようなものだったことが分かるだろう。とはいえ、現状が望んだとおりの社会にならないがゆえに相次ぐ方向転換をする指導者たちの言葉は、これを字義通りにとれば、人びとをダブルバインドに陥れる。もし、この態度を、人びとが、ただの嘘つきな権力者のそれだと認識する（cf. Ichikawa Morin 2003）ならば、彼らもただ、命令に従うような振りだけをしたり、できる範囲で反抗したりすればよいだろう。また、革命直後であれば、米国に去ることもできたはずだ。現在、キューバに残る高齢者たちがそうしなかったのは、多くの場合、革命家たちに愛情を感じ、彼らの言うことが真実であると考えたからである。しかし、このように、彼らを愛し、抜き差しならぬ関係になることによって、革命的なキューバ国民には、ダブルバインド的状況に置かれる以下の条件がそろうことになる。

一、革命家たちとの重要な関係
二、相反するメッセージ（「精神主義」と「物質主義」、「平等」と「水準」）
三、それについての論評が阻害される状況(13)

ダブルバインドにかけられると人は、「論理階型の識別能力に支障をきたす」（ベイトソン 二〇〇〇b：二九六）とベイトソンは言う。確かに、部外者からすれば、革命支持者のキューバ人の言葉には、論理階型の異なるものが混在しているように見える。例えば、熱心な革命支持者であった年輩の混血女性（六〇代）は、労働者がパン工場からいろいろ「盗む」ことを批判したあとにこう付け加えた。

私は革命には反対ではない。だって私からは何も奪っていないから。逆に私に与えてくれた。「国家前衛」（Vanguardia Nacional）[14]になったらこのアパートをくれた。いまは非常期間だから無理だけど、私はソ連邦の六カ国を訪問した。私の甥も、フランス人女性に招待されて、外国を旅行した。いまの若い人たちが外国に行くのは、革命が嫌いだからだとは思わない。嫌いだから、と爆弾を仕掛けたりはしないでしょう？

ここで彼女は、甥に恋したフランス人女性が、彼を個人的に海外旅行に招待したことと、彼女が勤労ぶりを評価されて国家からの褒賞として与えられたソ連旅行を同列に論じている。甥の外国旅行は革命とまったく関係なく、二つの旅行は性質が異なる。また、革命を嫌うことの表現のあり方を、爆弾を仕掛けるという極端なものに限定することによって、外国に去ることがその表現のひとつであるという見方を封じ込めようとしている。どちらも論理的にかなり無理のある話である。しかし、このように様々なものを同列に論じて日常会話は成り立っている。多くの人がダブルバインド下にある以上、互いの論理階型の混乱は問題にならないのだ。

本章をまとめよう。まず、革命は、神話的に理解され、男性である革命家たちへの感謝と愛の語彙で語られた。この時には、革命は、物質的要求を贈与によって満たしてくれるものだった。ソ連が崩壊したのち、マルクスとレーニンの名は聞かれなくなっても、独立戦争の英雄であるマルティ、マセオ、ゴメスと、一九五九年の革命の英雄であるチェ、カミーロの名前は、フィデルとともに、言及され続けている。革命家たちの言葉は、日々、その断片を目にし、耳にするものである。革命精神を鼓舞する立て看板や様々な本の導入部分に、あるいはテレビのスポット広告で引用されている。彼らの姿も、看板やポスターなどで繰り返し再現＝表象（re-present）されている。

次に、革命家は、「新しい人間」の利他的な動機による労働によって社会を建設し、貨幣の必要ない共産主義社会を目指す。チェは、その愛を、個人的なものとしてではなく、より広い人類全体へと広げるべきだとする。しかし、精神主義に基づいた労働と報酬の制度が立ち行かなくなると、ソ連との政治経済的関係を強め、制度化された社会主義が採用され、物質主義的動機づけが導入される。神話、精神主義、そして物質主義へという流れは、単線的なものではなく、ある方法が行き過ぎると、また別の方法がとられるというように、ジグザグと後戻りをするものでもあった。

しかし、相反する方針間の往復は、徐々に矛盾をきたしていく。それでも最低限の衣食住が保証されたソ連崩壊前は、物事が「普通だった」と語る人が多い。その後、ソ連崩壊とともに起きた経済危機は、「すべてが可能に思えた」喜びや、戦いによって世界を変えていこうという「勝者」としての革命支持者を落胆させた。その一方で、にもかかわらず、革命とその指導者たちを親しみをもって語る人びとがいる。それはなぜなのか。次章では革命の別の物語に光をあてる。国外では軽視されてきた、女たちの革命について。

# 第二章　同志たちの愛と友情——創設フィクションとしてのキューバ革命

ハバナの調査中、フィデル・カストロの伝記をもとに映画化された『フィデル』（二〇〇二年、アトウッド監督）のビデオが地下レンタル店で流通していた。私はこれを、三〇歳前後の友人数人とともに観た。映画は、酒に酔った米国人水兵たちがホセ・マルティの像に立ち小便をした事件から始まる反米デモと、フィデルがゲリラとして活動する時代から一九五九年の革命の勝利、現在の危機までを革命家たちの人間模様とともに描く。

友人たちは、かつては革命を支持していたが、彼らのペソ払いの給料ではろくに食事もできないのに、非合法な経済活動に従事する者が経済的に繁栄するという「非常期間」の実体に幻滅していた。その背景からすると意外なことに、彼らは、フィデルの活躍を中心に描かれたこの映画にのめりこみ、好意的だった。さらに驚いたことに、チェが裏切った農民を撃ち殺すシーンについて、「彼は医者だから人を殺さなかった」と、口を揃えて抗弁した（cf. Tanuma 2008）。また、興味深かったのは、また、このビデオを借りた六〇代のフェリシダーが、返し際に言った言葉だった。「ちょっとあれ観た？　信じられる？（フィデルが愛人と）愛し合ったすぐに、政治の話を始めるなんて！　私だったら殺すわ！」彼女は映画のシーンが、実際にあった出来事そのままに再現されたと信じて疑わないように話した。しかも、自分も愛人でありえたかもしれないというような、感情のこもった語り口だった。

アンダーソンいわく、「普通の人びと」にとって国民《ネーション》は「自然」と結びつき、選択されたものではないからこそ、利害をもたないと感じられる。革命も、それが不可避的必然と感じられれば、純粋性と無私無欲の霊気を帯びる。

革命のために死ぬということ、これも、革命がなにか根本的に純粋なものと感じられれば感じられるほど崇高さを帯びる。（かりに人々が、プロレタリアートとは冷蔵庫、休日、権力を国境を越えて追跡する集団にすぎないと想像したならば、人々は、プロレタリアートのメンバーもふくめ、どれほどそのために死のうとするだろう）。（アンダーソン 二〇〇七：二三七）

キューバ革命の勝利を支えた革命家たちの殉死は、この解釈を跡づけるような純粋性にみちていた。しかし、この死による「犠牲」の物語では「平和時の非常期間」においても、革命から離反しない人びとがいる理由の説明がつかない。ここではその源が、キューバ革命が人々にとって連続テレビ小説のような物語、ドリス・ソマーの言葉で言えば、「創設フィクション（foundational fiction）」（Sommer 1990）として流通しているためだと示したい。

「創設フィクション」とは何か。ソマーは、ラテンアメリカのネーションが、ことごとく、小説とともに生まれた——しばしば、作家は、同時に国士／政治家（statesman）でもあった——ことを説得的に裏づける。そしてそれら、ネーションの創設を物語るフィクションは、異なる人種や階層の男女が惹かれあう「抗えないロマンス」の恋愛小説の形式をとった。つまり、異なる背景の人々が、徐々に「国民」となるアレゴリーとして描かれたのである。

ソマーによれば、ラテンアメリカの「一九世紀の作家／国士（writer/statesman）にとって、科学とアート、物語（narrative）と事実（fact）、そして、理想的な歴史と現実の出来事のあいだの認識論的な違いはあまり明確なものではなかった」(Sommer 1990: 76)。キューバ独立運動の闘士ホセ・マルティはキューバの最も卓越した作家であり、国士であった。その彼はヨーロッパ文学の価値を認めながらも、そのアイロニーやペシミズムは自国においては有害であると考え、「真新しい、魅惑的なアメリカ大陸の歴史」の描き方を模索した(Sommer 1990: 77)。そのマルティの言葉を、フィデルは引用しつづけた。

「シエラ」（東部山岳アジト）から「反乱ラジオ」を発信する。

一方、その意図をこえ、フィデルをはじめとする革命家たちの経験も、人びとによって創設フィクションのロマンスとして読まれていったのではないか。革命家たちにまつわるゴシップは、革命勝利前からと同様、「ベンバ放送」(radio bemba＝唇によるラジオ放送。うわさ話のこと）によって口伝えで伝えられ、人びとの議論の的となってきた。その議論とは、マルクスやレーニンのテーゼに照らし合わせて、彼らが正しい革命の方向を進んでいるかといった政治教条的なものではない。それは彼らの私生活にまつわるもので、テレビチャンネルが二つしかない[1]ためキューバの人びとがほぼ毎日見るメロドラマについて大声で議論している様子とほとんど代わりがない。メロドラマを指すスペイン語、テレノベラ（telenovela）は、字義通りには、「テレビ小説」である。

革命勝利当初、まだ識字率が低かったキューバにおいて、ゲリラが東部山岳地帯のアジトから放送した「反乱ラジオ」（Radio Rebelde）だけでなく、ベンバ放送や、凛々しく魅力的な革命家たちの写真や絵、そしてテレビで聴衆に直接語りかけられ、「八時間でもみんなで観つづけた」（ヨアナ、五〇代女性、教授）フィデルの演説が、「革命」とともに地固めされようとしたキューバのネーション・ビルディングにとって果たした役割はもっと評価されてよいだろう。

## 1　革命のなかの親密性

### 家族としての同志

「革命」のような大きな政治的変動は、しばしば、死から生への、一回性の変化のアレゴリーとして語られる。しかし、太田心平がいうように、「死」の歴史として語られる韓国の反政府運動も、当事者たちにとっては、生き生きとした生の記憶である。それがゆえに、彼らは、弾圧のため「愛や命を何倍も強く感じた」若き日々を懐古する（太田　二〇〇八：一七四）。しかし、生々しい個々人の生と性との関

ビルマ・エスピン「祖国のためにひとつに」

わりをもつ運動の記憶は、しばしば、それが革命として「勝利」することによって、整合性のある解放の物語へと回収されてしまう。かくして、佐々木一恵が毛沢東をとりまく女性三人の間のコンフリクトに光を当てて示したように、革命家たち自身が何を革命的／解放と呼べるのか試行錯誤するなか起きた衝突も、「偉大な人物の些細な」生活のエピソードとして歴史の闇に埋もれることになる。後に残されるのは、国の生産性をあげて発展に寄与する労働者の中性的な主体である（佐々木二〇〇八：二二三）。

キューバ革命の「勝利」もまた、友愛と犠牲の精神に導かれた「同志」(compañero/a) たちの革命物語として公式な歴史を記す。彼らはまた、同志への信頼を、「兄弟」や「父母」といった家族愛の言葉に置き換えて語る。フィデルの実の弟ラウルでさえ、兄を「僕らのパパ」と呼び、反乱軍時代には、女性兵士セリア・サンチェスに手紙で「マドリニータ（madrinita＝代母）」と呼びかけている（Llanes 1985: 53）。彼らの関係は、「同志」という、公式イデオロギーと結びついているがゆえに、ときに堅苦しく聞こえる呼びかけの枠組みを超えた家族的な語彙によって密接に結ばれていく。

## 官能的な愛着《アタッチメント》

いっぽう、すでに多くの論者が指摘してきたように、革命家、特にフィデル・カストロへの愛着は、

左からセリア、フィデル、アイデー

その性的な魅惑と重ねて喚起されてきた。私も、国家への愛着の官能的で身体化された側面を見逃すべきでないというリンケ（Linke 2006）の立場を支持する。たしかに、若い頃のフィデルには、多くの女性たちが「恋した（se enamoró）」とインフォーマントたちも語っていたからだ。ゲリラ兵から革命勝利後はキューバ女性連盟の長となったビルマ・エスピン（Vilma Espín 1930–2007）も記している。

> 人びとがフィデルに対してもつ愛は、親密なものです。女性がそれをどれだけ上手に表現することか！〔……〕みんな彼にキスし、手を握り、彼女にとって革命がどんなに意味があるか、自分の子供や孫がどうしているか、語りたがります。〔……〕そしてどれだけ多くの人が、私たちの連盟にフィデルの写真が欲しいと手紙を書いてくることか！（Espín 1991: 30–31）

この言葉を引いて、キューバ系アメリカ人の人類学者ベハーは「ポスト・ユートピア——権力の恋愛詩とキューバ革命の子どもたち」と題するエッセイを書く。ポスト・ユートピアは、「ユートピアの危機、すなわち、マスターイデオロギーへの信頼の喪失と、コミュニティと自己の想像のあり方の画一性に対して現れるのだ」という（Behar 2000: 136）。彼女は敢えて、幼少時に亡命し、米国籍をもつ自らを含めた「キューバ人」である「私たち」を探るため、現在のキューバで、権力とエロス的な魅力が結びつく状況を分析する。

しかし、ベハー自身、キューバ革命の表象が男性中心的であることを批判しながら、言及する革命家はフィデルとチェであり、女性はビルマ・エスピンに限られている。しかも、チェは重要な人物ではあるが、外国人に過ぎないし、ビルマに至っては、「ラウルの妻」と呼ばれることも多く、私が見るかぎり、現地の市井の人びとのあいだでは個人としての存在感はあまり感じられない。(2) キューバ国外でこそあまり知られていないが、国内では親しまれ続けているゲリラ出身の女性指導者たちは他にもいる。彼女らが、創設フィクションのなかで、また人びとが革命に愛着を抱き続くうえで果した役割は決して小さくない。

## 2 女性革命家

### アイデー・サンタマリア

革命の勝利までに払われた様々な犠牲は、生者が革命を続行すべき理由として、革命政権によって示されてきた。ユートピアの輝かしく安楽な未来ではなく、崇高で英雄的な死の過去が、革命の正統性を保証するものとして召喚される。アイデー・サンタマリア（Haydée Santamaría 1923-1980）の経験は、その最たるものである。

アイデーはキューバ中部のラス・ヴィージャス出身である。ハバナ大学に進学した弟のアベル（Abel Santamaría 1927-53）[3]の世話をするために、ともに一九五〇年代初頭、ハバナのベダードでアパート暮らしを始める。一九五二年のメーデーにフィデルと出会い意気投合したアベルが反バティスタ闘争に関わるようになると、大学からほど近い彼らのアパートがアジトの一つとなり、アイデーもその一員となった。そして一九五三年、姉弟とも、フィデルが計画したモンカダ兵舎襲撃に参加することとなる。秘密を保持するため、彼らは前夜まで、実際に何をするのか知らされないまま兵舎のある島東部のサンティアゴ・デ・クーバに向かった。

襲撃に七月二六日未明が選ばれたのは、夏のカーニヴァルのため、兵士たちは出かけているか酔って寝ていると予想されてのことである。しかし、実際には兵士たちはカーニヴァルから帰ってくるところであったため、作戦は失敗した。逃れられなかった者たちは拷問され、虐殺される。このときのアイデーの経験は、カストロが自己を弁護した『歴史は私に無罪を宣告するであろう』（カストロ 一九六〇）において語られ、キューバ中の人間が知ることになる。

アイデーともう一人の女性参加者メルバ・エルナンデス（Melba Hernandes 1921- ）は別室で、男性同志たちが拷問の苦痛に叫ぶ声を聞かされた。軍人の一人が、彼女の前で握っていた手を開くと、そこにはえぐり出された弟アベルの片目があった。他のメンバーの居所を白状しなければ、もう片方もえぐり出すと脅すためである。これに対し、アイデーは、「あなたがかれのもうひとつの目をくりぬいても、かれが何も語らなかったら、まして私は何もいいません」と答えて拒否した。さらに軍人たちは、部屋を出て戻ってきて彼女の婚約者を殺したと告げた。彼女はこう答えた。「かれは死なない。自分の国のために死ぬことは生きることだから」（カストロ 一九六〇：八二）。この言葉の背景には、独立戦争のさなかに作られ、現キューバ国歌である「ラ・バヤメサ」がある。

闘いに急げ、バヤモの者たちよ
祖国はお前たちを誇らしく見つめる
栄光ある死を恐れるな
祖国のために死ぬことは生きることだ

弟も婚約者も殺されたアイデーは、女性刑務所に投獄される。同志の何人が生きているのかも分からないまま、「生きるか死ぬかよりもひどい、生きているのか死んでいるのか分からない」（Santamaría 2005: 26）状態が続く。そしてある日のことを、彼女はこう思い起こす。

そして私たちは、二つの手を見た。動いている手、動いている指を。どうしてなのか自分でも分からないけど、でもそれはフィデルの手だった。大きな声でだか、小さな声で言ったのだか覚えてないけど、叫んだのか考えただけなのかも覚えていないけど、確かに私はこう言ったと思う。「メルバ、フィデルよ！」〔……〕

フィデルが現れたあの瞬間、フィデルが現れたあの時間に、私たちはやっと、生きるか死ぬか、することができた。〔……〕その瞬間から、私たち二人は、もう生きようが死のうが、関係ないと思ったの。

だって、モンカダ〔襲撃〕はまだ生きていたのだから！（Santamaría 2005: 27-28）

革命勝利から八年が経った一九六七年、アイデーは、モンカダでの経験について学生たちをまえに「講演」ではなく、「雑談」した。人数が多いうえ、ときどき、照明のせいで相手の「顔が見えない」ことを気にやみながら彼女は、フィデルのように「英雄的」な革命用語をほとんど用いることなく三時間以上語った。先の回想もこの時のものである。(4) なかでも以下の最も短い質疑応答は印象的である。

学生：同志アイデー、私たちはモンカダ襲撃が失敗に終わったと知った時にあなたがどのように感じられたのかをお聞きしたいのですが。

アイデー・サンタマリア：同志、たぶん、あなたたちにはこれは本当のことには思えないでしょうけど、でも、率直に言うと、本当なのです。私はモンカダ襲撃が失敗に終わったと考えたことは一度もないのです！（Santamaría 2005: 35）

彼女は犠牲の大きさにもかかわらずなお、驚くほどの誇りとオプティミズムを持っていた。モンカダ兵舎襲撃後も彼女は武装闘争に参加し、そのただなか、反乱軍同志アルマンド・アルト（のちの文化省大臣）と結婚する。そして革命勝利後は、ラテンアメリカの文化活動の中心となる「アメリカの家」（Casa de las Americas）の館長となった。

もう一人、革命軍とその後の革命政権において、同様の人気を誇るのはセリアである。

## セリア・サンチェス

革命軍においてアイデーと並び、最も重要な役割を果たした女性はセリア・サンチェス（Celia Sánchez 1920-1980）である。東部の田舎町メディア・ルナで慕われた医師マヌエルの娘の一人であり、一九五三年のモンカダ兵営襲撃失敗後、拘束された獄中のフィデルに手紙を書き、接触を始める。そして、一九五七年二月一六日フィデルとセリアは出会う。革命軍とフィデル・カストロを一躍世界的に有名にしたライフ誌の記事を書くことになる米国のジャーナリスト、H・マシューズとのインタビューの前日のことである。

キューバの公的な歴史においては、セリアはモンカダ兵舎攻撃ののち、その日付をとって「七月二六日運動」と名づけられたゲリラ活動との関わりによって初めて反乱軍としての軍事活動に参与したと描かれている。しかし、米国のジャーナリスト、リチャード・ハネイによれば、彼女はフィデルが獄中にいたときにはすでに、一九〇人の兵士からなる独自の反乱軍を組織していた（Haney 2005: 25-29）。近隣の地勢を知り尽くしていたため、政府軍にはアクセス不能な奥深い土地を拠点とし、医者である父のアシスタントをしていたので、付近の農民の信頼を得ていた。

七月二六日運動に関わるようになったときには、会計全般を受け持つようになり「ポケットマネーの守護女神」と呼ばれた（Geyer 1991: 170）。彼女は、農民たちから食物を得るときに、対価として金を支払いながらも、それを贈り物であるかのように行ったし、反乱軍に捕らえられた兵士の家族には、一〇〇ペソを支払い、さもなければ反乱軍に敵対したであろう人びとの気持ちを慎めた（Geyer 1991:

171）。革命勝利後は、「フィデル・カストロ司令官の無敵のアシスタント」となった（Castro Medel 2005）。それだけでなく、反乱軍兵士みんなの「母」となったと、兵士のひとりは証言する。「革命の勝利の後、反乱軍兵士たちは、問題があると、いつもセリアに会いにいった。彼女は僕らの母みたいなものになったんだ。問題があったら解決してくれたし、もし僕らの態度が悪かったら、たしなめて、頭にげんこつを喰らわせたよ」（Lester Rodríguez; cited in Castro Medel 2005）。

この兵士の言葉を理解するには、キューバにおいて、母親がどれだけ愛される存在かを知る必要があるだろう。現在も「自分の母を愛さない者は誰も愛さない」という諺が日常会話で聞かれるように、男女ともに、自分の母への愛情は人間の最も基本的で自然で尊い感情だと思われている。照れや恥じらいを伴わずに、「私の母は誰をも分け隔てなく愛する人だった」「僕の母は自分の利益なんて考えない」といった言葉が語られる。英語の「Oh my God!」に相当するスペイン語の表現は「ああ私の神よ（¡Ay Dios Mío!）」であるが、キューバではこの表現はほとんど聞かれず、代わりに「ああ私の母よ（¡Ay mi madre!）」が使われる。一方、キューバ人に対する最も強い侮辱は、その母親を貶めることである。「あんたの母親のあそこに糞をしてやる」という悪口は、あまりにおぞましいため全文が言われることはなく、ただ「あんたの母親（tu madre）」と言うだけで、激しい口論や乱闘になるだけの怒りを相手に引き起こすほどだ。(5)

このように、若くとも、ある女性を母に喩えることは、彼女の価値を貶めるものではなく、むしろ高めるものである。反乱軍兵士たちから母親に喩えられたセリアは、つまり、絶大な信頼と愛着を勝ち得たのだと考えてよい。母子間の愛は、不変で正しいものと見なされているのである。一方、異性愛の恋愛感情は、同様に「愛」(amor) という言葉を使うものの、しばしば、一過性の思い過ごしや過ちとして語られることが多い。

「母」として反乱軍兵士の面倒を見たセリアは、私生活では生涯、独身で、子どもをもうけずに、フィデルの秘書を通した。アイデーの夫であり、文化省大臣であったアルマンド・アルトは、セリアが肺がんで亡くなったときの追悼で次のように言った。

この我々の姉妹がどのような人物であったかをはかるためには、フィデル・カストロの歴史を書くことはセリア・サンチェス＝マンデュレイの革命的人生に触れることなくしては不可能であると、ただ強調するだけで十分でしょう。(Hart Dávalos 1980: 1)

アルマンドいわく、彼女は革命勝利後も一般の人びとの要求と声に耳を傾け、フィデルはそれを彼女を通じて知った。また、政府要人たちも、フィデルに対する要求は、彼を「解釈 (intrepretar) する知識をもつ」彼女に提案したという。彼女は、「シエラ (山岳という意味だが、ここでは島東部の山岳に置かれた七月二六日運動のゲリラ拠点を指す) のころから、友愛の手助けをする同志としてのこの役割を、すべての戦闘員にたいして果たしてきた」のである (Hart Dávalos 1980: 11)。公式の革命史において、彼女はこのように、友愛精神を発揮する同志であり、ときに優しく労《いたわ》り、ときに叱責する「母」としての役割をもつ女性として名を残す。しかし、アイデーやビルマと違って一生、結婚しなかった彼女の私生活について公に語られることはない。

革命勝利直後から、キューバ国内ではメディアにおいて革命家の私生活、特に恋愛関係や夫婦関係については、触れられないようになっていた。二〇〇五年のラジオ・クバーナのセリアの特集記事（Castro Medel 2005）には、セリアを知る人によるインタビューによって私的な側面も書かれているが、恋愛については非常に手短に触れられているのみである。「彼女がほとんど恋に落ちなかったのは信じられないことであった。もちろん恋人も求婚者もいた。しかし、青春は失敗におわった。マンサニーリョ（東部の町の名前）の青年との婚約が破棄されてしまったときのことは大いに悲しんだ」（Castro Medel 2005）という私的な物語は、すぐさま革命の物語に接続され、回収される。「理解し、強調されなければならないのは、彼女の存在において大いなる愛は革命に対するものだったということだ。彼女は何よりもそれを優先させ、最も気遣い、その精神と人生を捧げたのだ」（Castro Medel 2005）。

フィデル・カストロも、もともと政治的に敵対していたディエス＝バラルト家のミルタ・ディアス＝バラルト（Mirta Diaz-Balart 1928- ）と離婚したのちは、正式に結婚することはなかった。マイアミに亡命したキューバ人社会学者ホアン・クラーク（Juan Clark）によれば、「彼は革命と結婚したような態度をとった」（個人的会話、二〇〇一年一月：cf. Clark 1990）のである。それは、妻子に何の財産も残さずに去っていったチェのやり方と、方法は異なりながらも同様の原則に基づいている。彼らは友愛と家族愛による結びつきだけを革命的なものとして提示し、それ以外の愛——特に、恋愛に基づく排他的関係——は、公の場からは排除したのである。

こうすることによって、アイデーやビルマが要職に就いていたとしても、人びとにそれが、指導者の男性との結婚によってではなく、卓越した革命家としてであると伝えることが可能になった。それは、次節で述べるように、指導者に特権を持たせてはならないという方針を守るためにも必要なことであった。

## 3 友愛と恋愛

### 友 愛

チェは、「前衛」としての革命家は、「人民に対する愛、もっとも神聖な目的にたいする愛を理想とし、それを唯一、不可分のもの」（ゲバラ 一九七〇：一三五）としなければならないと主張した。革命家は全生活を革命に捧げなくてはならないし、自分たちの息子と普通の人びとの息子が持っているものは同じであるべきである。「われわれの家族もそのことを理解するとともに、そうするために闘わねばならない」（ゲバラ 一九七〇：一三六）。

キューバ国内の人びとにとって、チェは崇拝の対象ではあるものの、キューバ人とは異なる気難しさや冷たさでも知られている。一方、ユーモア好きで気さくなアイデーは「彼女について人が悪く言うのを聞いたことがない」（エリサ、三〇歳女性）というほど、人びとに慕われていた。彼女は、自分の娘には厳しくする一方、「革命的」でないという理由で抑圧されつつあった文化を保護した。娘セリア・アルトは、革命家の娘であることは、「恩恵ではなく責任」だったと回顧する。誕生日に、セリア・サンチェスに人形がいくつか入った箱をもらっても、「さあ、一つだけ選びなさい。あとは贈り物をしてくれるセリアのいないお友だちに分けてあげるのよ」(Hart Santamaría 2005: 6)と、分け与えることを教えられた。一方、革命社会の下での問題について歌い、「トラブルメーカー」(conflictivos)と呼ばれていたヌエバ・トローバ(序章参照)の歌手たちを、一九六八年、アイデーは「アメリカの家」に招き入れ、彼らの歌を尊重した。それはそのひとり、シルビオ・ロドリゲスを革命シンパに導いていった。

アイデーは革命の叙事詩を、僕らにも手の届くようにしてくれた。出来事を、ある種、去勢された神話として描くのではなく、彼女が覚えているそのままに語り直すことで。〔……〕彼女は自分とチェがシエラ・マエストラでどうやって友だちになったのかを話すのが好きだったし、僕もそれを聞くのが好きだった。(Rodríguez 2003: 122-123)

アイデーは、フィデルには全幅の忠誠を、チェとセリアに熱い友愛を寄せた。彼女の娘によると、弟のアベルの死よりも、チェの死について話すときのほうが、何倍も苦しんでいたという。「彼女自身、私に言ったものだ。『彼がいなかったら革命が受胎することはなかったかもしれない』。そして続けた。『チェの助けがなかったら、フィデルはどうなることか』」(Hart Santamaría 2005: 4)。アイデーは、チェの死に際して、雑誌『カサ・デ・ラス・アメリカス』にチェに宛てた公開書簡を書いている。

フィデルとあなたは生きなければならない。あなたがいなかったら、私たちはどう生きればいいの?

一四年前に、私は、とても愛された人びとが死ぬのを見た〔モンカダ襲撃のこと〕――私は長く生き過ぎたのかもしれない。太陽は以前ほど美しくないし、ヤシの木を見ても喜びがない。これほど人生を謳歌し、この二つがあるから、毎朝目を覚ます価値があるのだと分かっていても、ときどき、私は、目を閉じたままでいたいと思うことがある。あなたのように。(Santamaría 2003: 18)

そして彼女は、キューバに残り、日常生活と革命の制度化に従事することが、戦争よりも大きな犠牲だったことを示唆する。

チェ、あなたと一緒に〔ボリビアに〕行ってさえいたら、私のなぐさめとなっていたことでしょう。だけど私は行かず、フィデルと残った。私はいつも、彼が望むことをしてきたから。(Santamaría 2003: 18)

セリアが一九八〇年一月に肺ガンで亡くなったとき、アイデーはチェの死を知らされたときと同じぐらい激しく動揺した。娘は回顧する。

あの一九八〇年の一月一一日、アイデー・サンタマリアはただ一度だけ、眠っていた私たちを起こした。人は、彼女のあのような姿を見たのは、一九六七年にチェが亡くなったときだけだと言う。慰めることのできない涙のなかで、私は母がひとことだけ言うのを、そしてそのせいでさらに錯乱するまで泣き叫ぶのを聞いた。「フィデルを、娘よ、いまや誰がフィデルの面倒をみてあげるの?」(Hart 2005)

これほどまでに、フィデルを気遣っていたはずのアイデーは、しかし、同年、七月二八日、自らピストル自殺する。その死に際して、反乱軍以来の同志ホアン・アルメイダは、彼女がモンカダで得た傷から癒えていなかったこと、数ヶ月前には交通事故に遭って心身の状態が悪化していたことをあげる（Almeida 2003: 88）。このような理由でなければ「彼女ほどの歴史的、革命的地位」をもつ人物が、自ら命を絶つ悲劇的選択を行うはずはない、と。

しかし、常人にとっては恐ろしいはずの悲劇を語るアイデーの言葉は明るい。モンカダ襲撃の前日、どのような気持ちだったのかを聞かれたアイデーはこう答えている。「なんだか一五歳のお祝いのパーティに出かける前のようだったわ」。二度と見られないかもしれないので、すべてがより美しく見えたという。「パティオに出たら、月はいつもより大きく、輝いて見えた。星はもっと大きく、光っていた。ヤシの木はもっと高く、もっと青々としていた」（Santamaría 2005: 69）。弟アベルの死の後には、両親に以下のような手紙を書いている。「ふたりは恵まれた両親なのよ、だってその息子が、いつまでも、気だてよく、若く、美しいままでいるのだから。他の（息子たち）ように、年老いて、醜く、気難しくなることがないのだから」（Santamaría 2005: 73）。ならば、自殺の原因は別のところにあるのではないか。

映画『フィデル』の原作となる伝記を書いたゲイェルは、彼女の死は七月二八日だと公表されているが、実際には七月二六日というモンカダ襲撃の記念日に合わせて儀式的に自殺を図ったのではないかという（Geyer 1991: 14）。『フィデル』を観終え、私がなぜアイデーが自殺したのかと問うと、ダビッドは少し間をおいて、「こんなもののために革命を起こしたんじゃない、って思ったからじゃない？」と答えた。いっぽう、「フィデルが、〔アイデーの元〕夫のアルマンドが別の女性と再婚する許可を与えるおりに、アイデーに聞こえるように、彼女が『老いぼれてよろよろだ』と言ったからだとされている」という噂もある（Geyer 1991: 14）。もしこうした噂が本当であるなら、チェとフィデルへの全幅の信頼を置いていたアイデーにとって、生きること自体、堪え難くなったに違いない。

彼女の情熱的なまでのチェへの友愛とフィデルへの献身は、英語圏や日本語圏の者にとってはまるで恋愛の言葉のように聞こえる。しかし、ブレイン（一九八三）が世界各国の友愛関係について人類学的報告を比較して示したように、水平で自由な「アングロサクソン的」な友情の理念自体、通文化的なものではない。運命的・制度的に定められていたり、地位が不均衡であったり、情熱的に相手を欲する友情は世界的に珍しいものではない。ダビッドが言うように、「変かもしれないけれど、僕らは友人にさえ嫉妬深い」のである。ここでいう嫉妬（celos）とは、相手が別の誰かへの愛着によって自分への愛を失うことを恐れるジェラシーである。キューバにおける友情は、できるだけその相手と多くの時間を過ごし、排他的な関係を築く方向に働くことが珍しくない。そして、異性間の友情は、しばしば、性愛を含む恋愛関係へと変化したり、「ごっちゃになったり」（二〇代女性、ミレイダの娘）する。アイデーの場合、チェとフィデルへの献身は、情熱的な友情の範囲でとどまったと考えられている。しかし、セリアの場合は、事情が異なる。

## 恋愛

フィデルの歴史は彼女なくして語れないと言わしめた、セリア・サンチェスとは、何者だったのだろうか。アイデーの娘は言う。「あのベダード（新市街の地区名）のアパートに、フィデルとセリアは、よき隣人のように暮らしつづけたのです」（Hart 2005）。キューバ国内に住む宗教学者ボリーバルは、「フィデルの不可分な同志《コンパニェーラ》」と書いた後で、「感情的なそれではない（no sentimental）」（Orozco y Bolívar 1998: 358）、革命を遂行するという仕事上の「同僚」に過ぎないのだと敢えて断っている。その弁明は、コンパニェーラという言葉の曖昧さからきている。この語は、「同志」という革命的な結びつきを伴う仲間にだけではなく、クラスメートや、同僚に対しても使われる。しかし、この意味から転じて、革命後、「私の仕事の同僚（mi compañera del trabajo）」という言葉は、しばしば、仕事の同僚であるだけでなく、愛人関係にある女性を、自分の子どもに紹介するときに使われた（六〇代、スペイン語教授フェリシダー）。しかも、革命後、事実婚が書類上の結婚と同様の意味をもつようになると、恋人や、内縁の夫や妻を指すため、コンパニェーロ／コンパニェーラ（compañero/-a）という言葉が使われるようになった。ブルジョア的な婚姻関係の前段階としての婚約者（novio/-a）や夫／妻（esposo/-a）という言葉や、旧来の内婚関係を想起させるマリード／ムヘール（marido/mujer）の代わりになったのである。キューバの一般の人びとのあいだで、フィデルにとって、セリアは、まさしくそのようなコンパニェーラであったと推測されている。しかし、国内ではそう公けに語ることができないので、キューバに住みながら国外で本を出版したボリーバルは、「同志／同僚」以上の関係ではないと断り書きをしたのだ。

とはいえ、国外のジャーナリストの多くは、セリアを有能な「秘書」であり、かつ、実質上の妻と見なしてきた。しかし、革命勝利後、様々な女性たちがフィデルのもとを訪れるようになると、セリアは情熱的な関係からは手を引き（Geyer 1991: 202）、その愛人たちの家にプレゼントを贈る手配までしていたという(Geyer 1991: 334)。
キューバ国内において、セリアとフィデルの恋愛関係を思わせる記述や写真を見かけることはほとんどない。また、フィデルもセリアもほとんどそうした発言をしてこなかったことから、フィデルの伝記を書いた著者らは、噂話とまた聞きに頼って書くしかなかった。(6) これに対してハネイは、一九五三年以来、セリアの友人だった黒人米国人女性ノラ・ピーターズから、彼女宛に書かれたセリア・サンチェスの一七通の手紙(未公表)を託され、これを参照して私生活について言及した著作を著した。(7)

シエラにて。左から、ビルマ、フィデル、ラウル、セリア。

革命勝利の日となった一九五九年一月一日、ハバナはチェとカミーロによって掌握されたが、フィデルとセリアはまだ東部のゲリラ拠点、サンティアゴにいた。

この幸福な日々、私は奇妙に感じ、そして少し呆然とした。〔……〕私は戦闘で闘えないことを惜しんだ。〔……〕でもなんてこと! 私たちは勝ったのだ。こんどは、何をしたらいいのか? 私はゲリラ戦士、なのにこの先、戦闘がなかった。(Haney 2005: 94)

その夜、セリアとフィデルはパルマ・ソリアノの製糖工場で過ごした。「それは不思議な、うっとりするような夜だったわ」。「ええ、そのとき、私たちは愛し合った」(Haney 2005: 95)。それから七日間かけてやっと、彼らはハバナに到着する。この遅延は、フィデルがセリアのためにしたのだという。

私の革命精神は、シエラで闘っていたときの友愛(camaraderie)を惜しんでいた。それが私の人生の最も幸せな時期にあたるだろうから。私はゲリラ戦士になるなんて夢にも思わなかったけど、運命がそう導き、私はそれを楽しむようになった。自分たちの大義は正しいと信じていた。でも私はハバナにたどり着いて統治を支えることを楽しめるとは思えなかった。私は、私たちの親友である、巨大な隣人アメリカとともに、マジョリティである農民が民主的にキューバを統治してくれればいいと思っていたのよ。(Haney 2005: 95)

革命勝利直後、政権はゲリラ戦士ではなく文民に任された。しかしその後も国内外の武装反革命活動は続き、実質的には革命家が政権を担当することになる。歴史家やジャーナリストのなかには、革命家たちが政権の要職を占めただけでなく、二年後に共産主義を宣言したため、フィデルが人びとの目を欺くために文民政治家をダミーとして立てただけだという陰謀説を主張する者も多い。しかし、ハネイは、キューバの黒人女性ジャーナリスト、マルタ・ロハスから直接に聞いた言葉を援用しながら、政治から手を引こうとする革命家たちを引き止めたのはセリアだったとする。

国内政治に関して彼女の頭を悩ませていたのは、四人のシエラの司令官たちであり、彼女が革命キューバの指導者のトップになってほしいと思っていた、フィデル、チェ、カミーロ、ラウルだった。驚いたことに、四人のうち誰も、どのみち民主主義をとることになるであろう生まれたての政府に「縛りつけられる」ことを望まなかった。彼らはまだ、シエラでは役に立った革命の熱に燃えていた。〔……〕たとえば、カストロは、キューバ軍を連れて、ドミニカ共和国の悪名高い独裁者、ラファエル・トルヒーヨを「除去」しようと考えていた。セリアはこれを拒絶した。

次に、チェは、ラテンアメリカ全体において、米国に支援された独裁者すべてに対して革命を起こそうと考えていた。彼女はキューバに残るよう、二時間、彼に懇願した。彼は折れた。少なくとも七年は。

そして〔革命前には仕立て屋だった〕カミーロは、「ハバナに大きな洋服店を開きたい」とセリアに告げた。ラウルは「農民になりたいんだ、パパみたいに」と言った。

セリアはカミーロとラウルをオフィスに呼んで、怒鳴りつけた。「キューバ政府が無事に安定したら、ふたりとも何にでもなったらいいわ！　だけどそれまで、私にはあなたたちが必要だし、キューバはあなたたちを必要としているのよ！」そして彼女は、優しく言った。「私にはふたりともシエラで必要だったし、今も必要なの。いつか、カミーロ、私はあなたの店でドレスを買うわ。そしてラウル、私は新鮮な空気を吸って、散歩道を歩きたいときにあなたの農場に行く。それまでには、私も自分の夢の仕事に取り組めたらと思うわ。病院を経営したいの」。

(Haney 2005: 107)

これまでセリアについて書かれたものや、アイデーの言葉、フィデルの様子、そしてチェが残した多くの文書とフィデルの演説から、私にはこの逸話が説得力のあるものに感じられる。彼女たちゲリラ出身の政府要人が「ペーパーワーク」に追われる日々から逃れた休暇において、ゲリラ時代を懐かしむ様子を米国人のフォト・ジャーナリスト、リー・ロックウッドはこう記している。

ある夜、いくつかの話が最後の笑いを引き出したあと、静かな間があり、そして僕は、暗闇の夢想のなかで、セリアがその低い、ハスキーな声で震えるように言うのを聞いた。「ああ、でもあのころが最高の時だったわね、そうじゃない？　私たちはみんな、とても幸せだった。本当に。あんなに幸せなことは、もう二度とないんじゃないかしら。二度と……」。(Lockwood 1969: 75)

これまでセリアについて書かれてきたものは、大方、彼女がフィデルの「補助」的役割を果たし、その性的逸脱に「寛容」であるか「耐え忍ぶ」かのような、従来のキューバ人女性像を先験的に想定してきた。

でも、私はナティにもリサ〔ともにフィデルの愛人〕にも嫉妬したことはないの。彼女たちを尊重していたことは前にも話したでしょう。彼の一夜限りの相手の何人かは、私はキューバの最大の利益のために認めたわ。キューバ！　私の美しい小さなキューバのためだったら、何だって！(Haney 2005: 169)

フィデルには革命前後から様々な愛人がいた。およそ二〇歳年下の女性ダリアとは、同居し、五人の子どもをもうけるまでになったが、セリアは公人として彼の面倒をみつづけた。彼がセリアと結婚しなかった理由を、元駐キューバ英国大使コルトマンは、人びとが噂するように、彼女がレズビアンだったからではないかと指摘する（コルトマン 二〇〇五：一八三）。しかし、結婚や出産をしない女性や、化粧をしない女性に対して「レズビアン（tortillera）ではないか」とコメントするのは、キューバでは、性的志向性を示すものというよりは、その女性の女性らしさの欠如を非難するときに使われる常套句である。フィデルの最も近くにいながら子どもを産まず、ヘビースモーカーで精力的に活動しつづけるセリアは、従来の女性像に当てはまらないがゆえに、男性にとっては理解しがたいものだったのかもしれない。

## 4　人びとの経験と語り

ここまで、キューバ国外の研究やルポルタージュであまり重視されてこなかった女性革命家たちの人生を見てきた。それはキューバの一般の人びとにどのようにとらえられているのだろうか。

### 共　感

革命勝利後、公人の私生活は、マスメディアから消えた。しかしそれは、公然の秘密として噂された。ムルヘアが一九五九年以前のハバナの人類学的調査から明らかにしたように、キューバ女性の理念型は、「性に無知であるがゆえに夫の浮気に傷つきながらも許す白人女性」か「結婚相手と見なされないゆえに、愛人として妻から男性を奪う混血・黒人女性」であった（Mulhare 1969: 138-182）。オリーブ色の肌の白人で、目と髪の黒い「トリゲーニャ」というカテゴリーに入る医者の娘セリアは、行動によってそのどちらにもとられうる境界的な存在である。その彼女を多くの年輩の女性たちが支持した背景には、彼女らがセリアと似たような状況を経験したからではないだろうか。

例えば、エリサの「祖母」マリアは、首都ハバナで七月二六日運動に関わったある既婚男性と、愛人関係になった。看護婦だったマリアも彼とともに七月二六日運動に関わるようになった。男性の妻は、結婚後七年経ってようやく息子を一人もうけたが、マリアは何度も中絶した。革命勝利前から、カソリック教徒のあいだでも中絶はあまり罪悪感のもたれない行為だった（Mulhare 1969: 185）。ふたりの関係が始まって二五年後、妻がガンで先立つと、男性はマリアと正式に結婚をする。彼女は、男性の幼い孫娘エリサを、自分の孫であるかのように熱愛し、その母親と協力して面倒を見た。マリアもまた先立つと、男性は涙ながらに言った。「彼女は僕の妻であり、母であり、妹であった」。

また、中部のカマグエイ州で七月二六日運動のゲリラの衛生班に所属していた女性ミレイダ（六〇代、序章であげた大家の一人）は、一生結婚しないつもりでいたが、三〇歳を過ぎてから、職場で出会った前妻のいる男性と結婚することになった。男性にはすでに五人の子どもがおり、ミレイダとのあいだには一人娘だけをもうけた。その後、五、六回中絶したという。私が身体への影響を心配すると、「そんなのは迷信よ。私はこのとおり元気でしょう」と答え、娘一人を大事に育てられたのだからそれでいいのだと言った。しかし、その娘に息子が生まれると、本当は息子がほしかったのだと、忙しい娘の代わりに熱心に孫の面倒をみるようになった。

彼女たちはセリアを尊敬していた。自分たち同様、セリアが「人びと」のために、キューバでは女性の最高の幸せと考えられている母親になる機会を放棄し、自分を犠牲にしたと思えたのではないだろうか。しかも、その犠牲は、伝統的な女性像をなぞった「デセンテ」さのためではなかった。

映画『フィデル』を見終えたエリサは、こう言った。「アイデーについて、人が悪く言うのを聞いたことはない。セリアに関しては、すごくよく言う人も多いけど、そうでない人もいる」。セリアに対してどんな非難があるのかを聞くと、彼女は少しバツが悪そうに笑って答えた。「その……たくさん同志《コンパニェーロ》がいた、とか」。つまり、「同志」がいたのは、フィデルだけではなかったかもしれないのである。

フィデルが物事をうまく成し遂げ、その度胸から「やつは馬だ」という男性への一般的な賞賛の言葉を浴び、「馬《カバジョ》」――そこには過剰な精力への憧憬とからかいも含意されている――と称されていたのに対し、セリアは蝶《マリポサ》（mariposa）に喩えられてきた（Llanes 1985; Hart 2005）。マリポサはまた、彼女がその黒髪に飾ったキューバの白い国花、ハナシュクシャをも意味している。だから死に際して、彼女は、「革命のもっとも美しい、土地の花」（Hart 1980: 1）だと称されたのだ。日常会話に言葉遊びを頻繁に織り交ぜるキューバ人が、たくさんの「同志」がいたとされる彼女の代名詞の動詞形「いちゃつく」（mariposear）とかけた冗談を言わなかったとは考えにくい。彼女の誘惑的な側面について書かれたものはわずかだが、キューバを訪問したソ連の副首相ミコヤンは、彼女を「スペインの瞳」とあだ名し「恥ずかしげもなく言い寄った」（flirted shamelessly）という（Haney 2005: 141）。キューバの共産党員に求められたのは、自由奔放な離婚や結婚ではなく、ピューリタン的な品行方正さだったとされる（Rosendahl 1997; 田沼 二〇〇八）。しかし、人びとはまた、自分の欲望に忠実である彼らに対しても、含み笑いをしつつ、人間として普通のこととして語った。

ほかにも、セリアとアイデーが、サンテリアやエスピリティスモといった土着の宗教の「信者」だったという噂も、社会主義国の指導者となった彼女たちの隠すべき秘密ではあった。しかし、以上のような「欠点」は、一般の人たちの革命家に対する愛着を損なうものではない。むしろ、自らと近しいという側面によって、親しみを抱かせるものでもあった。

## 革命を許す

国外の識者は、キューバ国民の革命家への愛着の源を探るうえで、チェの清廉潔白さやフィデルの勇敢さといった英雄的側面に着目するが、キューバ国内での会話からは、愛着は、彼らの非の打ち所のなさに対して生まれるものではないことが見えてくる。チェはカミーロのことを、当初は、規律がなかったが、のちに立派なゲリラ兵士となったと評価している（ゲバラ 一九六九c：八一）。しかし、現在もキューバの人びとが彼を好ましく語るときにあげるのは、冗談好きで笑顔を絶やさない「とてもキューバ人らしい（muy cubano）」様である。一方、男性革命家の性的放縦さに対して人びとは寛容である。キューバ政府の指導者層に女性が少ないことや、女性が激しい肉体労働をすることを禁じる条項に対して、国外のフェミニストがフィデルの「マチスモ」（machismo）だと批判していると私が伝えると、五、六〇代の女性たちは、彼のそれは「紳士主義《カバイェリスモ》」（caballerismo）だと弁護し、「この革命は、確かに、女性に多くをくれた」と主張した。

彼女たちにとって、自分たちが一〇代を過ごした革命前の政治的抑圧と性的抑圧は、まだ記憶に新しいものである。ほとんどが、自分の初潮がくるまで月経というものの存在すら知らなかったので、初潮がきた時には恐怖で怯えたという。家の外をひとりで歩くことは、婚前の女性が処女性を守るためという伝統的な理由によってだけでなく、バティスタの警官や私設軍による挑発や嫌がらせの危険からもできなかった。男性が婚約期間のあいだ、愛人や売春婦で性的欲求を満たすことが許容される一方、女性の外出には、必ず付き添い人が伴い、監視され、万が一、処女性を失った時には、破談になることも珍しくなかった。そうでなくとも、男性がまだ女性を養う経済力がないという理由で長期間待たされたあげく、結局、結婚できなかったというようなカップルは身の回りに大勢いた。こうした不幸から、革命は若者を解放したのだ。ダビッドのおば六〇歳の女性アリーナは言う。「私は、おばがずっと、婚約者のままでいるのを尻目に、一〇代でさっさと結婚してしまった」。彼女はその後も何度か離婚と結婚を繰り返す。

アリーナは五三歳のムラート男性と同棲していた。彼女は、以前、若い男性を連れ合いにもつことに「偏見」をもっていたが、同世代の男性と違って、若々しく、前向きな話ができる彼に惹かれ、「性的にも満足できる」のだと語った。一方の男性は、二度の離婚によって住む家を失ったあと、自分が住むことになるであろうアパートを、集団で建設する作業現場で働いていた。しかし経済危機によって、建設は遅々として進まなかったため、隣に住むアリーナが彼を同居させるまでの数年間、その作業現場の物置で寝泊まりしていたのだった。そうした状況なのに、彼は、フィデルがテレビで話す時には必ずテレビを見るし、時には目を潤ませていると、アリーナは言う。私が、彼に、住む家もなく、革命が目指していた方向といま起きていることは矛盾しているのに、なぜ相変わらず支持できるのかと問うと、こう答えた。「好きな女と同じで、欠点があるからって、別れることはないだろう。欠点は直してもらえばいいじゃないか」。彼の示すような寛容さによって、革命の理想が妥協を強いられた「平和時の非常期間」においても、革命は、「支持」されているというよりは、「許されて」いるのだ（田沼 二〇〇八）。

現在の経済危機下では、革命家も人びとも、戦場で名誉ある死を遂げることはできない。ボロをまとい、停電や断水のなか、大豆の代替肉を食べることを余儀なくされ、勤務先から盗んだものを「闇市場」で売り、外国人にたかることも、人びとは「闘い《ラ・ルチャ》」（la lucha）だと言う。病院で働くエリサの母親は、必要な医療器具がない病院でなんとか工夫して代替品をこしらえて診察をする同僚たちこそ、「本当の英雄」なのだと語る。

現在のこの、生／性の「解放」は、たしかに、チェやカミーロといった英雄たちの戦場の闘いによって勝ち取られている。しかし、戦闘が終わったあと、望みもしなかった統治の責任を担い、死ぬまでその仕事に縛りつけられたセリアやアイデー、そしていま老いて現役を退いたフィデルもまた、一種の「特権」とひきかえに、自らの人生を「犠牲」にしてきた。一般の人びとは時々、指導者の子どもたちの多くは、「アルコール中毒か非行者（delincuente）かどちらか」であると言うが、それは「指導者が忙しすぎてかまってあげられなかったから」だと、自ら母親でもあり、内務省職員でもあったアリーナは同情的に語る。フィデルの息子の一人を知るある教師は、「彼はいつも泣いていた。『僕には父も母もいない』と」と語った。ラウルとビルマは離婚したのではないかと、国外の出版物には当然のように書かれている「事実」を問うと、カマグエイで革命軍に参加したミレイダはむきになって、「そんなのは反革命的な人たちが言うことよ」と否定した。

革命家たちのゴシップには、彼らが自分たちと同じく、人生につまづく姿が現れる。実生活では困窮生活に甘んじながらも、そのドラマに巻き込まれるキューバ人たちは、自らその創設フィクションの脚本を評価し、書き換え、監督するような勢いでその出来を論じ、主な登場人物である革命指導者たちに無関心ではいられない。こうして、キューバ革命は、ある人びとにとっては、不完全であるからこそ、愛着《アタッチメント》を喚起しつづける。下宿の大家だったエルナンド（六〇代）が「いい加減、休みをとったらどうなんだ」と言うほど働き詰めで革命を推進し、「本当にこの国のことを考えている」フィデルが「亡くなったらこの国がどうなってしまうか分からない」（五〇代女性、アリーナの妹）からこそ、キューバ人たちは自分も含めた革命の行く末を、見守っているのである。

革命後、国内外の識者は、キューバ革命が何をどれだけ「向上」させ、「生産」し、「解放」したかを具体的に羅列することによって、その支持の背景をはかろうとしてきた。裏を返せば、そうした「成果」が失われたときには、人びとは「幻滅」し、革命から離れるということを意味した。私も、こうした側面がないと言いたいわけではない。しかし、人は、物と引き換えに誰かを愛するとは限らないのと同様、物質的な利益によって革命を支持するとは限らない。また、ある人間が完全無欠だから、愛するわけではない。欠点すら長所に見えてきてしまうとき、それをある人びとは、「愛」という言葉で表してきたのではなかったか。少なくとも現在のキューバでは、恋／愛（amor）とは、そのようなものだと考えられている。

現存する革命への愛着《アタッチメント》も、欠点を見すごし、許すべきものとして継続してきた。人びとの方が一方的に革命家を許したのではない。革命家が、かつてならば逸脱者として社会の隅に追いやられたであろう、性的に奔放な女性や経済力のない男性を「解放」し、許したからこそ、彼らも革命／家の過ちを許すのである。

# 第三章　平和時の非常期間——ソ連なきあとの非常な日常

ほんとうの労働者の革命は、非常期間とともに来たんだ。専門家の給料はミエルダ（クソ）だからね。

——精神科医　ホアン

ここまで一九五九年の「革命勝利」とその指導者たちの物語をみてきた。彼らは半ば神話化した物語の担い手でありながら、テレビドラマの登場人物のように身近な存在である。

革命は人々のトラバッホに対する考え方を変えてきた。それは「新しい人間」として望ましいあり方に関する、生そのものの価値のとらえ方の革命だった。この革命を支持する人びとは、この理想を内面化し、その理想に従って行動することによって統合され（integrado）、貨幣を介さずとも、基本的な衣食住には困らずに生活ができるようになった。しかし、このささやかなユートピアは、ソ連崩壊とともに終わりを告げる。

## 1　逆ピラミッド

一九九〇年に始まるこの経済危機は「平和時の非常期間」（El Período Especial en Tiempos de Paz）と呼ばれた。一九八九年度の時点で、キューバの経済的取引の六四・八％をソビエト連邦共和国が、一四・四％を東欧諸国が占めていた。ソ連が崩壊し、キューバへの石油の輸出と補助が途絶えると、一九九一年には東欧諸国との交易がほぼ皆無に等しくなり、ソ連との取引も激減した（Campbell 2000: 167）。当初は、ＣＯＭＥＣＯＮの代わりとなる交易国もなかったため、ソ連からの物資がゼロであっても生存するための「ゼロ・オプション」（Opción Zero）がとられた。例えば、石油のほとんどはソ連に依存していたため、交通手段として中国からの自転車が利用されたり、農耕や移動に家畜が使われたりするようになった。長時間の停電が日常化し、電力で水をくみ上げていた住宅では水道も利用できなくなった。ガスが止まり、調理には代わりに灯油や石炭が用いられるようになった。食料生産者は、生産物をブラックマーケットで取引きするようになり、配給所には食品がほとんど現れなくなった。

対策に行き詰まった政府は、一九九三年、それまで非合法だったキューバ人によるドルの所持、小売業を解禁し、外国企業との取引を再開した。一九九四年には農作物市場が開かれ、食料と物資は再び通りに現れた。しかし、この間に持てる者と持たざる者との格差が表面化した。しかも、このとき持たざる者となったのは、それまでずっと、革命精神にのっとって法律の範囲内で生活してきた専門家層《プロフェッショナル》であった（Rosendahl 1997: 171）。

「非常期間」に関する多くのキューバ研究は、ペソの価値の下落と、非合法だった商活動とドル所持の合法化によって、それまでの革命政権下の社会の秩序が転倒したととらえている（Elinson 1999; アベル一九九六など）。まず、革命の精神主義を体現した頭脳労働者たちは、「統合された」ことによって保証されていた比較的豊かな生活を失っていった。

古い配給所。様々な配給品を置く。

格差と、既得権の崩壊から生じた社会的緊張は、政府が対応すべき最も苛酷な挑戦だと思われる。社会の解体は目覚ましい。キューバ人はこれを「逆ピラミッド」と呼ぶが、それはかつての特権階級（医者、教師、技師）が、今や序列の下層に位置しているからだ。社会的に有益な活動への関心は、報酬のよい諸活動の陰で低くなっている。特に医者は、個人での事業を許されていないことから、不満がいっそう高まっている。（アベル 一九九六：一二一）

一方、従来は特に重視されていなかった非生産業の人びとや、敵視されていた人びとが経済的な特権を得るようになったという。

新しいエリートに含まれるのは、以前はピラミッドの最下層に位置していたメイド、タクシー運転手、ウェイターたちである。彼らは外国人旅行客から合法的にドルのチップを受けることができるからだ。亡命した親戚がいる人びとは、以前はイデオロギー的な要注意人物として扱われていたが、海外から送金を受け取ることになり、この新しいエリートとなった。一方、教師や医師といった専門家たちは、キューバペソでのみ支払いを受けるため、経済的ヒエラルキーの最下層に滑り落ちてしまった。（Elinson 1999 2）

現地の人は、金持ちに「エリート」という言葉は使わないが、観光業の従業員や送金をしてくれる親戚が外国にいる人びとが富裕層をなしているのは事実である。

ピラミッド逆転の一要因は、ペソの下落である。公式には一：一とされていたドルとペソの交換レートは、一九九四年には、闇のルートで一ドル＝一四〇ペソにまで差が開いた（Rosendahl 1997: 170）。一九九五年にドルのブラックマーケットでの流通を阻止するため、ペソとドルの国営交換所が設置されると、一ドル八〇ペソに安定したが、それでもこのレートで換算すると、当時の公務員の給料は、以下のようになる。

教師　一〇〇～三〇〇ペソ（一ドル二五セントから三ドル七五セント）／月
内科医　五〇〇ペソ（六ドル二五セント）／月
事務職　一二〇ペソ（一ドル半）／月

（Elinson 1999: 2より）

当時、農作物市場での豚肉の値段がおよそ一ポンド（およそ四五〇グラム）四〇ペソだった（Holgado Fernández 2000: 34）ことを合わせみると、ドルに換算しなくても、給与額が物価に比して少なすぎることが明らかである。ペソの額は、一九九五年には一ドル二〇ペソにまで回復した。一九九八年当時の各職業の給料と利益は以下のようになっていた。

秘書：一七一ペソ／月　（八・五ドル）
内科医（救急）：四二五ペソ／月（二一・五〇ドル）
年金：一九〇ペソ／月（九・五ドル）

(Peters 1998より)

本章の冒頭であげたホアン（もと精神科医、文化省職員）の給料は二〇〇四年には三四〇ペソ（二〇〇四年のレート、一ドル二六ペソで換算すると一三ドル相当）であった。公務員の運転手の給料一七〇ペソ（六・五ドル）と比べれば、二倍である。しかし、（難しいことではあるが）車を用意できれば、個人タクシーの運転手は一日に難なく一〇ドルを稼ぐことができる。一方で、ドルショップでしか手に入らない食用油は一瓶が二ドルもするのである。

二〇〇四年においてもなお、公務員の給料は、食べるにも事欠く額のままだったので、専門家でも、副業として自営業をしようとする人は増えていた。専門家は、当初、一切の自営業を禁じられていた。その専門知識は、革命に奉仕するために革命が無料で与えてきた教育によって得られたものであり、それを私的な利益のために利用してはならないと考えられたためだ。しかし、不満が高まったため、一九九四年には、専門と関わりのない仕事であれば、副業をしてもよいことになった。例えば、大学教師は、退職した場合でさえ副業で個人教師を行うことはできない。だが、下宿経営、リキシャの運転手、食品の製造販売などといった仕事ならば、合法的に副業を行えるのである。つまり結果的に、かつてなら「肉体労働」の仕事として低く評価されるか、働かずに富を得ることとして非合法化されていた下宿業のような商売に、統合された人びとが就くようになった。専門家の仕事よりも高い収入を得られるためだ。

私の最初の調査時（一九九九～二〇〇四年）には、「非常期間」の最悪の時期は過ぎていたが、革命が推進してきた、働く者が報われるという方針とは異なる経済政策の矛盾は露呈したままだった。あるとき、旧市街地の公園のベンチで隣りに座り、物乞いをした白人の老女の言葉を引用しよう。

私は図書館で三五年働いたけれど、年金は月たったの六ドルなの。ミエルダ〔クソ〕よ、私たち、キューバの人間が言うように。栄養のために牛乳が必要なの。十分にないから。[1]すべてがドルで売られている。ここでは、外国に家族がいて送金してもらえる人たちが王者だわ。私の夫は私よりも稼ぎが少ないの。五〇セントくれないかしら。強制ではないけれど。

目の前で、黒人女性が掃除していたので、彼女を見ながら、私が「他の働いている人に悪いから」と言うと、「私はもう三五年働いたのよ！」と言い返された。彼女が三五年前に抱いていたかもしれない、地道に働いていれば、社会は良くなり、豊かで安定した老後が過ごせるであろうという夢は、キューバを支えていたソ連・東欧が社会主義を脱したことにより、夢のままとなってしまった。

## 2　非合法活動と合法化

非常期間開始直後の最も重大な問題は、食料不足だった。ベダードのアパートの大家エルナンドは、この時期、通りには猫が一匹もいなかったと笑う。食べられてしまったというのだ。配給品では十分な食料が支給されなくなり、特に都市では、食料を調達するためにはブラックマーケットに頼らざるを得なくなった。それまでブラックマーケットに関わらなくても生きていけたまともな《デセンテ》層も、それなしでは基本的な食事すらできなくなったのである。こうした状況は、ただ経済が破綻したということ以上に、革命が推進してきた合法／非合法の境界線をかく乱するという破滅的な意味合いを持っていた。

配給所の陳列棚。

### ブラックマーケット

ブラックマーケットに出回る商品は、そのほとんどが、政府の所有する工場や商店から、その従業員が横流しした「盗品」（robado）である。このため、もともと革命の理念に統合された人びとは利用しないものだった。

大学教授のヨアナ（五〇代女性）によれば、一九九三年から一九九四年には、正規のルートでは肉が手に入らず、大豆を混ぜたひき肉がブラックマーケットで出まわりはじめた。ブラックマーケットの商人は、通常はリスクを避けるため、知人を通じて売買を行う。ヨアナは、夫がガンだという知人の女性のもとに、このひき肉を持っていった。しかし、この女性は、「私の主義では（En mi principio）」買えないと言ったという。ヨアナは、そのときの彼女の様子を、驚きと悲しみを交えて回顧した。「だからって、ああ、バナナの皮と魚の頭のスープを食べさせていたのよ」。ヨアナは、「あなたには主義があるだろうけど、私には子供がいる」と言い返したという。しかし、そのうち、この女性もひき肉を買いにヨアナのもとにやってくるようになった。「盗まれたものだと知っていても、買わないと生きていけないから買う」しかなくなり、自分も彼女もそれを「受け入れた」のだ。

ヨアナは、「日本では食べるかもしれないけれど」と断りを入れてから、魚の頭を食べることへの強い抵抗感を示した。海に囲まれているにもかかわらず、キューバでは日常的に魚介類を食べる習慣がなく、肉がなければ食事（comida＝夕飯）ではない、という見方をする人が多い。主食の米とフリホーレス（豆のスープ）が基本の食事となり、ユカ（カッサバ）やボニャートという芋類を茹でたもの、それに鶏、豚、牛などの肉がつけば、満足のいく食卓になる。[2] 一九八〇年代には、急な来客があっても、食事でもてなすことができたし、それが礼儀とされていた。もしも肉や野菜がない場合は、「恥ずかしい（me da pena）[3] けど、米とフリホーレスしかない」と言って、申し訳なさそうに食事を出すのが通例となっていた。つまり、「米とフリホーレスだけ」とは、貧しさの象徴であった。配給のパンは毎朝、五センターボで手に入るものなので、夕飯にパンに食べることも、ろくな食事ができない惨めさや、きちんとした生活をしようとしない態度を指した。簡単だからと、夕食をパンとカフェオレだけで済ますことを、「売春婦の食事」だと言った人もいる。朝はコーヒー、昼はパン程度であっても、夕食は、豆、米、肉をしっかり食べる。それが彼らにとってのまともな食事《デセンテ》だった。

しかし、非常期間が始まって一〇年が経った私の調査中も、食を取り巻く状況はあまりよくなっていなかった。配給所にたまにしか現れない鶏肉は、ドルショップでは二ドル半もする。豚肉やハムは、農作物市場で一ポンド（約四五〇グラム）あたり一ドル前後である。牛肉にいたっては、一般のキューバ人は合法的に買うこともできない。政府が経営するドル払いのレストラン以外での提供が禁じられているので、配給所にも、自由市場にも、ドルショップにも現れないのである。唯一、手に入れられるのはブラックマーケットで、一ポンドが二ドルする。このため、主婦、とりわけ母親は様々な工夫をこらし、英雄的な骨折り《トラバッホ》をして、食事の用意をしていた。合法・非合法の自営業や副業によって現金を稼ぐことも、彼女たちにとっては食事の準備のプロセスのひとつだった。

そもそも、私がヨアナからこういう話を聞くことになったのは、彼女自身が、非合法の副業を学外で行っていたためだった。ハバナ大学スペイン語学科の現役教員であるヨアナは、個人教師をすることは禁じられていた。しかし、月収だけでは暮らしていけないので、同僚のほとんどが個人教師をしているという。「フィデルだって昔は外国企業を認めていなかったのに、今は彼らと商売をしている。彼が変わったんだから、私たちも変わらないといけない」。出張でメキシコやカナダに渡ったときには、格安でビデオデッキを購入し、帰国後に転売していた。教師は、革命の理念に同意していなければ職に就くことができない「統合された」人びとである。大学に入学する際も、学生には必ず、革命精神に反していないことが要求されている。しかしこのように、それまで革命にもっとも「統合されていた」人びとであっても、生きるためにその原則を破らざるをえなくなっていったのである。

## 自営業の認可

インフォーマルセクターにおける物品の売買は、当然、革命政権下にあってはならないはずのものだ。だが国営経済の麻痺により、ブラックマーケットの取り締まりが不可能なまでになった一九九三年、キューバ政府はついに、市場経済の部分的な導入を実施する。法令一四一条によって、以下の政策転換が行われたのである。

・キューバ人によるドル所有の合法化と公式通貨化によるドルとペソの二重経済化
・部分的な価格の自由化
・小規模な経済の民間部門の合法化
・外国との合弁企業、外国資本による所有の合法化

非合法だった商取引が合法化された。飲食業、サービス業、様々な手工芸品の販売、修理業などの自営業が認められるようになる。一九九四年には、農作物市場が再開される。しかし、これらは「再開」であり、すでに革命後、経験済みのものであった。

一方、ドル所有の合法化と外国資本の所有の合法化は、「革命」という枠組みそのものを揺るがしかねない大きな変換だった。従来の労働の精神主義に対して、物質主義的充足、とりわけ貨幣の増大と蓄積を優先させたこれらの政策は、非常期間前まで政府が推進してきた精神主義にのっとって自己形成し

てきた専門家たちにとって、精神的にも物質的にも大きな打撃となった。ドルへのアクセスがないのは、最も革命に忠実で、それまで法の範囲内で働いてきた、「統合された」層だったのだ（Rosendahl 1997: 171）。反対に、それまで革命政権と社会から「非行者」と非難されてきたブラックマーケットの商人や、最も重い罪である「反革命」の疑いを持たれる、外国に亡命した家族のいるキューバ人、すなわち統合されていない人びとは、ドルの入手が容易なため、政策転換の恩恵を最も強く受けた。彼らは、キューバ革命が作ってきた枠組みからすれば、「働く」ことなく富を手に入れる権利を得たのである。一方、自営業が認められると、従来は革命の受益者とされながら、頭脳労働ほど高く評価されてこなかった肉体労働、サービス業、生産業が、それがもたらす大きな利益によって、にわかに評価されるようになった。さらに、同じ頭脳労働者でも、ドル収入の得られる数少ないホワイトカラー職や、外国資本に関連する職に就く人びとが、軍人や社会的地位の高い人びとの子供であることが明らかになると、「大きな犠牲」（gran sacrificio）を払って勉強と努力を続けてきたにもかかわらず、食べるにも事欠く給料しか受け取れない専門職の人びとは、多いに失望することになる。

## 3　非常期間を生きるための解決法

これまで見てきたように、非常期間は革命が目指してきた、労働に基づく立国の基盤を根底から覆す危険を帯びている。この事態に対処する方法は、「解決する《レソルベール》」（resolver）と呼ばれるが、それができる人びとは経済危機のなかでもそれほど悪くない生活をしていた。

**解決する《レソルベール》**

非常期間には、キューバ政府は人びとに充分な食料を再分配することができなくなった。このために、人びとは様々な方法で、問題を「解決する」ことが必要になった。「解決する」という言葉は、合法であれ非合法であれ、とにかく、問題をなんとかすることを指す。まだ経済危機が深刻ではなかった時期からみられ、使われていた言葉である。

例えば、ダビッドは、一九九三年に工科学校を卒業し、内務省勤務者向けの娯楽施設で技術者の仕事を始めたが、月給は一三〇ペソで、当時の実質レートでは一ドルにも満たなかった。結局、非常期間前の高校生のころから「発明《インベンタール》」して(inventar)いたのと同じように、ときどき「商売《ネゴシオ》」をしてしのいだという。例えば、ある人から牛乳や油を買い、それをより高い値段で買う別の人に売るのである。キューバでは「商売」は非合法で存在しないことになっているので、それを行うのは「発明」に等しいのだ。「盗まれた(robado)ものかもしれないけど、どこから来たのかなんて聞かなかった」。しかも、非常期間に政府に雇用されて働き始め、生活費に満たない額の給料しか受け取ったことのない彼らにとって、働くことと対価として金を得ることとの相関関係はほとんど実感されない。

**ドルセクター**

第1節で述べたように、非常期間後は、従来の職業の経済的価値が逆転したピラミッドになったという見方がある。しかし、国営の観光業、タクシー運転手、ドルショップ、ドルの国営レストランやディスコ、キャバレー[4]などのドルセクターで働く人びとの多くは、「統合された」、もとは専門家か、軍人、公安職員であった人びとが中心だと言われている。ガイド、販売員、コックなど、観光業に携わる人びとの職種は、「労働者」やサービス業であっても、その仕事を担っているのは、「真のパワーエリート」(Nelson 1972: 183) として規定される層である。つまり、このセクターにおいては、もともと社会の上層部に位置づけられていた人びとが、非常期間後も引き続き、経済的にも社会的にも上層部に居続けていることになる。

　キューバ共産党やキューバ共産主義者青年同盟のメンバーは、日常会話においては、前衛《バングアルディア》ではなく、党員といった程度のニュアンスで「闘士《ミリタンテ》」(militante) と呼ばれる。そのなかでもさらに指導的立場にある者は「指導者《ディリヘンテ》」(dirigente) と呼ばれる。日常会話において「指導者」は、彼らを尊敬していない者によって、軽蔑的に「ピンチョ」(pincho＝針、とげ。おつまみ)[5] と呼ばれている。

　ここまで見てきたように、「統合されている」とは、革命の理念に自己同一化している状態を指すが、それ以上に、革命政権が治める社会において、安定した地位を得た状態をも言う。雇用されていても、その給料では生活できないため、常に転職を視野に入れているエリサやホアンたちとは、その点で違うのである。安定した地位とはすなわち、非合法の活動をしなくても経済的に困窮しない地位でもあり、こうした限られた地位に就いているのは、多くは著名な革命の闘士やその子供たちだと思われている。

　本人の力よりは、両親の地位によってこの「エリート層」に属している人びとは、「パパとママの子供たち」と呼ばれる。「パパとママの子供たち」は、観光業だけでなく、専門職として成功するために必要な枠にも優先的に入れられると、そこからあぶれた人びとは考える。[6] 元会計士のレイは、法学部や美術史など、卒業後の進路が保証されるような人気のある学部は、「統合された」順からとられるという。その言葉を裏づけるように、薬学部にいたエリサはこう語る。

法学の人は、バカなことで有名。私たちが大学に入ったのは、非常期間の真っ只中で、みんな「革命」からは切断されていた（desconectado）。それどころじゃなかったから。だけど、彼らは車で学校に来て、カーステレオをディスコみたいに大きな音でかけて、女の子はばっちりお化粧して……それでいて、「革命」に接続されていた（conectado）。

「接続された」、すなわち「統合された」人びとは、革命政権の主張と相矛盾する非常期間の社会の現状について、むしろそれほど疑問をもたない。革命を強く支持することによってピンチョ（高官）となった両親の地位によって保護されているので、経済的苦境に陥り、革命の矛盾に直面するようなことがないポジションにあるからだ。

## 自営業者《パルティクラル》

「平和時の非常期間」において、自営業者たちは経済的には成功した人びとであるといえる。しかし彼らの売り上げは、現在でも革命の防衛ではなく、利己的な個人《パルティクラル》（particular）の利益にしかならないとされている。ハバナ大学の経済学部教授を辞めて自営業を始めたオルランドは言う。

友人たちには、どうして政府のために働かないのかと聞く人たちがいる。私のように、自分のためだけに自由に働くリスクを冒す勇気がない人が多い。彼らは政府のために働かないことを非合法（ilegal）だと思っているんだ。

興味深いことに、自身が「自分のために働く」ことを「勇気」であり、正当な仕事だと考えるオルランドも、他人の商売に対しては、不正なものであるかのような語り方をする。私が、「どうしてドルショップの値段はあんなに高いのか。しかも給料額の少ないキューバ人がそれを買えるのはなぜなのか」と聞いたときの彼の答え方に、その評価のねじれ方が現れている。

彼はまず、政府が経営するドルショップの値段は、「もとの値段」の二五〇％と決められていると説明した。例えば、油は原価が一ドルなら二ドル半である。一方、人びとがどのように給料以外の方法でお金を手に入れているかに関しては、以下のように説明した。まず海外の親族からの送金や、スペイン人移民の子孫の場合には、スペイン国籍を取得するとスペインから支給される年金などによって、働かなくとも収入を得ることができる。あるいは、以下の方法で利益を得る。まず、ブラックマーケットがある。例えば、フロリダで二ドルで手に入れたTシャツを五ドルで、一ドル半のカシオの時計を一〇ドルで売る。三〇ドルの香水を四〇ドルで売って、一〇ドルを自分のものにする。政府が経営するファーストフード店では、仕入れた最初の一〇〇個は従業員のものだ、という。そして付け加えた。「盗む《ロバール》（robar）、という方法もある。店で八五セントのビールを、カテドラルの前では二ドルで売っている。

マフィア（mafia）と同じだ」。そこで私が「マフィアみたいでしょう?」と聞き返すと、「いいや、マフィアそのものだよ」と答えた。カテドラルの前で営業できるのは、政府が経営する店舗のみである。彼の話は最終的に、どの利益の作り方も、盗みと同じで、マフィアのやり方と同じだというものになっていった。

すなわち、オルランドにとっては、政府が価格に上乗せするのもブラックマーケットで上乗せして売るのも従業員が商品を横領するのも、すべて、「本来の値段」より多くを相手からかすめとるという点で「盗み《ロバール》」であり「マフィア」と同じ仕業として並列されている。彼によれば、政府はそれを知っていて見ないフリをする。「だから広場でたくさんの人が『フィデル!フィデル!』と言っているんだ」。彼にとっては、政府と国民のどちらも、経済的な利益のために、政治的な統合を取り繕っているのである。自営業者《パルティクラル》に転じた人びと、例えばダビッドは、「政府のために働く」ことを「フィデルのために働く」ことだと表現する。この枠組みからすれば、自営業とは、単にフィデルという個人のためには働かないことだということになる（Crabb 2003: 146）。彼らは、自分たちの労働によって生み出された富は、すでに革命政権に買いたたかれたと考えている。つまりかつて、フィデルがバティスタ政権に対して行ったように、彼らの労働によって生まれた富を取り戻しているのだという物言いを、革命政権に対して行っているのだ。

例えば、サンテリアの司祭ティートの家に出入りするエルバ（白人女性、三九歳）は、生化学者から、五九歳の母親が経営する自営業の手伝いに転じた。スペイン人移民の娘である母親は無学だが、優秀な勤労態度のために何度か「国家前衛」として表彰され、物質的褒賞を受けた。しかしエルバは、これをありがたいとは思わない。政府は単に、母親に払うべき給与を払わず、本来、稼いでいたはずのものの一部を返しただけだと考えている。

エルバ：母は字が読めないの。

私：〔識字運動があった〕一九六一年には何をしていたの？

エルバ：子供を三人抱えていたし、彼女自身したがらなかった。だから手紙が来ても、まだ人に読んでもらっている。

私：でも「国家前衛」としてソ連に旅行したんでしょう？(7)

エルバ：そう。それも、縫製の仕事で。すごく働いたから。車をもらったこともある。でも、一台の車を得るまでに、五台の車が買えるくらい働いたはず。給料の半分は、政府が前もってとってしまっていたからよ。だけど、彼女は運転ができない。何かを得ても、それを楽しむことができない。だから、気の毒な時がある。働いてばかりの人生だから。今は〔自営業で〕お金をたくさん手に入れているのに、それを何に使ったらいいのかよくわかっていない。

また、「フィデルのため」の仕事を辞めずに、同じ仕事場で何かしら「発明」してブラックマーケットの収入を得ようとする者は多い。あるとき、私が公営の美容院にいくと、三ペソ（一五円）のカット代に、三ペソ上乗せしたらブローをするので、どうかと持ちかけられた。美容師の女性は、親指と人差し指であごを上下にさすり、「ヒゲ」、すなわちフィデル・カストロを暗に指しながら、「全部これ〔ヒゲ」に持ってかれちゃうから」といった。つまり、正式な仕事の三ペソは、フィデルにとられてしまうので、彼女の懐に直接入れられる三ペソ分のサービスをもちかけたのだ。

彼女のように、敢えて自営業として独立せずに公務員を続けるのは、リスクが大きいためである。すでに見てきたように、キューバ革命後の経済政策はしばしば変わるため、一つの商売を合法的に続けられるとは限らないからだ。事実、一九九五年にフィデルが、「革命攻勢」（一九六八年）であげたのと同じ危惧を語ると、自営業者への締めつけともとられるような課税と、監査の強化が始まった。

> ニューリッチが生まれるのを避けなければならない。〔……〕競争、これらのマーケット、自営業が、多少は資本主義とはどういうものかを人びとに教えたのはよかったと言える。だが、我々は、物事を正しく行わなければならない……彼ら〔自営業者〕のなかには、一日で、我々の名誉ある教師が一ヶ月で稼ぐのと同じ額を稼ぐ者がいるのだ。（cited in Peters 1998: 5）

第一章で見たように、革命政権は、人びとが革命の精神に乗っとって労働《トラバッホ》の価値を尊び、自ら働き、その対価として必要なものを受けとる社会を築こうとしてきた。それが非常期間によって、商売に携わる者が、「働かずに」誰よりも多くの富を得て、働く者の意欲を阻害している。これは放置できない、由々しき問題だった。不平等を是正する対策として、一九九六年には、革命後初めての所得税が、自営業者に対して導入された。同時に、それまで違法だった、外国人に自宅の一部を貸し出す下宿業が合法化されると、家主には月極一五〇ドルから二五〇ドルの税金の支払いが義務づけられた。この税金の額は、キューバの物価からすると破格の高さである。(8) また、搾取をなくすという社会主義の原則を守るために、自営業には下記のような制限がもうけられている。

・食堂の顧客は一度に一二人までしか入れないように椅子の数を制限
・雇用できるのは自営業者本人の家族のみとする
・自営の食堂は、牛肉や甲殻類（政府経営のドルのレストランでのみ提供可能）、じゃがいも（ペソの配給品としてのみ流通が許可されている）を提供してはならない
・自宅全体を賃貸してはならない
・卸売業は認めない
・ゲバラの絵や写真を用いた商品は自営業者による販売を禁止(9)

(Peters 1998: 8)

社会主義では「搾取」と見なされる「仲介業」は認められず、卸売業が存在しないため、自営業者は、必要な材料や機器を政府が運営するドルショップで手に入れることになっている。しかし、ドルショップの価格は、自営業者の売り上げに比べても割高なため、ブラックマーケットで購入せざるをえない。政府もこれを認識しているため、ブラックマーケットからの仕入れを取り締まる監査官（inspector）による取り調べがしばしば行われる。自営業は、合法化されながらも、違法性によって徴《しるし》づけられたままなのである。あるリキシャの運転手は、外国人を乗せることがあるときから禁止された理由を、政府のタクシーが競合できなくなるからだと説明し、そのあとでこう言った。「合法だけど違法。そうやって

僕らは生きている」。

**盗《ロバール》む**

主婦のヤネットは、革命支持者であるにもかかわらず、「ここは世界で唯一、働かなくても生きていける国だ」と言う。非常期間前は、ソ連が「贈って」（regalar）くれたものを、政府が実際の値段より安く、実質上、人びとに「贈っていた」ので働かずに済んだ。非常期間になってからは、彼女は農作物市場や靴の修理などの仕事をしていた。とはいえ、靴の修理は一日一時間で済む。楽であることと、のちにあげるような非合法な性格によって、「商売《ネゴシオ》」に近いものだと一般的にみなされているのだ。また、政府以外の商売は、そのための材料や道具をブラックマーケットで手に入れざるを得ないことが多い。すなわち、個人の商売は、政府の工場や職場で働く人が、政府から盗《ロバール》む（robar）ことによって成り立っている。

だってここキューバでは何でも盗むから……。盗むっていうのはほとんど……自然なのよ。誰から盗むかっていうのは、大事よ。誰かの家から盗むのは確かに悪いことだから。だけど、工場から盗むときは、あなたは「闘ってる」（luchando）わけ。私は税金を払わない〔無許可の自営業で靴の修理をしている〕から、政府から税金を盗んでいる。政府はなんでも統制しようとするから、できないのよ。（ヤネット）

人から盗むのは「非行（者）」（delincuente）であり、個々人に被害を与えるため、良いことではない。

一方で、仕事場から、つまり政府から物を盗むのは、非常期間が始まる前から「解決する《レソルベール》」として、一般の人びとのあいだでは容認されてきた（Sandoval 1986: 32-34）。このように政府から「盗む」ことが正当化されるのは、自分の家族や友人のために、必要な食事や物資を得るためである。相手に贈るためなら、その物資が金になろうとなるまいと、盗んだものであろうとあるまいと関係ないと捉えられていた。金を得るための商売の基となる物を、仕事場から盗むことは、すなわち、すでにソ連など外国や「金持ち」から贈られた物を盗むことである。自己の身近な愛を示すためならば、盗まれることによって社会の別の場所で生まれる弊害への想像力は働かない。ヤネットは、隣の建設現場で働く夫が現場監督と仲がよかったため、建設員全員に配られるはずの食料を多めに分けてもらったり、建材をもらって自宅の修繕に使ったりしていた。アリーナは姪の彼女への不満を口にした。「これ〔革命〕はトラバッホよ。なのに彼女は支持する、と言いながら働かないんだから」。

## ヒネテリスモ

ヒネテリスモは、ドルセクターや、自営業者の存在よりもいっそう、労働意欲を阻害する行為だった。彼らは外国人観光客に話しかけ、友人や恋人のように振る舞うだけで、外国人向けの高価なレストランでの食事やクラブに誘われたうえで、五〇ドルや一〇〇ドルといった額、つまり公務員の月給の何倍もの額を一晩で稼ぎ出していた。外国人から利益を引き出そうと働きかけることは「ヒネテアール」（jinetear）と呼ばれ、その主体が男性なら「ヒネテーロ」、女性なら「ヒネテーラ」と呼ばれる。

一九八〇年代には、ヒネテーロとは、ブラックマーケットで、盗品やドルショップの商品やドルを扱う男性のことだった（Paz Pérez 1988: 154）。一九九四年と一九九八年に現地調査を行ったエリンソンによれば、ヒネテーロは、この時期もひきつづきブラックマーケットの商品を扱っていたが、主な顧客は外国人となっていた。扱う商品は、外国人観光客が欲する、葉巻、ラム、美術品、自ら行うハバナの観光ガイド、そして、「ヒネテーラ」と呼ばれる女性たちである。彼らは自分たちの活動を、職業としてとらえ、これを「闘い《ラ・ルチャ》」と呼んでいた（Elinson 1999: 3）。あるヒネテーロによれば、気楽に話しかけると、観光客は飲み物や夕飯に誘ってくれ、翌日には関係性ができて仕事が成立するのだという。彼らは、顧客との間に、以下のような「倫理的なビジネス関係」を求めていたという。

旅行者は、「なにかあげる」と必ず僕に言ってくる。僕はいつも旅行者を信頼するし、僕は野心家じゃないからだ。僕が頼れる正直者だと知ると、旅行者は、Tシャツとか石けんとかいったプレゼントをくれるよ。（Elinson 1999: 4）

何も「お返し」してくれない「ケチ」な旅行者には、仕返しに、財布や鞄を盗んだりすることもあるという。だが、あくまで彼らの目標は、観光客が個人的な友情を育んで、繰り返し訪れてくれ、最終的には出国の手助けをしてくれることである。ヒネテーロには、家族の食料にも事欠くという経済的必要に迫られて始めた者もいれば、ディスコなどで遊ぶためにする者もいる。(10)

ヒネテーラは、ヒネテーロが様々な商品を売ったり斡旋したりするのとは違って、彼女たち自身とのデートや性交渉のみを旅行者に提案していた。ヒネテーラは、一九九八年一〇月に一斉取り締まりが行われるまでは、街頭に並び、外国人に声をかけていた。場合によっては、出会ってすぐに性行為の提案や値段交渉がなされるが、多くの場合は、食事やディスコに誘ってもらい、旅行者がキューバに滞在している間、疑似恋愛的な関係を結ぶ形で利益を引き出していたとされる（O'Connell Davidson 1996; Smith and Padula 1996; Kummels 2005; Cabezas 2004; Fernández 1999; Fusco 1998）。ハバナ大学の男子学生は、ヒネテーラについてこう語る。

彼女たちは売春婦とは違う。売春婦は、どこか建物にいて、客を待って、高い金をとってやることをやるだろう。でもヒネテーラは、外国人と車に乗って、レストランに行って食事したり、服を買ってもらったりするだけだ。だって僕たちは、外国人が行くようなレストランには絶対に行けないから。それで、ヒネテーラは、ビーチで外国人と寝る。一晩一〇ドルで。安いだろう？　だから、たくさん、ヨーロッパから観光客が来た。彼らは黒人のセックスがすごくいいと信じている。そんなことはなくて、本当はみんな同じなのに。だから、ここへ来て、黒人とセックスするのが流行りみたいになったんだ。

ジュリア・オコネル・デイヴィッドソン（O'Connell Davidson: 1996）の調査によれば、一九九四年の時点では、一ドルの価値が一四〇ペソへと高騰したこともあり、この時期のヒネテーラが旅行者に求めたのは、五ドル程度の外貨（つまりペソで四〇〇ペソから七〇〇ペソ）と、ドルショップでしか手に入らなくなっていた石けんやシャンプー、レストランでの食事などだった。また、ホテルへの立ち入りが厳しく制限されていたため、自宅の一室に旅行者を安く泊まらせ、食事をつくって食べさせるヒネテーラもいた。このため旅行者は、ほとんどただ同然で彼女たちがここまでしてくれるのは、金のためではなく、自分に何らかの魅力を感じているからだと考えていたという。旅行者は、相手を気軽に取り替えたりしながらも、彼女たちを「ガールフレンド」と見なし、買春しているという認識をもたずに済んだのである。

## 愛と利益の境界

しかし、ヒネテーラのほうでも、つきあっているのか売春しているのかどうかが分からないような曖昧な態度をとることがある。彼女たちも「顧客」に関して選択的で、そこに個人的な興味関心がまったくないとは言い切れない場合もあった（田沼 二〇〇八参照）。また、先述した学生が言ったように、必ずしも「黒人」だけがヒネテーラをしたわけではない。

例えばヤネットは、前夫（三四歳）の現在の妻、金髪の白人女性ミーシャ（二〇歳）が、ヒネテーラをしたことがあるという。

プロのヒネテーラじゃないわよ。プロは、誰とでも寝るし、毎日やるし、同じところに現れるから警察に賄賂を払わないといけない。だけどヒネテーラにも、気に入った外国人とだけ、っていうのがいる。別に恋をしているわけではない。ちょっとでかけて、「あれは好みだわ」っていうのとだけ関係を持つのよ。見た目とか年齢とかに関して選択的なわけ。

「プロのヒネテーラ」は、「相手が太ってても醜くてもチビでも歳でも、ディスコで、これからいくらで、っていう交渉をする」のでほとんど売春婦と変わらないという。一方、そうではないヒネテーラの場合、一時的に関係をもつだけではなく、気に入った相手とは長期にわたって連絡を保ったり、結婚にまでいたったりするケースも珍しくない。大学教授のヨアナが、外国人学生とそのキューバ人の恋人たちについて語るコメントには、ヒネテアールするキューバ人と恋人との違いの曖昧さがよく現れている。

二〇〇一年一二月、一年ぶりにヨアナの家を訪れる。ニューヨークの同時多発テロがあったばかりなのに、外国人学生は減らず、新しいプログラムは始まるし、忙しくて大変だという。

ヨアナ：どうして、みんなこんなにキューバのことが好きなのか分からないわ。キューバ人の彼氏がいるのは確かでしょうけど（笑）。ある日本人の女の子が、おばあちゃんがうるさいから一時帰国するって言うので、また戻ってくるの？と聞いたら、「もちろん!!」って（笑）。ときどき、気の毒になる（me dan mucha pena）。どうみてもヒネテーロ、という人間が多いのに。

筆者：どうして分かるの？

ヨアナ：そういう人間は見れば分かるのよ。マレコン〔ハバナの中心地にある海沿いの通り〕に座って、あれがそう、これは違う、って言い当てることもできるわ（笑）。〔……〕でも恋をしている人間に何を言っても無駄でしょう。〔イギリス人女性と結婚したあるキューバ人男性について〕その男は、彼女にねだるだけねだって働かない〔……〕私には分からない。どうしてたった一ヶ月で、まったく違う習慣と文化の国で、それほど強く恋に落ちることができるのか……。だって普通、同じ国の人間同士だったら、もっと時間がかかるものでしょう？（フィールドノートより）

しかし、ヨアナは一方で、こう語ったことがある。

まだ三〇歳前後の若い大学教師は、すごく優秀だとしても、二〇〇ペソ程度しか収入がない。そのうちの一人、ロベルトが、一年間フランスに行くことになったの。彼はどうするべきか分かる？〔筆者が首をかしげると、興奮した様子でこぶしを握って振り下ろし〕フランス人の彼女を見つけなくちゃ！　そうじゃなかったら馬鹿（bobo）よ!!

このように、外国人との交際や結婚は、いかに当人同士に互いに惹かれ合うものがあったとしても、あまりにも得られる利益が大きいため、人びとは以下のように言っていた。

今の外国人との結婚は、〔胸を指差して〕ここのじゃない、〔頭を指して〕ここのだよ（笑）。（オルガの父）

今は外国人だったら、相手がヤギでも結婚するよ。（エリサの知人）

米国人の人類学院生ケイトは、七ヶ月間、助手として雇ったキューバ人男性と同棲したのち、婚約者として米国に連れていく予定だった。その彼と一緒にいたときのことをこう語る。

私と彼が一緒にレストランでコーラを飲んだら、実際より高い値段を言われた。彼が抗議したら、ウェイターが目配せして、彼に「俺だって闘ってるんだぜ」だって。私たち、本当につきあっているのに。

つまり、ウェイターは、ケイトに割り増しした額を要求することと、彼がケイトと交際していることを、同じく「闘い」だと考えている。このように、外国人と交際するキューバ人は、キューバ人から見れば、すべからく、愛ではなく利益を得る「闘い」のために一緒にいるものだとみなされる。ホアンは、この言葉について、苦笑して語る。「あれは人びとが党から盗んだ言葉だ。本来とは違う意味になってしまったんだから」。

現在、外国人を使って「闘う」ことは、一般のキューバ人のあいだで必ずしも問題のある行為だとは捉えられていない。逆に、外国人と結婚するという話に「なんて幸運なの！」と合いの手が入ったり、外国人を「調達」(conseguir) したりして外国に行く、という会話がこともなげに交わされたりする。また、外国人はしばしば、知り合ったキューバ人の苦しい経済状況を見かねていろいろと高価な物やドルを贈ってくれる。このため、「金持ち」に見える彼らとの機会をとらえてあれやこれやと要求すること《ヒネテアール》は、（騙す相手の外国人とは別のところにある本当の）愛のための「闘い《ラ・ルチャ》」であるがゆえに、まとも《デセンテ》な人びとのあいだでもそれなりに容認されているのだ（Facio 2000）。(11)

つまり、「解決」できることは、現在のキューバでは、利発で生き生きとして、賢い様を示す。こうした人びとは、しばしば、闘う人《ルチャドール／ラ》（luchador/-a）と呼ばれる。イメージとしては、口がうまく、女性にもてる男性と、子供のためなら何でもする強い母親がここに属する。実際に、そういう人たちが、従来の規範コードを破ってでも、積極的に新しい経済活動に参入する意欲をもっている。そしてまた、こうした態度で「解決」しなければ、現在のキューバでは、女性にもてたり、子供たちを養ったりすることができなくなってしまっているのである。

しかし、以上のように割り切って外国人とつきあったり、盗んだりするようなかたちで「解決する」ことに抵抗を感じる人びともいる。例えばエリサといっしょにアバナ・ビエハの修復のための歴史資料調査を行うサーシャ（二五歳）は、アルゼンチンからカナダに移民後キューバに長期滞在している男性グスターボと交際を始めた。彼は英語とスペイン語のバイリンガルであることから、キューバ政府の翻訳家としての職に就き、一五〇ドルの月給とアパートを得た。サーシャは、前に五年間付き合っていたキューバ人とそうしたのと同様、彼と結婚せず、同棲生活を始めた。ダビッドとサーシャと私で話していたとき、サーシャのキューバを出たいという言葉に、ダビッドはこともなげに言った。

ダビッド：結婚しなよ。
サーシャ：だめ。私はグスターボを愛してるから。
ダビッド：だって、それで問題が解決（resuelve）できるんだからいいじゃないか。
サーシャ：でもグスターボが、カナダじゃなくてキューバにいたいんだとしたら？
ダビッド：〈両手を上げて〉それは二人の問題だ。でも彼だってここに永遠にいたいわけじゃないだろう。

結局、彼女は二年間グスターボと結婚せずに同居したのち、別れる。彼女のように、まだ二〇代前半の専門家は、普通あえて結婚しないことが多い。しかも、かつて付き合っていた男性がお皿を洗わない時には抗議のために家出をするほど「フェミニスト」であるサーシャにとって、相手の男性の経済力に頼り、利益のために結婚するなど、考えられないことであった。また、サーシャやその友人のエリサやホアンなどは、外国人に何らかの解決を頼むために近づくことは、恥知らず《デスカラード》(descarado/-a＝顔がない)なことだと考えていた。

## 4　遠慮《ペノッソ》する人びと

ここまで、様々な方法で「解決」し、非常期間を生き抜くやり方についてみてきた。しかし一方で、「ペナ」を持ち、非合法な手段で解決することができない人びともいる。多くはかつて「統合された」人びとである。

### ペナ⑫

一般的に、キューバでは親しい人の間で物のやりとりをする場合は、「ありがとう」という言葉が伴わない。「ありがとう」(gracias)では水臭いということになる。何かを受け取りつつ、本当は返せないけれど、何かを返したいという気持ちがあることを伝えるときには、自分は「ペナ（pena）を持っている」とか、「ペノッソ（penoso/-a）である」という。この表現があらわすのは、日本語で贈り物を受け取ったときに「恐れ入ります」「すみません」という言葉が示すような感覚であり、相手に対して感謝と負い目を感じることを示す。相手との対等な関係を保ちたいと感じ、何か返したいけども返せないとき、人はペナを感じる。このようなペナを感じる人にとっては、贈与を受けるだけで返そうともしない人は、恥知らず《デスカラード》である。相手に「遠慮しないで」という時には、「ペナなしで（sin pena）」という言葉がかけられる。

ペナは、話すのが苦手な人が感じる極端な内気さ、異性との関係を意識し始めたときに感じられる恥ずかしさや、愛されていないのにそうであるかのように騙されている人に感じる哀れみ、を表すときにも使われる。「なんとペナなことか（¡Qué pena!）」という表現は、自らを恥じるときにも使われるし、他人を哀れむときにも使われ、何かがうまくいかなくて残念だということにも使われる。このペナの感覚と、デセンテ（第一章参照）であることは、ある行為が愛によるのか利益によるのかが問われる場面において重要な判断基準となる。

専門家であるエリサやホアンにとって、ヒネテアールすることは、恥知らずなことである。かつては統合されていた彼らにとって、外国人に対してペナを持たずに物をねだるのは、フィデルやチェが目指そうと呼びかけた自立した経済と、国の名誉の保持とに逆らうものである。そしてまた、彼らは、相手が外国人であっても友人であるならば、ただ贈り物を受け取るべきではないと考えた。

かつてキューバ共産主義者青年連盟（UJC《ウーホタセー》）のメンバーだったホアンは、贈り物を当然のように受け取るキューバ人のメンタリティは、党や国家が人びとの面倒を見過ぎて依存させた結果だと言った。彼は、自らも経済的にも自立できる人間でありたいと考えている。友人同士では決して貸しをそのままにしないという諺《ことわざ》「負債を明快にすることが友情を守る（Deudas claras conserva amistad）」のとおり、ヒネテーロたちが友情による贈与と盗みを混同して「闘い《ラ・ルチャ》」と称するのに対し、愛と利益とをきっちり分けることによって友情を守ろうとした。そしてまた、専門家としての仕事を続けて、それで何とか生活しようとしていた。ただし、給料のみで生活しようとすれば食事にも事欠くので、彼らは合法ではないにせよ、それなりにデセンテな解決を試みている。

まず、彼らは、時間を活用する。専門家の仕事をする人びとは、キューバの自営業者よりも、拘束時間が圧倒的に少ない。仕事の達成の課題に合わせて無理にでも残業をしたり、家で仕事をしたりしなければならない、というプレッシャーもあまりない。しかも、一度就職が決まれば、転職をすることはあっても、大学の友人などの人脈を伝って、専門職の仕事は見つかる。忙しくない仕事を選べば、給料は安くても自由時間を十分にとることができ、その時間はさまざまに活用できる。

例えば、ホアンは以前、インターネットに常時接続できる環境でコンピューターを扱う仕事に就いていた。メールアドレスさえ持つことのできない大方のキューバ人にくらべ、非常に恵まれた環境である。その後、文化省の職場で、専門の心理学を活用して、集団で働くための方法についてパワーポイントを使ってプレゼンテーションする仕事を任されたが、すでに独学でコンピューターについて学んでいた彼にとって、パワーポイントをつくる仕事は数時間あればできる簡単なものだった。しかし、「『何も知らない』職場の人たちは、この仕事に一週間以上かかると見ていた」。ホアンは家で簡単に仕事を済ませてしまうと、そうしてできた自由時間を、もっと「解決する」のに適したドルセクターの仕事の募集情報や、移民に関する情報を探したり、様々な身近な問題を「解決」したりするために歩き回るのに費やしていた。こうした情報やチャンスの収集は、マスメディアで見つけられるものではなく、人に直接会って聞くしかないため、時間がかかるのである。

また、専門職を続けることは、より多くの情報を持つ人との接触を可能にしたり、非合法ではあるが専門職を生かした副業をする際に、あらたな「生徒」や「顧客」を見つけたりするための人探しの場として活用することができる。例えば医者は、医療サービスによって現金収入を得ることはできないが、彼らにのみ与えられるメール使用の権利を内密で他の人びとに使わせることによって収入を得ることができた。また、国際協力として外国に派遣される際には、数年間の期限付きで現地に滞在し、外貨の給与が支給されることが周囲の羨望の的となっていた。

こうした特権があるため、専門職に就く者は仕事内容に不満があっても辞めないという人が多い。しかし、専門職を続ける人びとは、物質的利害関係の計算のうえだけで、そうしているわけではない。彼らの多くは、「新しい人間」の精神性と倫理を内面化した（＝統合された《インテグラード》）頭脳労働者である。だから、そもそも、金銭的報酬が労働の報酬として最も重要なわけではないという考え方をする人が珍しくない。エリサは、私が同居していた当時、無意味な争いをする職場の雰囲気に疲れており、解雇されても構わない、と言った。結局のところ、生活費を得ているのはこの仕事だけではないし、社会主義だから失業してもすぐに仕事は見つかるし、ということだった。以下に具体的にみるように、彼らが望む仕事《トラバッホ》の内容と給与のあり方は、資本主義国で期待されるものとは異なっているのだ。

## 「新しい人間」の仕事

エリサは薬学部を出た後、大学を卒業した者に課せられた労働奉仕を二年間行った。これは、革命の恩恵により無料で受けた高等教育を、労働によって貢献して返すというものである。臓器移植の仕事だった。移植案件が発生すると、先進国のように携帯電話ではなく、家の電話に呼び出しがある。呼び出しがあれば、その時の時間帯や場所にかかわりなく、ただちに病院に向かわなければならない。交通手段が他になく、遠くから自転車で通う人がいた。エリサは血液を検査する係だった。少しの判断ミスが命取りになるので、細心の注意を払わなければならない、ストレスの大きい仕事である。にもかかわらず、勤務する人びとの報酬は、十分なものではなかった。あるとき、子供のいる同僚の女性が、泣きながら職場にやってきた。子供が学校に行くために履いていくものがないのだという。エリサは、長年続けていける仕事ではないと判断し、別の職を探した。

今の考古学の仕事は、応募者三〇〇人中、最終的に採用されたのは二五人という狭き門だった。共産党員の母親は、普段からタロットで占ってもらっていた女性に教わったおまじないを、彼女の合格のためにさせたという。こうしてエリサは仕事を得たのだったが、仕事内容ではなく、職場の人びとのやり方に不満をもつようになった。彼女の仕事は基本給が二一〇ペソで、勤務時間と勤務態度の評価によって給料が上がった。彼女は一度、「私は一生懸命働いたから、三九〇ペソをもらったことがある」と照れながら誇らしげに語った。しかしこのように勤務評価によって給与が異なるゆえ、上司の評価を得るために、仕事の内容からすれば無意味な仲間内の争いが起きた。

例えばあるとき、政府の呼びかけで、反米のデモ行進があった。本来、彼女は行く必要がなかったが、上司の女性に問題になるからと促されて、仕方なく参加したという。しかも、上司は、自分も行進に参加して歩いたフリをしていながら、車で夫に迎えにきてもらっていたという。こうした上司は、仕事内容そのものには関心や理解がないにもかかわらず、「パパとママの子供」なので要職に就いている場合が多い。

仕事に関心がある上司に対しては、人びとは、その仕事内容に従うことによって評価を得ようとする。エリサは、世界遺産である旧市街を修復するプロジェクトに関わり、歴史文書を調べる仕事をしていた。この仕事のために、やる気のなく、感じの悪い図書館員とも友情を形成し、コツコツと文献調査を進めてきた。ところが、こういうことがあったという。

私は一年かけて、ハバナの水溝について調べてきた。ある時期、このテーマを上司が気に入っているのが分かったら、みんなが調べ始めた。そして私がすでに見つけたことを、あたかも新発見であるかのように報告する。それでいて、上司の関心がなくなったら、彼らはそのテーマの調査もやめる。いま、私がやっているデータベースづくりと同じことを、こっそりコンピュータールームでやっている人もいる。同じチームで同じことをやったって、何も進展しないのに。子供っぽいと思う。

驚いたことに、こうした仕事の全体を把握し、指示をだす人は誰もいないのだ。それでいて上司は、会議があると、「僕らは、雰囲気もよく、団結していて、情報も隠さず、大変よくやっている」と言う。

このように、現状とはほど遠く、仕事の効率よりも上辺の評価を優先させるやり方を、エリサは「私には、ものすごくキューバ的にみえる」と言う。

エリサと同じ仕事をしているサーシャも、自分が仕事を一生懸命やるにもかかわらず、結局、軽視されることに怒りを示す。彼女はある歴史的展示物に解説板をつけるよう指示されたので、綿密に調べて解説を書いた。ところが、軍が経営する観光会社の「偉い人」が、ある歴史学者が書いた「間違いだらけの本」をもとに、これは違う、と言ったので彼女の解説は変えられた。しかも今、彼女がしている仕事は誰でもできるとみなされ、工科学校を卒業した助手がついた。母方の家族のなかでは初めての大卒者（母親と離婚した父親は大学教授）だという彼女は、悔しそうに言う。「確かにハバナ大学のレベルは低い。そうはいっても、彼らよりはましなはずでしょう?」。

このように、彼女たちは、すでにある権威に迎合することなく、地道に下調べの仕事を行っていた。それは、チェが望んだ、「新しい人間」の仕事の仕方そのものであるはずである。にもかかわらず、二次資料の権威を信頼する権力者が、彼らの仕事を軽んじていく。そして、何事も起こさずに仕事をこなすだけの態度が優先される。そうした傾向は、医療に関わるホアンの仕事にも及ぶ。

ホアンはもともと、精神科医として公衆衛生（Salud Pública）に関する仕事をしてきた。卒業と同時に、指導教官の紹介でラテンアメリカからの患者向けの仕事を始めた。しかし、外国人患者との個人的接触が「軍隊のように」厳しく制限されていたうえ、上司との折り合いが悪く、じきにやめた。病院では常に精神科医が不足しているので、仕事はすぐに見つかる。ホアンが心理学科に入学した年には、六〇〇人の学生のうち、心理学科の新入生の枠は五人しかなかったのだ。そこで別の職場に移るが、ここは昼食の質がひどいうえ、タイムカードで勤務時間を管理されていた。しかしもっとも不満だったのは、「仕事ができない」ことだった。

彼らの関心は、自分の上司とうまくやっていくことにしかなかった。すべてが丸くおさまるように。何も新しいことをしようとしない。もっと興味深いことをしない。すごく臆病だった。だから仕事をさせようとしなかった（No te dejaba trabajar）。あの人たちは、人に仕事をして欲しがらなかった。働かせてくれなかった。すべてはこうでなければならない、つまり、必要最低限のことだけをしろ、患者を診るだけ、場所も決まったところで、ってことだ。

そこを一年ほどで辞めて、外来診察に移る。そこは理想的な職場だったという。勉強し、授業を受け、やりたいことをする時間があったためだ。その後も仕事を次々と変えたが、一貫して興味深いことをしたいという熱意はあり、友人のフリオらとラカンの自主勉強会をしていた。仕事とは何か、という質問に、彼はこう答えた。「生きるためと、楽しむため。本当にそうだったらいいんだけどね」。

## 対価＝金《ディネーロ》について

エリサとホアン、彼らの友人たちと出会って数ヶ月したころ、私と別の人類学者は録音インタビューのテープ起こしができる人を探していた。一時間あたり五ドルで起こしてくれないかを頼むと、エリサは、「素晴らしい」と、恥ずかしそうに笑った。しばらくしてから、エリサはもう一人の人類学者に、

「〔仕事はするが〕でも友達でいたいの」と、泣きそうな顔で言っていたという。彼らにとって、本来、金（dinero）は友人の間でやり取りするものではなかったからだ。あるとき、四時間四〇分のテープを起こしたホアンが、「ちょうど二三ドルだ」と謝金の計算をした。私が五時間計算でいいよ、と言っても、「いや、二三ドルだ」と彼は固辞した。仕事は仕事であり、友情によって上乗せするものではないと考えてのことだったのであろう。

彼らはこの仕事をただこなすだけでなく、本当に熱心に行った。テープの中身について興味を持っていろいろ教えてくれ、議論することによって、私の理解も深まった。私には分からないであろう俗語には解説がつけられた。彼らの仕事が丁寧でかなり時間がかかっていることに気づき、一時間あたり一〇ドルに値上げして渡すことにした。ホアンは、「最初の額と違う。妻〔エリサ〕と問題を起こしたくない」と、最初は困った顔をした。私は、「いい仕事をしてくれているから、値上げしたの」と答えると、ホアンは目を輝かせてにやりと笑った。「確かに僕らはいい仕事をしている」。そして、エリサとも問題が起きていないようだった。

彼らは、仕事の対価としてドルを受け取ることには理解を示した。しかし、商売は好ましくないことだと見なしていた。キューバ国外で活躍するようになった歌手のコンサートに行ったあと、エリサは、「前は〔ヌエバ〕トローバの歌手だったのに、今は売れるためにサルサみたいな歌をつくってる。商業主義だわ」と批判した。ダビッドは、「八百屋が野菜を売るように、歌手は歌を売るんだ。売れなきゃいけないんだからしょうがないだろ」と肩をすくめた。このように商売や仲介を否定的にとらえ、社会主義の倫理にこだわるエリサたちを、ダビッドは、「そんなアホ（comemierda＝クソ喰らい）なこと言うなよ」「おばかさん（bobito／-a）」とからかっていた。

ホアンやエリサは、純粋に仕事《トラバッホ》と呼べるものはやはり、政府のものだと考えていた。ホアンは父親の冷蔵庫修理を手伝っているが、私がそれを「もうひとつの仕事《トラバッホ》」と表現すると、「板金加工のこと？　あれは自営《パルティクラル》だよ」と言い直した。顧客の都合に合わせて値下げしたこともあったが、「ものすごくトラバハール（骨折り／仕事）しないといけない。材料を手に入れないといけないし」ということで、元に戻したという。

このように実際に手を動かし、汗をかく労働ならまだよい。政府は、ある物を別の場所に移動することによって稼ぎを得るような卸売業を認めておらず、彼らも「仲介者」（intermediario）の仕事を、モラル的に問題のあることだと見なしていた。例えば、エリサは、ドルで古本を売る人物が、買い取り値の三倍の値段をつけて売ると聞いて、この古本屋を、「恥知らず《デスカラード》」だと評した。しかし彼女は、古本屋が本を仕入れるために必要なガソリン代、車代、人件費などは一切、考慮に入れていない。もっと小さな額だが、エリサとサーシャの職場の先輩であるダビッドがある場所で一〇ペソで見つけたお菓子を職場の人たちに一五ペソで分けたことがあった。それを見て、彼女はあとで、「あれは一〇ペソでしょう」とたしなめたという。ダビッドは、自分は見つけただけでなく運んだのだと言って、五ペソの上乗せは正当な価格だと考えたが、エリサにとってはそうではなかったのだ。

私がホアンとエリサの家に居候を始めたとき、余っている部屋を外国人向けの下宿にすれば楽に月に一〇〇ドルを稼ぐことができたはずなのに、彼らはそうしなかった。ホアンは、私に無料で滞在することを提案した。その前に、私が知り合った東ドイツ出身の青年デニスにもそうしていたのである。月に一〇〇ドルでいいから払う、と言っても、「友達からはとれない」と言いはって、下宿代をとることを断固として拒否した。彼らは、以前、私に裏の家を紹介したので、家主から紹介料をとるべきだったのだが、それすらとらなかったという。

テープ起こしの仕事では、対価としてお金を受け取っていたホアンだったが、好きなコンピューターに関しては、金を度外視してやっていた。私や別の外国人女性のコンピューターの問題を解決すると、嬉々として「俺は天才だ!」と叫んだ。かなり手間をかけさせてしまったと思い、お礼にお金を渡そうとすると、気まずい空気が流れた。

「なぜ?」「いろんな人に来てもらって聞いたりして、時間もお金もかかっていたみたいだったから」「僕はコンピューターが好きだからやっただけだ。資本主義国ではこういうことにもお金をとるの?」「うん……。友達同士だったらとらないかもしれないけど」「僕らは友達じゃないの?」「いやそうなんだけど……」

キューバに長く住む米国人に、キューバ人の気前のよさに甘えてタダでものを済ませてはいけない、と言われた。だからといって、不適切な渡し方をするのもいけないことを思い知らされた。

彼らに限らず、専門職の人たちは、商売を嫌い、労働の対価として相応の給料を受け取ることを望むだけでなく、知的に刺激のある仕事をすることに関しては意欲を示していた。エリサとサーシャとは、考古学の仕事の関係で、教会の図書館で会うこともあった。彼女たちは、給料の少なさや仕事先の人間関係には不満をこぼしていたが、骨が折れるばかりで自分の業績にならない古い資料の下調べという地道な仕事については、不満を感じるどころかむしろ楽しんでいるようだった。

ホアン、エリサ、サーシャは、非常期間の最中に大学生活を過ごし、それから社会に出た。ホアンは、自分たちの世代のことを、「失われた世代」(generación perdida) だと評した。もちろん、世代というよりは、観察している限り、同じ時期に大学に通い、非常期間が始まったあとに、公務員として給与を受け取るようになった人たちである。彼らより上の世代は、一九五九年の革命を生きた世代であり、それを支持している。彼らより下の世代は、市場経済の導入に子供の頃から慣れているため、金儲けを厭わない。しかし自分たちの世代は、そのどちらの価値観にも自己同一化することができないのだという。

しかし、同世代だが大卒ではないダビッドはそうではない。彼は、非常期間前の高校生の時から積極的に「発明」を行ってきた。

## 「解決する」一般人

ダビッドは一九九三年に工科学校を卒業した。卒業研究ではキューバのビール工場の製造について調べた。一九世紀の機械をまだ使っていることを知ってぞっとしたと言う。実際、その工場の事故で友人が一人、亡くなってしまった。

卒業と同時に一年間、海岸沿いにある、プール付きの内務省職員用の娯楽施設で技術者として働いた。しかし、給料は月に一三〇ペソで、一九九四年に一ドルが一四〇ペソだったときには一ドルにも満たなかった。一方、人びとが空腹で苦しんでいるとき、その施設では、お偉いさんが分厚いハムや何ケースものビールを口にしているのを見た。「それでこのシステムがミエルダ〔クソ〕だと気づいた」。手先の器用な家族なので、母親や妹のヤネットとろうそくや人形をつくって、一時期、合法化されていた路上市場で売り生活費を稼いだ。給料は少なかったが、収入はそれなりにあった。

一九九四年、農作物市場が再開される。農作物を政府にではなく、直接人びとに売ってもよいことになったのだ。しかも農民自身ではなく、仲介者が売り手をしてもよいことになった。彼はそこで、荷運びから始めて、売り場を確保するために必要な一〇〇ドルを貯めた。農民ともよく話した。農民は、伝統的な作物の知識をいろいろ持っていたのに、革命政府が砂糖の増産を目指し、多様な作物をつくっていた畑をつぶしてサトウキビ畑にしてしまったため、そうした知識が伝達されなくなったのだという。人びとはまず何より食料を買うので、農作物市場の仕事は儲かった。一日に一〇〇ペソは必ず稼いだ。仲介者の人びとが二〇から四〇センターボのバスを待っている間、彼は一〇ペソのタクシーに乗った。仲介者の商売は、少し前まで非合法だったが、自分の祖父シモンは、「フィデルが共産主義者になる前から共産主義者」[13]でありながら雑貨屋を営んでいたので、仲介業と共産主義が相容れないという今の政府の方針が理解できなかった。

ダビッドは一緒に出国するため婚姻届を出したが、医師だった妻はダビッドの稼ぎで経済的に不自由することなく、やりがいのある仕事のできるキューバの生活に満足して、移民に乗り気ではなかった。結局、その妻とは離婚した。しかし彼は農産物市場でみた状況から、キューバで生活しつづけることに限界を感じていた。少しでも変わったことをして売り上げを伸ばそうとすると、すぐに妨害された。一度、年末に、籐籠《トウ》を買い集めて果物の詰め合わせをつくった。売り始めたら、他に誰もやっていなかったので、飛ぶように売れた。だが、二日後には監査官が来て、このやり方は違法だと中止させられた。籐籠は手工芸品の販売所でしか売ってはいけないという理由だった。

しかも、不正がないかどうかを調べにくる監査官が、賄賂を要求していた。払わなければ、何かしら問題を指摘され、商売ができなくなる。だが万が一、その賄賂の要求がおとり捜査だとしたら、金を払うと、刑務所行きである。生きた心地がしなかっただけでなく、そのうち、また仲介者が閉め出されるだろうと考えたダビッドは、農作物市場を辞めた。実際、その後しばらくしてから、売り手は仲介者ではなく、農民自身でなくてはならないとされるようになった。

工科学校を出たダビッドが、大卒のエリサたちと同じ考古学の仕事に合格したのは、発掘の作業をするだけでなく、趣味の絵がうまかったからだ。掘り出した物を絵で描いて記録したり、職員の給与明細をつくったりしていた。しかし、ここでもやはり、妨害はある。明細をつくるために職場の数少ないコンピューターを使う必要があるのに、突然決まった政治集会のために、上司の「砂糖大臣の娘」が、「ビバ！　フィデル！」というポスターをつくるのにコンピューターを占拠している。民家の床下で見つかった物を撮影して記録しなければならないのに、別の班がデジタルカメラを使っていて自分たちの班に使う機会がまわってこない。

ダビッドはそれほど遠慮のないほうだったので、私にデジタルカメラを使わせてもらえるかどうかを訊ねた。発掘現場を見るのも面白そうだったので、私はこれに同意し、三人で民家の床下を撮影しに行った。しかし後で、エリサが「なんでそうやってわざわざ問題を起こすの？」とたしなめた。彼がそうやって、独自のやりかたで解決することは、公務員が職場で求められる範疇を超えている。「上司があなたたちの方を後回しにしたんだから、それに従うしかないじゃない。サチ〔筆者のこと〕のカメラを使って、事を荒立てる必要があるの？」ダビッドは、何も言わずに黙っていた。彼自身、この仕事が好きだったのだ。だが、ホアンが病院で「仕事をさせてもらえなかった」というように、ダビッドも、結局、やりたい仕事をするために機転を利かせることができず、不満を募らせていた。

## 5 非常期間の理想的な人間関係

エリサたちと暮らし始める前に、その友人ともども八人で初めて遊びに出かけたのは、夜明け前に出発する電車に乗っていくキャンプだった。夜中の一二時前に、カメーヨという「らくだ」型の大きくてのろいバスに乗る。バスを降りてから、アバナ・ビエハから舟で五分ほどの巨大なキリスト像の足下にある電車に乗るために順番をとる。それから朝五時頃に電車が出発するまで、コンクリートの地面に横になって寝て待つ。電車代は少し額が大きいので各自で払うが、バスは二〇センターボと安いので、誰かひとりがみんなの分を出した。キャンプ地での食料品は、それぞれが持っていった缶詰やパスタを料理した。お金を出し合って、地元の漁師から魚を、農民からヨーグルトを買った。彼ら農漁村の人の素朴な風貌と比べると、ハバナの若者は、まるで外国人のようだった。カナシー（Canasí）というその小さな村では、ハバナの喧噪とはまったく違うのんびりとした風景のなか、エメラルドグリーンの海のそばでただ寝そべったり、貝殻を拾ったりしてすごした。

電車が出発するまでの間にキリスト像のある丘の上まで歩いて少し時間をつぶした。一緒にいたアルゼンチン出身のカナダ人グスターボが「資源がなくって人数分なくてごめん」といいつつ、三つ、ハンバーガーを買ってくれたので、それを分けて食べる。この辺りにはもう、ドル売りの食べ物しかなくて、ハンバーガーはひとつ一ドルもするのだ。

キューバ人の友人同士では、普通、割り勘はしない。そしてできればひとりひとつずつ行き渡るように買うのが理想である。あるとき、ダビッドが一ペソのピーナッツを五人のために三つ買ってきたあと、ホアンが値段を聞いて買いに行き、五人分、買ってきたことがある。すると、普段は「フェミニスト」のエリサがふざけて言った。「それでこそ男(hombre)よ〜。五人に三つだなんて」。ダビッドは恥ずかしそうに苦笑した。それでいて、仕事で金が入り、ダビッドがエリサと同僚にサンドイッチをおごると、エリサは釘を刺した。「そんなことだからお金が貯まらないんじゃない」。

例えば、ダビッドとサーシャと旧市街で会う。二人がどちらからともなく言う。「コーヒー飲みに行こうか、ハバナ・カフェに」。ハバナ・カフェは、旧市街で唯一、ペソ払いで、カウンターで座ってコーヒーを飲める店だ。他では、観光客用の一ドルもするコーヒーを飲むか、一ペソで通りで立ち飲みするかしかない。二人はポケットを探って笑った。「あ、金ない」「私もだ」。三人分、合わせても、たった六ペソなのにである。でも彼らは、私に払うようには言わない。外国人に対して、まったく遠慮のない態度をとることは、ヒネテアールと同じことに見えてしまうからだ。大卒者たちに比べれば遠慮のないダビッドでさえ、私が飲み物をおごったときには「どこに顔を入れたらいいか分からない」と顔を赤らめた。その様子を見た年輩の販売員の女性は、「近頃の近代的な女性ときたら！」と言って笑わせてなぐさめていた。

チェのいう「新しい人間」像を内面化した彼らは、ヒネテーロ／ラたちと同じような経済活動に陥らないように、注意深く、自分たちの経済活動をコントロールした。しかし、外国人との経済格差があまりに顕著な現状において、ペナを感じるキューバ人にとっては、外国人からのちょっとした贈り物さえ、返せるあてのない負債となる。エリサはある米国人女性が、一ドルのタバコを土産に置いていこうとしたとき、居心地の悪そうな顔をして、「後で、私たちが結局、お金のためにあなたと付き合っていたって言うんじゃないの？」と言った。彼女から三ドルのラムを一瓶もらったものの、それを飲まずにとっておいて、彼女の送別会に持っていって、そのうえ手作りの人形を渡す、ということまでしていた。

しかし、彼らキューバ人同士の間だけのやり取りを見ていると、本当に遠慮《ペナ》がなかった。もちろん、そうできる相手は、同じぐらいの経済力と、本当に気の合う仲間だけに限られる。彼らの場合、夫婦の財布は分けないのが基本だった。ホアンは自分の母親が、父親から金を受け取ったあと、「いまだに、『私のお金なのか、家のお金なのか』を訊ねる」(強調引用者)、といい、エリサとの間では財布はひとつだと言っていた。現在六〇歳ぐらいの女性たちの場合、自分の独立した財布を持つことを、男性に依存していたかつての女性よりは進んだことだと考えている。しかし、二、三〇代の彼らの間では、財布を個人で分けること自体が古いことだと考えられているようだ。できることならば、恋人や家族だけでなく、友人にも、気前よくいろいろなものを分け合うというのが、彼らの理想とする人間関係なのだ。そしてそれこそ、彼らが理想社会として教えられてきた共産主義のあり方であり、彼らがまだ自分でお金を稼がずに贈り物を受け取っていた一九八〇年代には、日常的な生活だったのだ。

しかし、非常期間に入ると、限られた資源を、分け合わなければならなくなった。そうなると、以前のように友人を気軽に呼んで食事を振る舞うことはできなくなった。ヨアナは、以前は大学の同僚と互いの家に遊びにいって夕飯を食べ、泊まっていくことも当たり前だった、と思い出す。だが今は、母親の家に行くにもバスで一時間以上かかるようになり、家族の付き合いをするだけで精一杯で、友達同士の付き合いは疎遠になってしまった。また、今は食事時に知人の家を訪れないのが礼儀になった。一度、若い共産党員の黒人カップルが、エリサたちの家に遊びにきた。食べ物は少なく、エリサが母親に贈ってもらった薄い牛肉のステーキが一枚と、野菜しかなかったが、エリサは夕飯を食べていくようせがんだ。ステーキとして食べるのは無理だから、細切りにしてじゃがいもと炒め合わせよう、というダビッドに対し、エリサは、「いや。だって牛肉はお母さんがくれるときしか食べられないもの。それに牛肉を食べるときは、ステーキがいいの」と主張した。ダビッドは苦笑して、皮肉っぽく、「じゃあ、よき兄弟のように一枚の肉を分け合いましょうか」と言って、実際に一人ひとかけらの肉を食べることになった。

ダビッドは、ソ連の存在でいかに自分たちが依存心の強い人間に育ってしまったかと語った。そのうえで言った。「僕らは人のために生きろと教わって育った。だけどもし、その通りに、誰かが食事中に来たとき『いかが?』と言って、相手が『ええ』と答えてしまったらどうする? 自分の食べる分がなくなってしまう。だから僕らはすごく利己的になった。君たち資本主義国の人のほうがよっぽど他人に対する思いやりがあるように見えるよ」。

非常期間では、家族のあいだですら、食料が遠慮なく分けられるわけではなかった。エリサの家でも、外国企業に勤めていた高収入の祖父母の冷蔵庫と、公務員の母の冷蔵庫は分かれていた。ホアンたちが朝はチョコレート牛乳、昼はパンに何かはさむ程度の食事をしているのに対し、祖父母たちは朝からきちんとパンと卵を食べ、夜には毎晩、八五セントのビールを一缶空けていた。しかもそれを食べることなく調理するのは、エリサの母である。

持てる者と持たざる者の格差ははっきりしていた。つかの間の共産主義は終わり、非常期間なりの「資本主義」が始まったのだ。しかし、この資本主義の世界は、努力して働くというよりは、非合法に近い活動に手を染めること、恥を忘れて人を騙すことから成り立っているように見えた。この状況は彼らをダブルバインドに陥れていた。

非常期間の彼らをダブルバインドに置く命令は以下の三つである。

一、よき社会主義者／共産主義者であれ。
二、自分の経済問題は自分で解決しろ。
三、キューバは社会主義である。ただ「非常期間」なだけだ。

しかし、非常期間であるから文句を言うな、という命令は、それが一〇年を過ぎても終わらないことから、説得力を失っていった。とりわけホアンは、自分がもう三〇歳を超え働いているのに、自立できないことを嘆いていた。商売ではなく、自分の働きに妥当な対価を得て暮らすこと――有力なコネのない彼らにとって、その道は、すでにキューバには残されていなかった。彼らの目は、ひと足先に出国したエリサの父が移民当初、「経済問題のないキューバみたいだ」と褒め讃えたカナダへと向かう。

## 6　ダブルバインドから逃れる

収入のよい化学者の職を得ていたエリサの父エリックは、エリサの母と離婚後、同業者の女性と再婚していた。エリサとホアンがカナダへの移民を考えていると聞くと、彼らは二人に黙って申請し、すぐに許可を受けた。そして高額な渡航費用も工面して、娘たちよりも早く出国してしまった。

ここで、エリサとホアンにとって、予期しないことが起きる。ホアンは常々、外国に行ったキューバ人は、互いに助け合うものだと言っていた。今のキューバのキューバ人が助け合わないのは、政府が人びとを監視させ合うからだと考えていたのである。だからエリックも当然、彼らを助けてくれるものだと思っていた。エリサの母も、普通、キューバを出たキューバ人がまず初めにすることは、子供を呼び寄せることだと言う。ところがエリック夫妻は、エリサたちに譲った家を守っていてほしいと考え、二人に出国しないよう求めてきたのだ。どうしても出国したいなら、いったん離婚し、それぞれが外国人と名目上結婚してから移民するようにと指示をしてきたという。そうすれば二人は外国に暮らしても海外居住許可（PRE）[14]を得られるため、家を接収されずに住むからだ。私がエリサたちの家に住み始めたころ、このメールを受け取ったエリサとホアンは腹を立てていた。エリサは落ち込んだ顔で、廊下に座り込んで言った。「私たちはゼロの左。ゼロの左は、マイナスでしょう？　それぐらい、意味がない、ってことよ」。すでにエリックはカナダで月に四〇〇〇ドル、その妻は一六〇〇ドルの収入を得ていたが、ほとんど送金してくれなかった。

送金がないため、エリサには、エリックとのメールのやりとりのためにブラックマーケットで払うメールアカウントの使用料一〇ドルが負担になった。ダビッドにも使わせて割り勘をすることにした。彼らは移民のために金を工面する必要があった。私から直接、仕事以外で金をとることに抵抗のあったホアンは、私が国外に出るときに、キューバのブラックマーケットで売ることのできるコンピューター関係の品物を買ってきてもらって転売することを思いついた。そうすれば、私に損をさせることなく、利益だけは稼げると考えたのだ。私は教えられた品物を手に入れてキューバに戻った。そしてホアンは転売を試みたが、初めの取引では、「相手を信用した」ために代金を受け取らずに品物を先に渡すというミスをおかし、あやうく支払いを踏み倒されかけた。そこで、裏取引に慣れたダビッドにドスを効かせた加勢を頼み、無事、金を手に入れることができた。

ホアン、エリサ、サーシャは、自分たちが解放を求めながらも、どこか古い規範に従ってしまっていることに気づいている。そして例え、現在は何かがおかしいと思っていても、明確に叛逆するだけの危険を冒すことができない。仕事場でデモ行進に出ろと言われる時、あるいは全国で官製の署名運動が行われる時、エリサは問題を起こしたくないのでこれに参加した。「なかには、そんなのやらない、っていう人もいる。でも私には、そういう美徳はないの」と言って、とほほ、という情けない笑顔をつくった。

彼らは自分たちが、かつては革命の物語を信じていたのに、今は疑いつつも、それに表立って反抗できないことに情けなさを感じている。あるいは、それを疑えるようになったと感じながらも、まだどこか無邪気であることに気づいている。しかしだからといって、親革命派から、反革命派へと一足飛びに変わるような、極端な視点の変化をとることもできない。外国にたどり着くなり豹変する人を見てきて、それもまた、同じコインの裏でしかないと感じられるからだ。ダビッドは、出国する直前、自分がさんざん嫌な思いをして国を去るので、外国に着いたとたんに、自分も反カストロ強硬派のマイアミの人間がするような語り方をするようになってしまうのではないかと恐れていた。彼らは、たとえ、自分たちが生きる社会の現状に不満を持っていても、外部者の高みから全否定されることには不快感を示していた。

かといって、かつて見たユートピアの夢を信じつづけることもできない。今となっては、かつては実現していたかに見えるユートピアの記憶、それを参照しながら、非常期間の非常な日常生活をなんとか乗り切ろうとしていた。そのユートピアへの参照は、アイロニーを用いてしか表現できないものであった。

# 第四章　ポスト・ユートピアのアイロニー

キューバ革命の三つの成果はなんだろうか？──医療、教育、スポーツ。
キューバ革命の三つの失敗はなんだろうか？──朝食、昼食、夕食。

──キューバの小咄《クエント》

前章では、「新しい人間」の理想を内面化した青年たちが、「非常期間」のキューバにおいてダブルバインドにかけられている様子をみてきた。彼らは、身の回りに起きている矛盾に気づきながらも、高みから全否定するような物言いには反発を示した。それでも従来通り、革命の神話を従順に信じるわけでもない。では彼らはどちらにも与しない自己の立場をどのように表しているのだろうか。

本章では、それを説き明かすため、キューバ人のアイロニカルな冗談と、それとは矛盾しているように見える革命家エルネスト・〝チェ〟・ゲバラへの崇拝について指摘する。次に、キューバ人教授ヨアナとアメリカ人人類学者シドニー・ミンツが、キューバについて近年書かれたアイロニカルな民族誌に対して、ともに「好きじゃない」と語ったことをどのように考察すべきかを考える。

## 1　ポストモダンのシニシズム？

### 「もしチェが今のキューバを見たら！」

私が居候していたホアンとエリサの家では、二〇代後半から三〇代前半の、同世代の友人たちが五、六人集まって、コーヒーを飲んだり、私が外国で買ってきた紅茶を飲んだり、一緒に食事をつくったりして時間を過ごしていた。彼らは、四〇年以上権力の座にあるフィデル・カストロについては批判的なことしか言わなかったが、その盟友であるチェ・ゲバラに関しては、驚くほど素直に、その人間性を褒め讃えていた。キューバの学校では子供たちに「我々もチェのようになります（Seremos como el Che）」と唱和させる。つまり、チェへの尊敬は、公的なイデオロギーでもある。しかし彼らは、教えられてきたチェの物語を、決して単なる「お話」としては捉えていなかった。

あるとき、エリサとサーシャ、ダビッド、私の四人で、ダビッドの家からエリサの家まで、二〇分ほどの道のりを歩いていた。何がきっかけだったか忘れたが、ダビッドが、チェがどれだけすごい人間なのかについて、熱く語りだした。彼はもともと、物事を熱く語るほうではあったが、このときもそうだった。

チェは大臣になったとき、国の幹部たちは食料の配給量が多いと誰かに批判されて、腹を立てたことがある。そんなはずはない、と思っていたからだ。ところが調べてみたら、本当に、自分の家族も含めて多めに配給されていた。これに対して、チェは、自分が間違っていたこと、そしてそんな不正があったことを、新聞で自ら詫びたんだ。

その熱弁には、万人の前で潔く自分の非を認めることへの敬意が満ちていた。そこには、現在のキューバ政府が政策の転換をしても、「問題は、なんの説明もないってことだ。転換するなら『いままで間違っていました、ごめんなさい』ぐらい言えっていうんだ」という、非を認めない態度への鬱積した思いがあるのは明らかだった。エリサとサーシャは、うなずきながら聞いていた。

エリサが、真面目くさった顔で、わざとらしいほど悲嘆するような声を出していった。

「ああ、もし、チェがいまのキューバを見たら！」

サーシャも大げさに、哀しげな調子で答えた。

「墓の中でもだえるだろうね」

ダビッドがおどけた調子で、口をすぼめ、肩をすくめて言った。

「そして、もう一度、死んじまうだろうね（Y si vuelva a vivir, va a morir）」

彼らの芝居じみた動作や、歌うような調子から、これがアイロニカルな冗談であるのは明らかだった。だがそれは、あざけりやシニシズムではなかった。つまり、現在のキューバの状況を批判しながらも、革命家を、半ば神聖なものとして、半ば親しみのある人間としてリスペクトしているのだった。

これに対して従来のキューバ研究においては、キューバ革命以後のアイロニカルな冗談は、しばしば、政府への不満や批判としてのみ扱われてきた（e.g. Hernández-Reguant 2004; Holgado Fernández 2000;

Fernandez 1999）。しかし、それらを字義通りにただの皮肉と受け取り、さらにはポストモダンのシニシズムと同類のものとして扱う議論は、現地に住むキューバの人びとの複雑な思いを矮小化するものといえる。また、それらを革命政権に対する反体制の意志の表現としてとらえるのも、同様に物事を単純化している。

スーザン・バック＝モースは、ソビエト連邦には、資本主義国よりも先にポストモダニズムが到来したのではないかと問う。

政治的シニシズム、反‐ユートピア主義、そしてあらゆる全体化する言説への不信――こうしたポストモダニティの特徴は、すでに、脱スターリン化の知的遺産の一部として、ソ連の反体制文化で十分確立されたものではなかっただろうか。（Buck-Morss 2000: 233）

ポストモダニズムのこのような懐疑的態度は、「普遍的」な人間の歴史があるという見方を正当化するような近代的理念やメタ－ナラティブ（大きな物語）への批判として現れてきた。ポストモダニズムはラディカルな政治につながるという見方もあるが（Hutcheon 1989）、多くの批評家は、それがたいていは政治へのシニカルな無関心、さらには、保守反動政治につながると指摘してきた（スローターダイク一九九六；ハーヴェイ 一九九九；Jameson 1993）。先にあげたキューバ人の友人たちの冗談もまた、そうしたポストモダンのシニシズムの遅れてきたバージョンだと思われるかもしれない。しかし、先にみたように、彼らのアイロニーにはそのようなシニカルな無関心というよりむしろ、親しみを交えた視線があった。

友人たちのアイロニーは、革命前のキューバ人知識人ホルヘ・マニャチ[1]が「チョテオ」(choteo)と呼んだ、「何事も真剣にとらない」で、「何もかも冗談にする」態度に、一見したところでは似ている(Mañach 1991[1928]:57)。マニャチは、キューバ人が冗談を言うのは、あらゆる権威や権力を嫌っているからだと結論した。彼の言葉を引用して、キューバ国外のキューバ研究においても、チョテオがキューバの国民性を特徴づけているという言及はしばしばなされる(e.g. Duany 2000; Fernández 2000; Lima 2005)。革命直後にプエルトリコに亡命した知識人であるマニャチは、キューバ系アメリカ人研究者に人気があり、しばしば引用される。しかし、私のフィールドワークからは、現在のキューバの日常会話において、チョテオという語は、理解はされてもほとんど使用されていなかった。

現在、ハバナ在住のキューバ人は、チョテオと同じような笑いを指すのに、「ムチ打つ」(dar cuero)という表現を用いる。マニャチによれば、チョテオは、権威を笑い、権力者とそうでない者の間に線を引くが、私が聞いたアイロニカルなコメントやクエントは、必ずしもそうした境界線を引くとは限らない。それどころか、彼らが笑われる対象と同じ世界に生きており、さらには彼らと同じ価値観を共有していることすら示すのである。

友人たちは、たしかに自国の現状については批判的だったが、チェを「外国人で共産主義の殺人者」とみなして批判するようなキューバ国外の反‐カストロ、反‐共産主義者(二〇〇一年一月のマイアミでのフィールドワークより)と同じ見方をしているわけではなかった。二章の冒頭にあげたエピソードのように、エリサとサーシャは、映画『フィデル』を好意的に観ただけでなく、チェが敵を殺したシーンを激しく否定した。

彼らは、映画全般はよくできていると気に入っていたが、ウーベル・マトス（Huber Matos 1918–）のエピソードはちょっとつまらなかった、というエリサの意見にうなずいていた。マトスは、ともにゲリラとして闘ったものの、フィデルを批判したために反革命のかどで二〇年の刑に処せられた人物である。この不満を聞いた当初、私は不思議に思った。普段からフィデルの批判をしているのだから、マトスに同情的になるのではないかと思ったのだ。

しかし、後に、友人たちが批判するやりかたと、マトスや反体制主義者がする批判の仕方はずいぶん違うものだということに気づいた。反体制家らが真っ向から相手を批判し、相手と自分とのあいだに境界を引くのに対し、友人たちは、語る者と聞き手の緊張を解くようなアイロニーを用いていたのである。

キューバに関するアイロニーには、大まかにわけて二種類あると考えられる。

## かつての当事者と観察する外部者

キューバに関するアイロニーのひとつはシニカルなポストモダン的なもので、話者は自らを「観察する外部者」としてとらえている。このような語り口をするのは、大学教授を辞めて自営業者になったオルランドのように、革命政権の唱えることを初めから信じたことがないかのように語るキューバ人や、外国人研究者たちである。もうひとつは、「かつての当事者」から後に懐疑的になった者による、同情的でポスト・ユートピア的なアイロニーである。「外部者」は、期待されたことと実際に起きたこととの間の矛盾に対して、他者として距離を置いて、いやみを言い、懐疑的な調子で非難する。一方、「かつての当事者」は、笑い者にする側とされる側の間に、明確な線をひかない。彼らは、現在では懐疑的になったものの、かつては笑われる者と同じ信念や活動を自身も共有していたことを認識しているのだ。

このふたつの区別は、以下の問題点を明らかにするうえで重要である。「非常期間」以降にキューバ研究を始めた人類学者は、しばしば、「観察する外部者」の立場をとる。彼らは、キューバの社会主義の理想と、部分的な市場経済の導入以来の現在の社会経済危機との間の矛盾をシニカルに――つまり、他人事として、かつ、人間はすべからく功利主義的動機によって行動するものだという見方によって――指摘する。しかし、そうすることによって、フィールドで見聞されたはずの、「かつての当事者」が語る複雑なアイロニーを、外部者としての自らのシニカルな物言いへと矮小化させてしまいかねない。

彼らのようなシニカルな見方とは対照的に、キューバ人が語る小咄《クエント》には、批判と同情の入り交じった曖昧さがある。それはかつて信じたユートピア像を、ただのお話だと割り切ることができないまま、これはお話です、と語るお話なのである。これが、私が、在米キューバ人類学者ベハーの言葉を用いて「ポスト・ユートピアのアイロニー」と呼ぶものである。この視点から、人びとが「ムチ打つ」やり方と、クエントをより詳しく見ていくことによって、ベハーが「一九五九年革命の子供たち」と呼ぶ人びとが、失われたが、一度は信じられたユートピアの感覚によって導かれた「独特の感じやすさ、幻滅、そして人生の軌跡」(Behar 2000: 135) をとらえることが可能になるだろう。

さらに、私は、人類学者のなかにも、こうした失われたユートピアの感覚を共有し、「かつての『当時者』」として語る者がいることも指摘する。私がこうした認識に至るようになったのは、若い頃にキューバ革命に共鳴した非 - キューバ人人類学者たちとの交流を通じてである。なかにはあまりに革命に心酔するあまり、現在のキューバ状況の負の側面についてまったく考慮しない者もいないわけではなかったが、たいていの人は、現状の問題を把握しながらも、キューバの困難な闘い（struggle）をアンビバレントに支持していた。人類学者は、通常、観察する外部者だと思われがちだが、こうした人びとは、彼ら自身、オルタナティブな社会を提示しようとする試みにコミットしていたのである。彼らがキューバの現状に対して用いるアイロニーもやはり、こうした感情を共有しない人類学者が用いるシニカルなコメントとは区別するべきだ。

人類学者のアイロニーは、左翼シンパだけに限られるものではない。自らの常識や思い込みを根本的に問うあまり、自分の立脚点を明言しないような人類学者たちは、「明確にアイロニカルなスタンス」（Fernandez and Huber 2001: 16）[2]をとる。だが、そう論じるフェルナンデスとフーバーがやるように、「アイロニー」はしばしば「誠意」と対置される（Fernandez and Huber 2001: 21）。このアイロニカルなスタンスは、ポストコロニアルな政治に関心のある人類学者によって、非‐政治的態度やネイティブを他者化する態度として誤解され、批判される。[3]このような窮状は、我々をいっそうシニカルに、つまり、より良くしようというプロジェクト自体を諦めようという態度に導くかもしれないし、反対に、フィールドで起きていることはすべからく「抵抗」（セルトー　一九九九；Scott 1985）として理解しようという方向に誘うかもしれない。

しかし、ここで、人類学者のアイロニーは必ずしもシニカルなものではなく、誠実さとポスト・ユートピアの感覚を示すものなのだと指摘することによって、「アイロニカル＝非政治的 vs 誠実＝政治的」という単純な二項対立を避けることができる。私は初め、このスタンスが可能だということをキューバ人インフォーマントたちから学んだ。このようなスタンスは、ストラザーン（Strathern 1995）のように、自己言及的なアイロニーを生む。同じように、宮崎（二〇〇九）は、フィジー人が祖先たちの希望を「反復複製（replicate）」することによって、希望を持ちつづけることを可能にしていると分析する。この発見から、彼は、人類学者も同じように、人類学の希望を継続させるためには、何か新しいものに飛びつくのではなく、先駆者たちの希望を受け継ぐべきだと主張する。それでは、観察する外部者のアイロニーとかつての当事者のアイロニーを区別することによって、どのような可能性を見出すことができるだろうか。

## 2 クエント

cuento 1. 物語 2. 小咄 3. 嘘 （フィールドワークを通じて得た定義）

キューバの日常生活では、無邪気でばかばかしい小咄《クエント》から、皮肉を用いた批判、無邪気なようでいて風刺の効いた小咄までさまざまな「笑い」が見られる。たしかにアイロニーを用いた「笑い」は、字義だけを受け取ると、「嗤い」として、つまり、嘲笑やシニシズムであるように読める。しかし、友人たちとのやりとりからすると、こうしたアイロニーは、自分たちが批判し、笑い者にする対象であるはずの「革命」「平等」「友情」といった理念や、革命家たちに対して、愛着と憎しみの交差した、アンビバレントな感情を表していると思われる。こうしたアンビバレンスを知るには、その皮肉を言う人びとの立場と、コンテクストと、その「言い方」、そして、他にどんなことを言ったり、行ったりしているかということも合わせて見ていく必要がある。

**革命を笑う**

フィデル・カストロに関しては数えきれないほど多くのクエントがあるが、私は観察から、そのアイロニーは、「かつての当事者」のものとしてとらえるべきだと考える。なぜなら、熱烈な革命支持者も、頑固な反カストロ主義者も、そうしたクエントを面白いとは思わないだろうからだ（少なくとも、彼らがそれを語っているのを見たことはない）。前者は、クエントを不名誉なことだと考え、後者は、フィデルを笑い話のおどけた登場人物にして話すよりは、彼を悪魔化して語るか、一切、語らないことのほうを選ぶだろう。

**「俺の分はどこだ」**

あるとき、ホアンは帰宅するなり、新しいゴシップを耳に入れて、話したくてうずうずしているという様子で、私のところにニヤニヤと笑ってやってきた。彼は、一キューバペソを取り出すと、裏面を見せた。そこには、フィデルとカミーロが戦車に乗って、群衆が彼らを歓待する様子が描かれている。しかし、ホアンは別の物語を語る。

1ペソ紙幣（裏面）。2002年発行。

フィデルが言う。「ここからここは俺のものだ！」カミーロが答える。「じゃあここからここは俺のものだ！」（画面左手前にいる、二人に向かって手を広げた後ろ姿の男性を指差して）この男が彼らに向かって呼びかける。「おーい、俺の分はどこだよ？」すると、（フィデルの左後方に描かれた、下に向かって腕を伸ばした男を指差す）この男がそいつに言った。「おい、ここにそのための列があるのが見えないのか？」

語り終えたホアンは、クエントを語るキューバ人が皆、たいていそうするように自分でも大笑いした。いうまでもなく、このクエントが皮肉っているのは、革命指導者たちが、無私に富を再分配するという公式の物語である。また、普通の市民は、何を手に入れるにも列に並ばなければならないことを示している。

## 「キューバ人は何から進化したか」

ハバナのジャーナリスト向けの英会話教室で知り合ったカルロスは、三〇代前半で、クラスメートにフィデルの息子の一人がいた名門学校の出身であった。あるとき、休講になったので、二人で、べダードでいちばん、大きく賑やかな通り、二三番通りを歩いて帰った。彼はいま私が説明したような自分の個人的背景について述べたあと、クエントを語り始めた。

「人間はふつう、サルから進化しているだろう。でも僕らキューバ人は、違うものから進化したんだ。なんだか知ってる?」

「さあ」

「アザラシからさ」

「なんで」

「なぜなら、水がここまで(と、あごの少しうえに手を水平に当てる)きていても、僕らは拍手しつづけるからさ!」

「ここまで」のときに彼がとった、あごの上に手を当てるポーズは、もうこれ以上耐えられないぐらい、鬱積が貯まって爆発しそうだ、ということを表すときに、キューバの人がよくするものである。そして彼も、無邪気な子供のように笑った。

## クエントの語り方

以上のクエントからも分かるように、クエントでは、支配者だけでなく、被支配者自身も笑いの対象になっている。大方のキューバ人は、こうしたクエントを語る時、あざけるようでも、落胆したような暗い調子でもなく、非常に明るく語る。内容はシビアだったり、辛辣に聞こえたりするかもしれないが、語り方は、子供向けの笑い話やおとぎ話（クエント）をするときとほとんど変わらない。

また、クエントは、誰にでも話していいものではない。それはつまり、語り手が相手を、同じような社会的状況を理解しているものだとして信頼しているということを示す。キューバ人であっても、社会的経済的背景が異なれば、冗談が通じないということがありうるのだ。このため、知らない者同士の集まりでは、会話のトピックは、キューバの政治ではなく、（キューバでは無難な話題の部類に入る）セックス、世界政治、宗教などに関する馬鹿馬鹿しい冗談である。カルロスは、学校の友人と外で集まったり、パーティーをしたりするとき、フィデルの息子には知られないようにずいぶん気を遣ったという。思わず「かわいそうに」と言うと、「そうか？　こっちだって（首を切るポーズをする）コレがかかってるんだ。彼の前じゃ、いま言ったような冗談は言えないだろう？」

その冗談とは、以下のようなものである。

> ペピートがお父さんに聞きました。「パパ、おとぎ話《クエント》はいつも、『コロリン、コロラド』（colorín, colorado）[4]で終わるの？」お父さんは答えました。「いいや、坊や。なかには別の言い方で終わるものもあるんだよ。「祖国か死か《パトリア・オ・ムエルテ》、勝利するぞ《ベンセレモス》！」（Patria o Muerte, ¡Venceremos!）ってね。

父親が言った言葉は、キューバの政治集会のあとに全員で唱和する言葉である。[5]

また、このクエントのように、主人公のペピート（小さなペペ）は、しばしば、ウィット（chispa）のある男の子として登場する。いろいろな人に聞いてみても、このペピートがいつごろからクエントに現れるようになったのか知っている人はいなかったが、ずっと昔からで、一九五九年の革命よりも前だろう、という返事が圧倒的だった。

ペピートは、しばしばフィデルとともに現れ、彼と渡り合う。

フィデルがあるとき、プールで溺れそうになりました。子供三人が彼を助けました。フィデルは、溺れそうになった後でも、「君たちは英雄的だ」なんだかんだ、と一五分の演説をしたあとで、何でも望みをかなえてあげよう、とそれぞれに尋ねました。

最初の子に聞くと「あのー、コマンダンテ〔Comandante＝司令官〕、うちの家はほとんど壊れかけてて住める状態じゃないんです」「そうか、じゃ、ミラマール〔プラサ地区にある高級住宅街〕の一番いい家を用意しよう」。次の子に聞くと「ええと、コマンダンテ、うちの親は通勤に時間がかかってそれは大変なんです」。「そうか、じゃ、ベンツを用意しよう」。三人目はペピートだった。「ペピート、君が一番の功労者だ。何が欲しい？　飛行機でも何でも用意してあげるよ」「あの……そうですね、ゴム製のお尻を下さい」「はあ？　ゴム製の尻？」「はい」「なんだってまた。世の中にはもっといいもの、美しいものがあるだろう。別のものはいらないのか？」「いえ、その、ゴム製のお尻がいるんです」「そうか。そんなに言うなら用意しよう。だが、なんでそれが必要なのかな」「コマンダンテの命を助けたと知られたら、父ちゃんに相当、お尻を蹴られることになるので……」

このクエントは、ペピートが出てくる典型的なものである。が、次のクエントは、メタ・クエントともいえる珍しいものである。これもカルロスが語った。

ある日、フィデルはペピートに出会いました。フィデルは嬉しそうに言いました。「おお、君がクエントのペピートか」。すると、ペピートはすぐさま言い返しました。「ちがうよ、僕はチステ〔chiste＝冗談〕のペピートだ。「クエントの」ってのは、君だろ?

「チステ」には冗談という意味しかないが、クエントには、「おとぎ話」という意味がある。相手が言っていることを「クエント」だ、ということは、相手のいうことが現実味のないお話だ、ということになる。

こうした冗談を面白いと思わない人もいるだろうが(6)、多くの人たちは、フィデルに対する冗談を言い合って喜んでいる。これはやはり、国家とシステムへのシニシズムを示すものなのだろうか。

## ポスト・ユートピアのアイロニー

クエントは、私たちが通常、「アイロニカルな冗談」と呼ぶようなものである。しかし、「アイロニー」の最も基本的な語義、「語られていないことを意味する」に照らし合わせてみると、そういう冗談ではないようにも思える。通常、アイロニーの例として引き出されるのは、王様が裸であるにも関わらず、「王様は立派な服を着ていらっしゃる!」と言って、陰であざ笑うことである。これに対して、クエントは、「王様は裸じゃないか!」と、はっきりと、見た通りのことを言って相手を笑い者にしている。これは、リオタールがアイロニーとは異なるものとして示す、ユーモアに似ているように見える。彼は、ユーモアは「支配者の真理よりももっと普遍的な真理に助けを求めたりしない。〔……〕私はプロレタリアートの代わりに発言している、と『党』が言うときに笑うこと」(リオタール 二〇〇〇:三九—四〇)であるとする。だがしかし、クエントが見た目はこうしたユーモアであるにもかかわらず、アイロニーであると私は考える。

クエントは、正面では相手を笑い者にしながら、裏で彼らを畏怖するという点で、「語られていないことを意味している」のだ。クエントを語る人びとは、まだ、その笑い者にする対象である革命家やその理念を、何か特別なものとしてとらえているからこそ、それが単なる「物語」であると語り直すことに、新鮮なおかしみを感じるのだ。この態度は、一九八〇年代からポストモダン批評によって、それを当たり前のこととして聞きつづけてもはや飽きている「先進国」の消費者のそれとは対象的であろう。ソ連出身でカリフォルニア大学バークレー校にて人類学の教育を受けたアレクセイ・ユーチャックによる、「後期社会主義」時代のロシアで流行した小咄「アネクドート」の説明は、現在のキューバのクエントの説明としてもほとんどそのまま用いることができる。

それは我々を腹立たせ、無力にする物事を笑い者にする。しかし、それらの物事はいまだに、様々な理由で我々にとって重要で、意味があり、愛しいものでもある。なぜなら我々は、ある程度まで、それらと自己同一化し、支持し信じているからだ。あるいは単に、それらが不変のものに感じられるため、争っ

ても無駄に思えるからでもある。(Yurchak 2005: 277)

この説明のとおり、クエントの対象となるフィデルや革命のシンボルは、キューバ人を腹立たせ無力にすると同時に、重要で意味のあるものである。一方、ソ連崩壊前の人びとがアネクドートを語っていたときと異なって、クエントを語るキューバ人は、この「非常期間」も「社会主義」も「革命」の物語もいつかは終わりがくると考えている。しかし、革命直後から暗殺計画が何度も持ち上がったフィデルはいつまで経っても死なないし、ベルリンの壁が崩壊し、市場経済が導入されたにもかかわらず、「社会主義か死か」というスローガンが引き続き叫ばれつづけている。キューバ国外では終わったはずの、そしてキューバでもいつか終わるはずの「物語」であるにもかかわらず、それはいったい、いつ終わるのか、見当がつかない。

サンテーロのティートは、キューバの矛盾した状況についてひとしきり語ったあとに、ふとアイロニカルな笑いを浮かべて言った。「いつの日か、これらすべてが終わった時、僕はこれを懐かしむだろう」。彼にとって、キューバで起きていることは、いつかは終わることだと予測されている。だが、それがいつなのかは、分からない。

ある日、エリサ、ホアン、サーシャたちと一緒に、キューバでは公開されなかった『グッバイ・レーニン』(ヴォルフガング・ベッカー監督 二〇〇三年)をこっそりコンピューターで観た。映画の舞台は旧東ドイツである。冒頭で、主人公の母親が熱心な共産党員として描かれる。彼女は、息子が反体制デモに参加しているのを見てショックで気を失い、長い昏睡状態に陥る。彼女が再び目を覚ましたときにはべルリンの壁は崩壊している。しかし、母親が再び倒れないようにするために、息子は、東ドイツがまだ存在しているようにみせかける。この映画を見終わったあと、ホアンたちは口々に「もうノスタルジックな気分だよ」「でもここキューバでは、目が覚めても、続いている」と笑っていた。

キューバにおける物語／クエントは、「これは夢だ」と分かっていても醒めない夢のように、なかなか終わらない。それを笑い話にしてやりすごすことに限度を感じた時、キューバの人びとは、この国を出ることによって、夢から醒めようとするのである。

## 3　非常期間を「ムチ打つ」(dar cuero)

道ばたを歩いていたら、通りすがりの人が、別の人にこう叫んでいたのよ。「(陽気な声で) お前、病気だな。なんていうのか教えてやろうか?　空腹だよ!」

——ヨアナ

「好きじゃない」

歩いていたら、年寄りが私に話しかけるの。(優しそうな声で)「アリ」。最初は無視したの。そしたら、またいうの、(誘惑するような声で)「アリ」。また無視したわよ。だけど、どういう意味か分からないままに。そしたらまた繰り返すのよ。（教師のような諭す言い方で）「アリ」。さすがに気になって、顔を上げて相手の顔を見たわ。そしたら、こう言ったのよ、「食べなさい《アリメンタテ》！」(¡Aliméntate!)。そのときには、さすがに笑わずにはいられなかった。私、そのとき、すごく痩せてたのよ……。

――エリサの友人。ヨーロッパ人観光客と結婚して出国した。

二〇〇四年、私がフィールドワークを終えた年でも、まだ「非常期間」は終わってはいなかった。「非常期間」の始まりは、「普通の社会主義」の終りを意味していた。多くの人たちが、二〇〇四年においても、「以前は普通だった」(Antes era normal) という言葉で、非常期間前の生活を懐かしんだ。だが、一九九四年を頂点とする最悪の時期はすでに過去のものとなっていた。当時は激しいショックとして受けとめられたドルとペソの二重経済化も、市場経済の導入も、もはや一〇年が経ち、たしかに異常ではあるが、日常のものとして捉えられていた。それにくわえて多くの人びとは、かつての非常事態を、悲劇としてだけでなく、「悲喜劇」として語り直していた。「キューバ人は、何に関しても、いつでも、冗談を言うのよ」と、ヨアナも言って、路上で見かけた「空腹」の話をあげた。その口調は、非難するようでいて、誇らしげでもあった。それは、美徳であり悪徳でもある、国民的性格として語られていた。

しかし、人類学者のなかには、こうしたキューバ人のアイロニーを、単に非常期間のアイロニカルな状況を証明する言説として引用したり、書いたりする者もいる (e.g. Hernández-Reguant 2004; Holgado Fernández 2000; Fernandez 1996)。彼女たちのほとんどが、ソ連崩壊後にキューバを訪れたため、その分析の焦点となっているのは継続する非常期間における日常の困難である。

代表的な民族誌のひとつは、スペイン人人類学者オルガド・フェルナンデスによる『楽じゃないよ！キューバ人女性と革命の危機』（Holgado Fernández 2000）だった。私はこの本を、ヨアナとのスペイン語の個人授業でテキストとして用いて読むことにした。彼女は、読み始めると感嘆した。「ここで取り上げられている女性たちの言葉にはとても共感する。私と同じように感じている人がこんなにいるんだなんて」と。キューバでは、公共のメディアが政府によって統制されているため、日常生活に関する否定的な感想は、ごく少数の家族や友人同士のあいだでしか語られることがない。このためヨアナは、思ったよりも多くの人びとが、自分と同じような考え方をしていることを知り、安堵したようだった。

だが、『楽じゃないよ！』の全体の論調は「結局、平等を主張するキューバ革命は、女性にとって解放をもたらすものではなかった」というものである。特に後半にいくにしたがって、悪意すら感じるような分析がめだってきた。例えば、キューバの女性が容易に中絶する傾向があるのは、「妊娠できる能力を見せるため」という分析があった。[7] ヨアナは眉間にしわを寄せて言った。

これは単に、若い子たちはうっかりしてるからよ。ウチの娘も「しばらく生理が来ないんだけど、どうしたのかな」なんて言ってて、私が「妊娠じゃないの？」って聞いて初めて気づいたぐらいなんだから。

議論の根拠づけには、しばしば、反体制運動家の言葉が引用されていた。そして結論部には、「キューバ人女性たちは彼女たちの期待に答えることのできない深刻な破綻の状況を生きている」（Holgado

Fernández 2000: 334）と書かれていた。徐々に、不満を述べることが増えてきた後、最後には、彼女はむっとした表情で首を振って、「好きじゃないわ（No me gusta）」と言った。

これとまったく同じ感想を、別の著者による民族誌的報告に対し、人類学者シドニー・ミンツがもらしたことがある。私がハバナで知り合った米国人学生ケイトの論文に対してだった。[8] ケイトは、彼女の大学に短期滞在していたミンツの助言を受け、大豆について調べ始め、食品の流通に関して調査をしていた。調査を終えたケイトは、食料の平等分配を建前とする配給を中心としたキューバの食品流通が、非効率的であり、それに関わる人間たちが大部分を転売のためにかすめ取っているということを、怒りと落胆を込めて語っていた。論文としての結びは、彼女自身が私に語っていたところでは、「ミシェル・ド・セルトーの戦術っていう概念、知ってる？ あれを使って、弱者が戦術としてこういうことをしている、っていうふうにまとめようと思うのよ」というものに仕上げたらしい。私がキューバでミンツと再会したとき、ケイトの論文が話題に上がった。「好きじゃなかったね」とミンツははっきり言った。「攻撃的だった。どうやら彼女はキューバでいい時間を過ごさなかったようだ」。

ミンツによるこの評価については、彼が社会主義者だから社会主義国の現実を認識できていないという批判もなされるかもしれない。キューバの民族誌を読んで「好きじゃない」と言い放ったヨアナについても同様である。だが私は、二人が、社会主義者であると同時に、キューバ人たちが自分たちの生活の悲惨さをユーモラスに語る笑い話を披露したり、一緒になってそれを笑ったりできる人だということを知っている。長期調査に出発する前に、私はミンツと東京で会ったことがある。空港行きのリムジンバスを待ちながら、彼は温かい、物語を語るような口調で、本章の冒頭にあげた古典的なキューバ革命の「ジョーク」を教えてくれた。

もちろんミンツは、キューバの食料再分配が、完璧とはほど遠いことを知っている。ハバナで再会したときには、前夜に食べた食事について、「あんなにひどいサービスと食事は、ソ連以来だよ！」とにこやかに笑っていた。彼らは、現状が革命の理想とは違ったものになってしまっていることも認識しているし、それをアイロニカルに語って笑うこともする。ではなぜ彼らは、長期調査に基づいて、「同じく」アイロニーを用いているはずの民族誌を「好きじゃない」というのだろうか。

### 観察する外部者のアイロニー（シニシズム）

先にあげた二人の民族誌は例外ではない。キューバに関する調査報告でしばしば見られるのは、現状が、革命が目指した理念とはほど遠いことになっている、という皮肉な論調である（e.g. Aguilar 2003; Horowitz 1995; Horowitz and Suchlicki 2003）。このようなアイロニーは、ポストモダン批評に特徴的なものである。結論を先取りしていえば、こうした論調は、「かつてコミットした当事者」が含む相矛盾した言明であるアイロニーを、「皮肉なことに意図せざる結果で終わった」という語り口に表されるような、「観察する外部者」のアイロニーに還元させてしまったのである。「観察する外部者」のアイロニーとは、期待されたことと実際に起きたこととの違いを嘲笑的に語ることである。このアイロニーは、「ドラマティック・アイロニー」のそれに類似している。

ドラマティック・アイロニーとは、ギリシャ悲劇で用いられた文学的テクニックで、登場人物の言動の意味は、観客か読者にのみ全体的な理解が可能で、登場人物にはそれが分からないというものである。

（The New Oxford American Dictionary 2001: 897）

つまり、観客が登場人物よりもより多くを知っているのと同様、「観察する外部者」も、「当事者」よりもよく物事を知っているという考えに基づいたアイロニーである。この類のアイロニーとしてよく出来ている（辛辣な）ものは、「チェの著作権をとる――キューバの後期社会主義における芸術と著者性」（Hernández-Reguant 2004）というエルナンデス＝レグアントの論文の最終段落だろう。

結局のところ、チェ・ゲバラは、完全に資本主義の力の餌食になったわけではなかった。かつてないほどに、彼は、老いた革命のシンボルとして立っている。彼のイメージは商品になったが、統治性に関する彼のドクトリンは忘れられていない。実のところ、革命的主体を創りだすために、経済政策をイデオロギー的へゲモニーに従属させようとする彼の千年王国的な呼びかけは、あらゆる困難にも負けず、文化政策を導いているようだった（［1965］1977: 636）。[9] 遅かれ早かれ、新しい革命家たちの世代が、「新しい人間」（New Man）を、人びとの最も真性な（authentic）声だと、歌うことであろう。だがこの過程には時間がかかるのだ。（Hernández-Reguant 2004: 27–28）

このアイロニカルな物言いは、調査対象であるキューバとその政策の矛盾、本書でダブルバインドと呼んできたものに対し、同情や共感ではなく、シニシズムを示していると言えるだろう。

## かつての当事者のアイロニー

一方、「かつての当事者」のアイロニーは、ある信念や、行動、人物に対して懐疑的で、それらを笑う。ただし、かつては自身が熱狂的な信奉者であった彼らのアイロニーには、ウルフの言葉を借りれば、畏怖の念がまじっている。哲学者ロバート・ポール・ウルフによれば、アイロニーとは、完全な「観察する外部者」、すなわち、「土着の習慣を記述する文化人類学者の声」（ウルフ 一九八九：四六）のような距離のある物言いを避けるために有用な態度である。つまり、あることに関して、自分の一部はそれを信じるが、別の部分はそれを信じず、しかも内的闘争を経てどちらかが優勢になったことも信じない、という複雑な心的状況を表すのに有効なのだ。

ウルフは例として、カソリックとして育ちながら、現在は無神論の立場をとっている彼自身のことをあげて説明する。彼が無神論の立場に至るまでにはさまざまな内的葛藤を経ねばならなかったし、また今もなお、神に対する畏怖の念をどこかで持ち続けている。この場合、もし「あなたは神を信じるか」と聞かれて、「いや、信じない」とか「かつては信じたが、今は信じない」といった平叙文で答えるだけでは、当事者自身の葛藤を正しく表すことができない。よって彼ならば、その質問に対して次のように、「アイロニー」を用いて答えだろうと言う。すなわち、大げさに歌うように、「われは天と地の造り主、全能の父なる神を信じ、イエス・キリストを信じ……」と言って答えるのである。こうすることで、話者が、信仰をいまや可笑しいものとしてとらえているにもかかわらず、以前はたしかに信じていたし、いまでも複雑な思いを持っているという軌跡を伝えられるだろうというのだ。

## 4　社会主義国の民族誌

### 社会主義の記述とアイロニー

従来の（旧）社会主義圏社会に関する研究には、モードの異なる語り口がある。ひとつは、真面目で率直な「いまでも」当事者であるような語り口であり、もう一方は、観察する外部者としてのアイロニカルな語り口である。前者は、資本主義経済の導入に批判的であり、後者は、残存する社会主義の遺産に対して批判的である。前者は、資本主義経済の導入に対する「社会主義的抵抗」（Creed 1999）に対して同情的である（e.g. Burawoy and Verdery 1999; Humphery 1999）。こうした記述は、市場経済の批判という人類学的「伝統」を引き継いでいるともいえる。また、彼らは、フェルナンデスとフーバーがいうような、人類学におけるアイロニーの用い方の規範にも従っている。

〔人類学者は、アイロニーを、（アイロニーが）見つかるとは思えないような対象にのみ、用いてきた。それとは対照的に、自身が研究する人々に対しては、人類学者はおおいに誠実に事を行ってきた。近代への急速な移行（transition）のなかにいる人びとは、しばしば、あざけりやパロディの的になっていると感じるような事態のなかにおかれているにもかかわらずである。（Fernandez and Huber 2001: 21）

つまり、人類学者は、常識として君臨するヘゲモニーに対しては、アイロニーを用いて批判をし、より周縁的な事象や人びとに対しては、たとえ一見、滑稽だったり非合理に見えたりしようとも、真面目に彼らの考え方を扱ってきたというのだ。

ところが、社会主義研究に関しては、以上の「伝統」から逸脱する種類のアイロニーの語り口がある。ソ連の解体によって、旧社会主義国の研究者は、もはや社会主義を現実的な選択肢として見ることができない。その代わりに彼らは、「抵抗する社会主義」(Creed 1999) の現状を、シニカルに描くのだ。彼らは、インフォーマントたちのアイロニカルなコメントを、自分たち自身がその状況をシニカルに描くために援用する (e.g. Lemon 1998)。同様に、キューバ人インフォーマントの言葉で、アイロニカルにもそうでなくもとれる言葉を引用したのち、論文や著作の最後のほうで、反体制派やキューバ人亡命者の言葉を引用し、彼らの物の見方を妥当なものとして提示するものもある (e.g. Hernández-Reguant 2004; Holgado Fernández 2000)。このため、そうした記述においては、現在のシステムに反対している人々が、反体制派や亡命者にあたかも当然のこととして賛同しているかのように描かれている。

しかし、非常期間の問題や、革命の指導者を批判することは、必ずしも、反体制派支持を意味してはいない。そうではなく、キューバの会話においてアイロニーが用いられるのは、まさにこの「社会主義的抵抗への真剣な支持」か「抵抗する社会主義へのシニカルな反対」か、という二項対立を逃れるためなのである。以下のエピソードは、アイロニーを用いることによって、支持と反対のアンビバレントな態度を示す一例である。

サンティアゴ・デ・クーバを訪れたとき、アリーナの旧来の友人である熱烈な革命支持者の混血女性と知り合った。彼女は私を夕食に招いてくれた。そのときに出されたパンは配給のものだったが、これがめずらしいことに、おいしかったのである。彼女は眉をあげ、柔らかいが皮肉な調子で言った。「きっと、そろそろ革命防衛委員会（Comités de Defensa de la Revolución）の集会があるからね。普通は、従業員たちはバターとミルクを自分たちのためにとっておくものだから。彼らはそれを解決すると呼ぶんだけど。きっと次の会で批判されるのを恐れたんだわ」。すでにキューバで二年を過ごしていた私は、彼女の言葉にさもありなん、とうなずいてみせた。すると彼女は、ふと恥ずかしそうに笑って、弁解でもするかのようにこう付け加えたのだ。「私は悪いことを批判はする。でも、グサーノというわけじゃないのよ」。

「グサーノ」とは、「反革命分子」に対して用いられる「ウジ虫、虫けら」という言葉である。キューバから出国した論者たちは、この強烈な言葉が用いられる理由を、革命後に出国する人びとの持っていたダッフルバッグが、ウジ虫の形に似ていたからだと説明してきた（Torres 2001: 51）。しかし、国内に残った人びとに聞いてみると、反革命分子が、「ウジ虫」のように這いつくばり卑下する（atrasarse）様子を表すために用いられているという。彼らが、反体制家は自分個人の豊かさを社会正義よりも重んじているという、キューバ政府と同じ見解を個人的意見として語ることは珍しくない。一九五九年革命の前のキューバにおいては、米国の政治経済的支配下にあったために、こうした考えに従うことは、超大国アメリカの前に自らを卑下することだと見なされたのである。革命前の時期を、経済的豊かさや社会的秩序があったとノスタルジックに回想する者もいるが、キューバ人エリートや米国人の偽善や傲慢さを、嫌悪感とともに思い起こす人も多い。このため、少なくないキューバ人が、非常期間の相矛盾する政策に不満を述べながらも、反体制家や米国の見方よりも、キューバの革命的理想や革命家たちのほうをより良いものとして捉えているのである。

社会主義のシステムや非常期間の政策、フィデル・カストロのやり方について不満を述べる人は多いが、彼の若くして亡くなった二人の同志、チェ・ゲバラとカミーロ・シエンフエゴスに関してキューバ人が悪口を言うのを、私は聞いたことはほとんどない。多くのキューバ人は、日常的に自分たちの周りにある「チェ」、「カミーロ」、「フィデル」の、半ば神聖化され、半ば友人のような白黒写真のイメージに慣れている。彼らは通常、名字ではなく、名前で呼ばれる。カミーロは、常に、陽気で面白い男だといわれ、だからとても「キューバ的」だといわれる。彼はキューバでは、チェと同じぐらい人気がある。チェの真面目さは、畏敬の念を起こすが、そのために「土地になじんで（aplatanado）」いないととらえられている。

一方、フィデルは、非常に長い間、権力の座についているため、相反する感情を、同一人物に引き起こす。彼の人格は、ユーモアがあり、厳格で、寛大であるが、頑固なものとして捉えられている。しかしまた、そのような頑固さは、彼の父親がそうであったように、スペインのガリシア出身者「ガジェゴ」[10]移民の特徴だとも考えられている。キューバ人は、マイアミに亡命した者であれ、フィデルに対して、ある種、畏れの念を抱いているように思える。なぜなら、「彼は馬《カバジョ》だ」からだ。これは、彼が米国に歯向かう度胸に満ちていること、つまり「玉《コホーネス》」があることを示唆する。また、彼が何度も暗殺を計画されながらも生き続けていることも、畏れられる理由のひとつである。ある人は、それを彼の天才的な知性や国家公安に関連づけ、別の人は驚異的な運の強さや、それをもたらしたとされる強力な呪術[11]によるものだと語る。フィデルを支持するにせよ、批判するにせよ、彼がただ者ではないという見方は、多くの人に支持されているようである。

## 5　コムニタスとアイロニー

### アイロニカルな支持

一九五九年革命の直後の日々は、夢のように、とてもロマンチックに語られる。当時を生きた人びとは、バティスタ統治下の恐怖から解放されて喜んだことを思いかえす。そう回想する彼らは、人びとが、フィデルと革命との「恋に落ちた（se enamoraron）」と言う。いつも権威を嫌って笑い者にしていた、とマニャチ（Mañach 1991）がいうキューバ人のなかには、このとき初めて、フィデルや革命との一体感をもち、アイロニーのまったくない、「ゼロ・アイロニー」（Friedrich 2001）を感じた者もいたのかもしれない。フリードリヒは、大勢の人がゼロ・アイロニーにいたる瞬間を「コムニタス」（ターナー一九九六）とした（Friedrich 2001: 230）。一章であげたロックウッドが観察した革命勝利後の人びとの熱狂ぶりと、ヨアナが以下のように、ため息まじりに、感情をこめて語った過去の様子は、この分析を裏づけるようなものである。

あぁ、サチ〔筆者のこと〕……（首を振る）。昔は、フィデルが八時間ものあいだ演説したときも、みんな、テレビのある近所の家で、一緒になって観つづけたものだったのよ。面白かったから。(12)

本章の冒頭であげたチェの逸話のように、革命直後の指導者たちは、コムニタスさながらに、新しい秩序と、清貧と平等を自ら示すものだと考えられた。だが、一章で述べたように、キューバは、その政治経済的戦略上、やむをえずソ連の衛星国になる。しかしその後も、「精神」を重視した政策は、「物質」を重視した政策との間を揺れてきた。ターナーのいうように、「コムニタス」＝精神と「構造化」＝物質は、相互に依存しながら現れるのである。

コムニタスでは、人びとの間にアイロニーが関与しない（Friedrich 2001: 230）。これに対し、私の友人たちが語るアイロニカルな冗談は、政治的指導者たちや国家に対して非常に批判的で嘲笑的にすら聞こえるかもしれない。だが、彼らの多くは、「非常期間」が始まるまで、革命の忠実な支持者だった。ダビッドが言うには、彼らは、食うに困ったことがなかったため、非常期間の前に「外国から来た人に、こんな生活で満足なのかと驚かれたことはあったけど」不満には思わなかった。エルナンドやミレイダが言うように、以前は、義務教育だけでなく、彼らの娘が受けたバレエ教室ですら無料だったのだ。レイは、「いま、キューバ人の夢は、食うことだけだ」と腹立たしそうに言ったことがある。「そしてここの人間は、〔この状況でもフィデルを讃えるような〕アホになってしまったヤツ（idiotizada）か、幻滅したヤツ（desilusionada）だ」と嘆いた。彼らが共有するのは、革命そのものへの拒否ではなく、現実がそれに伴わないことへの悲しみと幻滅である。このため、彼らがクエントや冗談で革命に関するものごとを笑うとき、それがアイロニカルに聞こえるのは、彼らが、笑い者にしているはずの革命家や神話的な物語を、いまでも半ば、「信じている」からだ。つまり、彼らは革命を笑い者にしながら、そうしていないのだ。

私がこうしたパラドクスに気づいたのは、ホアンやエリサたちと暮らすことによってである。彼らは、外国人に部屋を貸すことによって、最低でも一日に五ドルは稼げるはずだった。だが、私がお金を払うといくら言っても、絶対に友達からはお金をとれない、と言い張った。これは、現在のハバナでは特異なことだった。外国人の「友達」から金をとるのは、ドルがどうしても必要でありながら、他に手に入れる手段がない人たちにとって、仕方のないことだと考えられていたからだ。彼らの家は、広かったが、暗く、じめじめしていて、ホコリっぽかった。さらにうるさく吠えて、歳なのであちこちに粗相をする室内犬がいた。正直、家自体は、あまり住みたいと思えるところではなかった。しかもそれまで、すぐ裏の隣人の家で、二階建ての、明るくて広々として、プライバシーがあって、芝生とミカンの木のある美しい家に、たった二〇〇ドルで住んでいたのだ。だが、敢えてそこを二ヶ月で去り、彼らの家に引っ越すことにした。友人としてなら、近所に住んだままのほうがよかっただろう。だが、やはり、いったい彼ら公務員がどうやって暮らしているのか、そして、彼らがどう考えているのかを知る事の方が、きれいな家で一人きりでいるより、大事なことだと思ったからだ。

私は、どうしてタダで住まわせる気になったのか、と聞かずにはいられなかった。理由の一つは、カナダに移民するために英語の勉強をしていたホアンが、とりあえず英語を使う相手が欲しいからだ、とは言われていたが、それだけでは納得しきれていなかった。彼は、満面の笑みを浮かべ、英語で答えた。

「Because we are professional helpers!!」

それから、少し自嘲気味に、かつ、照れくさそうに、言った。

「僕らは、困った人を見たら、助けずにはいられないように教育されてきたんだ」。

そして、もう少し本気な調子で、「友達だけで家に住めたらいいな、と思っていた」と言った。実際、彼らの家には、友人がよく出入りしていた。失恋したばかりのサーシャが連日泊まっていったり、嵐で自分の部屋が水びたしになったダビッドがしばらく避難しにきたり、ただ帰るのが面倒くさくなった別の友人らが、ソファで寝ていったり。どこの家でもよくやるように、キューバやコロンビア、ブラジルのメロドラマを見て、突っ込みをいれて笑い、ドミノをした。「ベジタリアン料理」でもつくろう、と――肉など買うお金がない状況なのを分かっていて――言って笑ってつくった。彼らは、気の置けない仲間同士なので、クエントを言うのはもちろんのこと、ドルが稼げるような仕事の情報があったら、それをみんなにまわしたり、移民のための情報があったら教えたりした。彼らの夢は、キューバを出ることだった。亡命者のあいだでは、「来年はハバナで」と言って乾杯するのが習慣だったとされる。私たちはときどき、「いつか、キューバではないところで」と、乾杯した。

収まることのない移民願望と出国は、現在のキューバ政府を批判するときに、しばしば、人びとの不満の証左として持ち出されるものである。しかし、ここで彼らが移民する理由として持ち出したのは、ただ、給与をもらって「普通」の生活がしたい、ということだった。前述したように、「商売」に向いていないからだ。ホアンにカナダでの夢はなに?と聞いたとき、「アイスクリームが食べたい」という返事が返ってきて拍子抜けしたことがある。非常期間前には、ハバナの中心地にできたコッペリア

（Coppelia）というアイスクリーム屋でも、十分に安く、バラエティのある味のアイスクリームが食べられたはずである。つまり、彼らが望む「普通」の生活は、かつてキューバで一九八〇年代にほとんど実現したかに見えた生活よりも多くを望むものではなかった。

妥当な労働の対価と、経済的問題に制約されない友人同士の気兼ねない付き合い――これが、「非常期間」の前の一九八〇年代のキューバで、達成されたように見えたユートピア的な社会像だった。食べ物に困ることはなかったから、人は、他人を自宅に招いて共に食べることができた。生活費は安く、医療と教育は無料で、外国のものを闇で手に入れようとさえしなければ、給料は十分だった。こうした状態は、ヨアナたちの世代にとっては、「発展」だった。

ところが、その「発展」は、ソ連の崩壊とともに崩れ去ってしまう。それまで、自分たちの労働によって築かれてきたと思っていたそれが、実のところ、ソ連からの「援助」に等しい経済的取引のうえに成り立っていたのだ。ヨアナは、「ほら、ここ、私は知らなかった」と、沈痛な面持ちで、スペイン人人類学者が著した民族誌『楽じゃないよ！』の序章の一節を示した。そこには、キューバはラテンアメリカで最大の債務を抱えていたことが書かれていた（Holgado Fernández 2000: 21）。哀しげに作り笑いをして、彼女は言った。「私たちは発展していると思っていた。でも本当は、後退していた」。彼女のこの言葉には、「かつての当事者」としてのアイロニーが現れている。現在の自分も、かつての自分も、疑わざるをえないような、アイロニーである。

オルガド・フェルナンデスとケイトのアイロニカルな民族誌的記述が決定的に誤っていたのは、このような複雑なかつての当事者としてのアイロニーを、単純に「観察する外部者」のアイロニーと接続して提示してしまったからであろう。だから、ヨアナとミンツのように、現在のキューバの状況を、「ひとごと」として見られない人びとによって、「好きじゃない」という拒否反応を呼んでしまったのだ。哲学者のウルフは、「文化人類学者」を、「ネイティブの慣習を観察する外部者」としてのみ理解している。だが、ミンツのように、人類学者も、フィールド調査をし、その後、学問的な貢献をするにあたって、それぞれ、個人的で感情的な希望があるものなのだ。だが、ヨアナもミンツも「好きじゃない」としか言えなかったのは、それ以上、これらのアイロニカルな民族誌を批判すると、彼らも問題がないとは思っていないキューバ政府と同じような語り口で語らなければならないからであろう。ソ連東欧の社会主義圏なき時代の非常期間に、代わりとなる希望について、平叙文で語るのは、難しいのである。

## 「未来がない」

大きな物語を括弧にいれるポストモダニズムは、一九六八年の世界的な反システム運動の影響から生まれたといわれる（ハーヴェイ 一九九九）。大きな物語には、当時は現実的なオルタナティブと考えられていた、社会主義も含まれている。ポストモダニストと同様、多くのキューバ人は、いまや、再びかつてのような社会主義を建設する事が現実的だとは考えていない。

だが、彼らは一方で、ソ連東欧を「自由化」するはずだった市場経済が、そうした期待に応えるものではないことをすでに伝え聞いている。ティートは、ここもきっと、ロシアのようにマフィアだらけの国になるだろう、と言った。フィデルを批判する人も、彼さえ死ねばバラ色の未来が開けるなどと思ってはいない。エリサは、彼の死によって、国外のキューバ人が戻ってきて、堪え難い状況になるのではないかと言っていた。彼女の考えによれば、国外のキューバ人は、ただそれだけで、キューバに「残った」キューバ人より自分たちが優越していると思っているような人たちなのだ。サーシャは、私と二人きりになった時、「自己陶酔するフィデルが、ゆっくり、恥をかきながら死ぬのを見届けてやる」と、こちらがたじろぐような激しい調子で言ったことがある。しかし、その先に、輝かしい未来を予想するわけではない――「私たちは、もうひとつのプエルトリコになるだけだわ」。かつてのように、米国の政治経済的支配下の、保護領となるのではないか、というのだ。彼らは、ポストモダニストがしばしばそう評されるように、決してシニカルなどではない。それどころか、キューバの独自性、政治的重要性、尊厳の保持、そして、キューバ人の間の平等について、非常に気にかけている。

しかし、彼らが現状である「これ」以外の何かを語り、夢見るとき、オルタナティブな希望が欠如しているため、アイロニー以外に語りようがないことになる。こうしたアイロニーは、キューバ人にだけ見られるものではない。例えば、旧ソ連の人びとが、自分たちがソ連で経験した近代の恐怖は、資本主義社会の人たちには理解不可能だと主張し、それらが実は両者に共通したものであるという米国のスーザン・バック＝モースの指摘に猛反発するのも、その一例である。

第二世界は、第一世界に吸収されて消えようとしていた。しかも同じ時期に、社会主義の理想は、西側の社会民主主義のなかからさえ失われようとしていた。このようなコンテクストでは、ソビエト人たちが、自分たち独自の近代の恐怖が完全に唯一のものであって、他者には絶対に理解できないのだ、という主張は、希望の表現だったのだ。もしも、現存する社会主義が、単にいくつかある近代の別形（variant）でしかないとしたら、それがもうひとつの別形に壊れて吸収されるという現状は、最も悲観的な結論を導き出すことになるのだから。(Buck-Morss 2002: 239)

また、具体的により良い社会を描き出すのではなく、「現在、誤った選択」をしたがために、到来するかもしれない近未来の「現実的な」ディストピアのフィクションを最終章で描き出すハーヴェイの試みも、希望をアイロニーによって表現する試みのひとつだろう(Harvey 2000)。同様に、私がキューバ人から聞いたクエントも、アイロニーによってしかコメントできない支持のあり方をしめしている。驚くべきことだが、アイロニーとアイロニカルな冗談こそが、希望と感情を再燃させるのだ。アイロニーは、かつてのコムニタスや、革命の理想と、現実とのズレを用いて笑いを生みだす。こうして革命のゼロ・アイロニーや、理想が参照され続けることによって、彼らは現在の状況を批判することができる。だが同時に、彼らが友情、平等といった革命の理想を重視していることをも遂行的に言明させるのだ。

# 第五章　ディアスポラとしての「新しい人間」
## ――『キューバ・センチメンタル』とその後

メキシコや他の国からも移民は来るけど彼らの国は資本主義国。発展途上とか遅れているとしても、資本主義ではある。私たちは違うものから来た。ある実験場から、このシステムへ。

――アリゾナに渡ったサーシャ

前章までで見てきたように、非常期間を生きる人びとはダブルバインドの状況に置かれるなか、国内で見られる様々な矛盾を、自分自身も含めて笑うポスト・ユートピアのアイロニーによってやりすごしていた。しかし、「仕事」への情熱をもちながらも、あまりに理想とかけ離れた現実の生活のなか、「解決」することだけに追われる毎日に疲れた青年たちは、焦りを覚え始めていた。

## 1　出国前夜

「僕はもう三〇なんだ」とホアンは言った。うかうかしていたら、自分の内気さを克服し、人生を変えるきっかけとなった心理学、一生をかけるだけの価値があるとずっと思っていた精神科医の仕事に戻ることなく終わってしまう。大学で一緒に心理学を学んだフリオもそうだ。「グループ」のなかで一番初めに出国したのがフリオだった。

二〇〇三年にエリサの祖母マリア（第二章一〇六頁）が亡くなったとき、友人一同が葬儀場に集まった。暗く、がらんとしたその建物は、米国利益代表部のそばにあった。だからというわけではないかもしれないが、そのとき、彼らがずっと話していたのは「いかにして国を出るか」だったとサーシャは言う。「あのときはまだ、フリオも出国してなかった」。フリオは精神科医の国際学会でフランスに招聘され、帰国したところだった。彼は、フランスの若者たちの家にクーラーがないことに驚いていた。先進国ならあってしかるべきだと思っていたのだ。そして、知り合った人のつてで「招待状」を書いてもらい、再び渡航し、そのままフランスに住む手はずを整えていた。

キューバ人はほとんどの渡航先でビザの発給が必要とされていた。その決め手となるのが、相手国の「友人」や「恋人」が、自国へキューバ人を招待する経緯を述べ、渡航費や滞在費等、いっさいの経済的負担を保証すると述べる「招待状」だ。そのうえ、彼らはキューバ政府からも「出国許可」をとる必要があった。公務員の場合、上司から、渡航中、彼・彼女の仕事を保持するという証明書をとらなければならない。これは、「解放状」（carta de liberación）と呼ばれた。そのうえ、パスポートに五〇ドル、「白紙」(carta blanca)と呼ばれる出国許可証は一五〇ドルかかる。「非常期間」の状況下で、これだけの書類と資金をそろえるには大変な労力がかかる。にもかかわらず、どちらかの許可が下りず、出国できない場合も少なくなかった。しかし、国際学会のあと帰国したフリオは、移民するという疑いをフランスからもキューバからももたれず、無事、出国許可と渡航ビザを得て、再び国を出ることができた。今度は帰らないつもりだった。

しかしその後、フランスにたどり着くと、「友人」だと思っていた人びとは、彼を家に滞在させてはくれなかった。どうすればいいのか途方に暮れ、路上で寝ることもあったという彼に、キューバに残るホアンたちは、メールで、せめて言葉の通じるスペインに行くようにと諭す。彼は、あとを追ってくる予定だった恋人のシェイラに、「早く来てくれ」と懇願し続けた。そして彼のあとに続こうとする友人たちに書いた。「資本主義がラクじゃないっていうのは本当だ。こっちに来るのは考え直したほうがいい」。

ここまでの出来事を説明し終えて、ダビッドは言った。あいつは情けない、「もう書いてくるな。ヨーロッパで会おう」と最後にメールした、と。

ダビッドは知り合って六年以上になる、一〇歳年上のスペイン人女性に招待されて、彼女が働きながら在住するイギリスに行こうとしていた。かつて彼女に求愛されたこともあったし、二人きりでいても「何もない」ので「マリコン」(おかま)と非難されたこともあったが、ずっと友人としてつきあってきた。イギリスに着いたら最初のうちは家に泊めてもらうかもしれないが、すぐに働き始めて独立する、という約束だった。出発前にはたまりかねた表情で、「この国の人間はおとぎ話《クエント》で生きている」ともらした。どういうことかと訊ねると、こう答えた。「この国でしか通用しないやり方で金をつくること。だってこの国にはただ一つのクエントしかないんだから！」彼は出国許可が下りたときには英語で叫んだ。「フリー・カンパニー!!」やっと自由な商売ができる、と。

渡英してすぐに、スペイン人女性とその友人たちが歓迎パーティーを開いてくれた。しかしそこにいたのは、スペイン人女性と結婚して自分は働いていないキューバ人男性ばかりだった。しかも女性は、ダビッドがイギリスまでくれば、友人以上の関係になるだろうと期待していたので、その期待に応えない彼に腹を立てた。想像していたよりもずっと狭いアパートに居続けるのは難しくなった。食堂で働き始めたが、「搾取」され、二週間で解雇された。ある晩、ついに駅で眠った。語学学校の同級生からもらった寝袋にもぐりこみハイドパークで横になったこともある。一月の寒さで、二〇〇ドルしかなかった所持金から靴下を買った。しばらくして、たまたま道で話しかけ、知り合ったペルー人の家のソファに寝させてもらうようになった。

出国直後の彼とのメールのやりとりを、長期調査の最後の日々に彼の家族のためにしていた私は、話の続きを聞かなくて済むことに安堵した。早くも友人ができたように、きっと彼は、「解決」するだろう。でも長らく夢にみていた外国での生活が、極寒の一月のロンドンで、友人の裏切りから始まるのは酷に見えた。サーシャは彼の境遇を聞いて、メランコリックに言った。「キューバ人は、自分たちが世界一、ずる賢いって思ってる。でも本当はそんなことないのよ。外国では友達が助けてくれるなんてこと、ないんでしょう?」エリサはすこしぎこちなく笑って言った。「私たちは、多分、左翼全般がそうなんだと思うけど、自分で思っているよりずっと無邪気（ingenuo）なのよ」。ホアンは動じずに言った。

「僕は国を出る。もうこれ以上、他人のクエントで生きないために」。もう他人が外国について語ることばを聞くのではなく、自分の目で確かめてみたいのだと。

その一ヶ月後にチリに行くことになったエリサも、奇妙な偶然から出国が決まった。キューバからの航空券は正規料金のものしかないため、当初希望していたカナダへの渡航費用は一人あたり三〇〇〇ドルとあまりにも高く、手続きも煩雑だった。見かねた「前の義母」、つまり昔の恋人の母親がチリに招待してくれることになったのだ。招待するのは「前の義母」であり、そこには「一人きりで寂しがっている」という前の恋人もいる。この話を私から聞いたフェリシダーは驚いて息をのんだ。「なんと、それなのに夫は彼女をひとりで行かせるの？ キューバ人はあまりに切羽詰まっているから、自分で自分を無邪気だと思い込むんだわ」。エリサは、もともと自分はペシミストだからあまり期待していないけど、とにかく行ってみて、ダメだったら帰ってくる、と言った。二〇〇四年三月にエリサは出国し、一二月にはホアンも合流した。

こうして、二〇〇四年末にはハバナでともにすごした「グループ」の仲間のほとんどが出国した。

## 2　後戻りできない出国

キューバ人の友人たちは、「だめだったら戻る」と言いながらも、ほとんどが本国に帰らない覚悟で出国をした。そしてまた、ほとんどが偶然、渡航が可能になった出国先へ渡っている。背景には、厳しい出国制限と、移民した人びとの帰国を許さないキューバ特有の事情がある。端的にいえば、革命後、出国は革命への背信行為とみなされてきた。特に敵対する米国への渡航は「裏切り」と厳しく非難されてきた。米国もまた、キューバからの出国者が絶えないのは、革命政権が支持されていないことのあらわれであり、彼らは「自分の足で投票しているのだ」と評してきた（Masud-Piloto 1996: 32-35）。しかしキューバ側は、ある時は不満をもつ国民の圧力を緩和するための安全弁として、米国への出国を促してきた。また、米国側も、キューバからやってきた者は、不法な手段（ボートなどによる密入国、偽造パスポートでの入国）であれすべて政治移民とみなす措置をとりながら、正規の移民申請に対する手続きは遅々としていて、人数も少数にとどめていた。ここでも国家の都合や思惑と、国民の側の希望とは一致せず、各自が様々な方法で工夫して「解決」しなければならない局面が大いにあるのである。以下に、革命後のキューバからの出国者に関する歴史的背景を述べておく（詳細は山岡二〇一〇、田沼二〇一三参照）。

一九五九年一月一日、島の東部からハバナのある西部に向かって進軍してきた革命軍の勢いに押され、前大統領のフルヘンシオ・バティスタが出国したことをもって「革命が勝利した」とされている。つまり、バティスタは、ただキューバという国を出ただけで、敗北したとみなされた。この後、支配者層や富裕層など、革命政権と利害の一致しない層がまず大勢出国し、その後、小さな商店などを営む人びとや専門家などが財産の没収や職業上の自由を失うことを恐れ去っていった。こうして出国した人びとは、渡米を必ずしも「ポジティヴな選択の結果」としてとらえたわけではなかった。むしろ、キューバから出国しなければならないこと自体が罰のように感じられたのだという（Fagan, Brody and O'Leary 1968; Portes 1969; Garcia 1996）。それでも彼らが出国したのは、先に立つ多くの政権と同様、フィデルの革命もまた短命に終わると考えていたからだ。彼らは、キューバ史に名を残す政治家や文士がこれまでそうであったように、「亡命」(exilio)をしているのだと考えていた。マイアミにキューバ人が集まれば、乾杯の音頭は「来年はハバナで!」だったといわれている。

しかし、一九六一年にフィデル・カストロが革命を「社会主義的」なものだと宣言しても、一九六二年にキューバ危機によって世界が核戦争の危機にさらされても、事態は変わらなかった。ハバナのすぐ近くであるマイアミで、すぐにでも帰国するつもりで待っていた「亡命」キューバ人たちは、米国でむなしく待ち続けるしかなかったのである。彼らが帰国できないまま滞在しているという事態を調整しなければならないと考えた米国政府は、一九六六年、「キューバ難民地位調整法」(Cuban Adjustment Act/Ley de Ajuste Cubano)を制定する。これは、キューバ出身者であれば、どのような手段であれ、米国に到着した時点で政治難民と見なし、滞在を認めるというものである。隣国のハイチなどから筏難民《バルセーロス》(balseros)として米国に入国する移民が強制送還されるのに対し、キューバ人はそのまま滞在を許され、一年後には住民になることができる。キューバ政府側は、この条件によって、無謀な手段でフロリダ海峡を渡ろうとするキューバ人が後を断たないのだとし、この法を「キューバ人殺人法」(Ley Asesino Cubano)と呼んでいる。

キューバから米国への移民には、大きな「波」が三つある、と言われている。

一九五九~七三年　約四五万人　「黄金の亡命者」、カマリオカ港開放と「自由の飛行機」
一九八〇年　約一二・五万人　マリエル港開放

一九九四年　約三・七万人　筏難民《バルセーロス》大量出国

これらは、キューバで大勢の不満によって暴動ないし暴動に類する事件が起きたのち、フィデルが出国を阻止しない、と明言したことから起きている。米国側としてはキューバ政権の人権抑圧を非難してきたために、「亡命」者を拒否することができない。このため、一定数を受け入れた後、両者の水面下の交渉によって受け入れが止まる。筏難民の際には、粗末なボートや筏、タイヤなどで出国しようとする者も多かったため、米国側が彼らを海上で拿捕し、キューバ島東部にあるグアンタナモ米軍基地に搬送し、しばらく滞在させてから順次、米国に計画的に移住させることになった。(1)

こうした背景から、キューバ移民史に関する本の多くが、革命当初は政治移民だったが、現在は経済移民が大半を占める、と結論づけている。特に、キューバ国内で出版されている本はそうである。キューバでは、これまで裏切り者扱いされてきた出国者に関して研究すること自体、少なからぬリスクを伴う。さらに、政治的な理由で出国するのだと述べることは、こうした政治的問題が国内にあることを認めることになってしまうため、「経済移民」なのだとするのが無難である。経済的問題も、本来はキューバ革命によって解消されるはずであったが、それがソ連崩壊および米国の経済制裁により困難な状況になっている、というのは公式見解とも合致するためだ。

また、革命後、比較的早い時期に渡米した研究者たちも、現在のキューバ人出国者の多くは「経済的」移民であると論じる傾向にある。その理由として、自分たち「政治的」亡命者と違って、現在の出国者はより貧しく、社会的にも周縁的な地位にあり、より有色と見なされる「人種」であることをあげる。彼らは「政治的」理由の出国を、自らの経験と同条件のものとして設定しているため、その条件から外れる出国者を認めることができないのだ。

しかし現在、キューバからの出国を望む人びとの言葉やライフヒストリーを聞くと、彼らを「経済移民」と結論づけることにはためらいを覚える。確かに、基本的な衣食住にも事欠く状況を改善するため、出国後に何らかの形で働いて、欲しかったものを手に入れる、というのは動機のひとつとしてあるだろう。しかし、それだけであれば、制度上の盲点をくぐり抜け、様々な方法で金をもうける方法を考えればよい。実際、そうして豊かな生活をしているキューバ人もいないわけではない。しかし問題は、そのほとんどが不法とみなされる行為を含み、逮捕される可能性と隣り合わせだということである。逮捕やそれにつながる密告を防ぐには、隣人や同僚、警察などにそれ相応の贈り物や金を渡し、関係をよくしておかなければならない。その一方で、こうした「腐敗」を取り締まるための監察官もいるため、その行為が「収賄」だとみなされ、結局、逮捕される可能性もある。こうした綱渡りの不安のなかで他者と渡り合うことが苦手であり、かつ、自分が学んだ仕事や好きな商売でまっとうな方法で生計を立てたい、という者は、この先キューバの政治状況において、それが可能になるという見通しが立たないため、出国という賭けに出るのである。

## 3　それぞれのライフストーリー

二〇〇七年、前年に申請した調査研究費が採択された私は、出国後の彼らを訪ね、彼らの暮らしぶりや思いに関するインタビューを始めた。育ってきた環境や出国前の事情もふくめ、個々の「ライフストーリー」（桜井　二〇〇二）としてあらわしてみたかったのだ。初めての経験だったがビデオカメラを持ち、彼らの言葉と表情とを同時にとらえ、ドキュメンタリーとして制作することを試みた。

キューバから出国する人びと全般に関して、欧米のマスメディアはしばしば、「反カストロ」の「マイアミのキューバ人」というレッテルを貼り、その背景にある複雑な人びとの思いを捨象してしまう。そして国に残る人びとは、良きにつけ悪しきにつけ、革命の忠誠な支持者として描かれる。私は国を出る人びとのなかにも、あるいはそのなかにこそ、革命の理念をより深く内面化しているため、キューバの現実との矛盾に耐えられない彼らのような人がいることを、世界に知らしめたかった。しかし、ドキュメンタリーにありがちな、「事実」を暴露し、「我に正義あり」、というスタイルではなく、彼らのポスト・ユートピアのアイロニーの語り口に沿ったやり方で、つくることを試みた。(2) 感情についての物語であることを明確にするため、『キューバ・センチメンタル Cuba Sentimental』と名づけた。まだキューバで調査をしていたとき、ダビッドに本の題名として提案して、いいねと言われた名前だ。

### フリオとシェイラ

すでに述べたように、グループのなかで最初に出国したのはフリオだった。そのあと、パートナーのシェイラが続いた。彼女は出国時、書類をそろえるにあたり、かなりこのグループの仲間に世話になった。高校で医療生物学を学んでいたが、その後別の職業に就いた経歴もなかったため、そのままでは出国が危ぶまれた。医療関係者は一九九九年以降、出国を厳しく制限され、出国許可が下りてからも仕事をやめてから五年間はキューバで待たなければいけないことになっていたためだ。このため、彼女が医学に関わる勉強をした経験がありながらも、医療関係の仕事に従事していないことを証明しなければならなかった。彼女が学んだ高校に証明書類をとりにいった。しかし、そう簡単には書類は発行してもらえない。そこでダビッドがその受付の女性の気持ちを和らげるため、いろいろな働きかけをした。おやつを持っていったり、親しげに話しかけたり、足のマッサージまでしてあげたという。そうしているうちに、証明書を発行してもらうことができた。そしてその証明書を用いて、彼女は結局、高校を修了しなかったという書類を作ったのだという。

招待状は、知り合ったスイス人に書いてもらった。何度もキューバを訪れている旅行者だったため、あまり疑われることなくビザが下りた。スイスを訪れる航空券は、イタリアを経由するものにした。経由地であるイタリアの空港で下り、案内のため待っていた知り合いのキューバ人と落ち合い、スペインへ向かった。

スペインではキューバの別のカップルが住んでいる大きめの部屋に泊めてもらった。最初のうちは家賃を払えなくても構わないと言ってくれたという。それでも彼ら二人に割り当てられた額は、月に九六ユーロだった。「絶対、スペインで一番安い家賃だと思う」とシェイラは笑った。大家の老婦人は、家を空けておくぐらいなら、と格安で彼らに部屋を貸していたのだった。

彼女の初めての仕事は何だったか聞くと、笑いながら答えた。

ベビーシッター。月に二五〇ユーロだった。フリオもそう。アラブの人たちと家の修理などをして月に二五〇ユーロ。でもどちらかに仕事があるときは、片方があぶれていた。つまり二人で月二五〇ユーロだけ。でもそのころは大金に思えた。そのあとフリオが果物屋で働いたら月五〇〇ユーロに。ふたりで大喜びした。すごい大金だって。そのころは大金に思えた。私たちはあまりお金を使わなかったし。

シェイラはキューバで途中まで学んだ牛化学の勉強をバルセロナで続けながら、薬剤師として働いていた。スペイン語だけでなく、フランス語と英語も話せる彼女は、観光地バルセロナでどんな客にも対応し、キューバにいたころよりも生き生きしているように見えた。

このグループのなかで、じつは、いちばん出国への願望が薄かったのは彼女だ。スペインでの調査で、初めて、彼女がキューバ青年共産主義者同盟（ＵＪＣ《ウーホタセー》）の構成員だったことを知った。照れ笑いをしながら、「私はいい子だったから」推薦されたのだという。そもそも当時は、ＵＪＣには推薦されなければ候補者になれなかった。また、それだけでなく、近所の人や学校関係者に、候補者の人となりに関する調査がなされ、構成員になる資格があると判断されて初めてメンバーになる。その電話がかかってきたときのことを彼女は笑って回顧する。「ＵＪＣの者だけど、残念ながら君は失格だ、と言われた。残念だと思って落ち込んでいると、『嘘だよ～合格だ！』だって」。その時は嬉しくて泣いたという。

しかしその後、だんだんと熱意を失っていく。だからといって敢えて脱退するほどの強い反発心があるわけでもない。こうしたとき、他の人もよくやるように、同盟員の会員証の切り替えのとき、取りに行かないことで会員資格をなくしたという。彼女はいつもにこやかで、どちらかといえば強く主張はしないほうだ。キューバからの出国も、彼女が望んだというよりは、フリオに引っぱられてついていったというかたちだった。彼女も出国には乗り気であったが、それは彼の両親との同居がしんどくなってきたからだと言う。その数年前は、彼女の家族が住む郊外の村で、おおらかな家族とともに、フリオも一緒に住んでいた。しかしある時期からフリオとハバナに住むその両親が飼っていた犬が病気になり、その面倒をみるため、ふたりでヌエボ・ベダードの革命広場近くの高層マンションに移ったのだった。

ハバナでは圧倒的な住居不足と資金不足のため、近くのアパートを借りて二人だけで住む、ということは考えられなかった。病気の犬の面倒を、郊外の村から通いながらするにも、バスで一時間かかるうえ、時刻表がなく、いつ来るか分からないので当てにできない。こうした諸条件が重なって、色々な行動の自由が制限されていく。シェイラは、出国してからのほうが、フリオの家族内部の関係もよくなったという。それは他の家族でも見られた。いくら親愛の情があっても、それぞれが独立した空間を持てず、様々な面で依存せざるを得ないうちに、軋轢が生まれてくる。一方で、国境を越えて離れることは、特に親にとって大きな喪失感をもたらす。例えば、大学教授のヨアナは、彼女の息子が二〇〇四年に国外に出て行ってしまったあと、「とてもとても、〔心身の調子が〕悪くなった」と回想する。しかし、それまでは経済的な重荷でもあり、国内で希望の持てるような見通しの立たなかった子どもの行き末が、出国先で少しずつでも見えてくることは、親の表情も徐々に明るくしていく。

フリオはそれなりの地位にある父母のもと、革命広場に近いヌエボ・ベダードの高層階マンションに住んでいた。ヌエボ・ベダードは、軍人や、ドルショップ（軍の経営でもある）などの関係者が住んでいるため、子どもたちの教育レベルも高く、両替所が他の住宅地域よりも明らかに多く、野菜や肉を売る市場も大きめで、種類も豊富だった。「オルガノポニコ」（有機栽培、と訳されている）と呼ばれる畑があり、とれたての野菜が手に入るだけでなく、軍がつくった格安の野菜もある。平等を達成したといっても、地域的な格差は一目瞭然だ。彼は名門であるレーニン高校の出身だった。勉強だけでなく、寮生活の規律も厳しく、廊下で走ったりすることも禁じられていたという。成績は優秀だったが、ＵＪＣには入ることができなかった。へビーメタル・ロックが好きだったため、「イデオロギー的な問題」があるとみなされたのだ。

それにもかかわらず、彼は非常に真面目なうえ、社会主義を支持していた。スペインに渡ってからも、政治的な問題に関心を持ち語っていた。社会主義といっても、それぞれの国によって、様々な違いがあり、それらの違いがどのような背景から生まれるのかに関心をもっていた。二〇〇七年、初めの調査時、彼は週末に一泊二日、麻薬使用常習者が自主的に麻薬を断つための施設の指導員をしていた。スペインで精神科医として働くには様々な障害があり、より近い仕事として得られたのはこれだった。月に八〇〇ユーロ程度であったが、シェイラも同じぐらいの収入があり、バルセロナ郊外の屋根裏部屋のような一部屋で、質素に暮らすふたりにとっては十分な生活費だった。週末以外の時間を持て余しているのでは、と問うと、アルゼンチン人の精神科医ふたりとともに、スペインに移民してきた人びとを対象とした無料のクリニックを開けるようにと様々な申請書を書くことに時間を費やしているのだと答えた。

移民の多くは支払い能力がないから公共福祉の負担になっている。僕も自分が不法滞在だったときは誰かの迷惑になってるのが嫌だった。〔……〕だから移民に関わる仕事がしたい。落ち込むしどんなに不安なものかを知ってるからね。

僕は稼ぎは少なくても自分がしたい仕事をして、自由に感じて、なすべきことのために闘いたい。仕事を変えるとしても経済的な理由だけではしないと思う。もっと稼いでも自由に感じないし、したいことができないだろう？　そしたら結局気分はよくない。そしてやりたいことをしないまま、時が過ぎてしまう。

その後、彼はしばらくこの仕事もなく、失業していたが、障害者施設での仕事を得た。そして言う。「何かをして間違える自由があり、したいことができないことを誰かのせいにせずに済むことを幸せに思う」と。

**ダビッド**

ダビッドは、英語の語学学校の留学生としてイギリスに渡ることになった。彼を「招待」した女性は、身元保証を請け負うだけで、必要な費用の全部を負担してくれるわけではなかった。まずキューバで自分で金を工面しろ、と言われ、米国人の古本商のもとで働いたが、彼は約束通りに報酬を払わなかったり、支払いが遅れたりした。そこで他にもハバナでよくある、様々なモノの転売を機会があればした。

いずれにせよ、出国のための航空券代は約束の期日までに間に合いそうになかったので、私が出した。渡英後、語学学校の短期コース履修のためのビザだったのを、一年コースに変えたいが、そのために授業料を払わなければならないと連絡を受けた。このときも私が、キューバで知り合ったスイス人を通じて、イギリスに送金した。

ダビッドは当初、様々な仕事をしていた。ビラ配り、ビルの清掃。そういった「つまらない仕事」でも、自分はキューバ人の機転を効かせて、工夫していたという。ビラ配りだけなら、時給三ポンドだが、同時に宣伝のための看板持ちもした。片手で看板を押さえ、もう一方の手でビラを配る様子を、彼はコミカルに再現した。「しかもこの国の素晴らしい天気の下でね!」ビルの清掃は、しかし、効率的にやったせいで逆に損をしたという。「僕は仕事が速いから、言われた分を終わらせて新聞を読んでいた。そうしたらボスが来て、別のビルもやるように言われた。そうなると同じ時間で僕の仕事は増え、ボスの儲けは増える。でも僕にその分け前をくれるわけじゃないんだよ」。

彼はその後、照明器具の販売店で一年間働いた。そのときの店主の女性には「奴隷のように」扱われたが彼は耐えた。一年後、収入や税金にまつわる書類を受けとると、それを見た語学学校の友人のメキシコ人が、店主が払うべき保険料を払っていないと指摘した。イギリスでは雇用者は、たとえ不法滞在者であっても、被雇用者の医療費のため、費用を負担しなければならない。ダビッドはもうその仕事をやめていたが、元店主がこの義務を怠ったことを訴えた。「それで彼女は罰せられるからね」。

何人かの女性とつきあったが、男性が金を出すのを当然と考えている「マチスタ」(男性優位主義者、転じて男性が経済的な主導権を握るべきだと考える女性に用いられることも)な女性や、「仕事がない」といいながら、ある種の仕事だけを選ぶため、その間、親の金で生活するヨーロッパ人女性にあきれた。いまの妻イネス（スペイン人）とはインターネットのチャットサイトで知り合った。イネスに聞くと、アラブ人と離婚した直後で遊びに出かけたくても友人らは結婚したり子どもがいたりして、なかなか一緒に行動できない。それでアクセスしたのだという。「ダビッドはいつも私に『うちにおいでよ、鶏のビール煮を作ってあげるから』って言ってたんだけど、ノーノーノーノー！　いつか知り合ってからならいいけど、いきなり家になんて。結局、バレンタインデーに携帯番号を教えたら、すぐにかかってきた」。初めて会ったときのことは、彼女にとってもかなり印象的だったようだ。そのとき、レストランに行ったのだが「ダビッドが食べなかったのよ。信じられる？」。私は、彼はレストランのような場所に行き慣れていないため、緊張で食べなかったのかと思ったが、そうではなかった。「話して話して、話し続けてた（笑）。翌日、同僚に『彼、どうだった？』って聞かれて、『悪くないけど、ちょっと話しすぎ。だって私よりしゃべるのよ！』って言ったぐらい（笑）」。

こうして交際が始まったが、ダビッドはまだこの頃、やがてはスペインで仕事を探し、移住することを考えていた。いちどバルセロナに行ったときにはフリオとシェイラを頼って行った。このとき彼に会ったシェイラは、「すごくやせていた」と感じたという。結局、スペインで仕事は見つからず、ロンドンに戻ったとき、別の人たちと同居していた場所がなくなったので、「一晩、ロンドンを歩きまわらないと」とイネスに電話をかけてきたのだという。「それで、『そんなに悪い状況なら、うちのソファに寝たら？』と言ったのよ。そしたら次の日もいた。そして次の日も、そのまた次の日も……（笑）」

こうして交際を深めているうちに、彼女が妊娠した。二人ともまだ出かけたりして楽しみたかったが、彼女が三〇代後半だったため、「いつまでも出産を先送りにできない、という事実に直面しないといけなかった」。ふたりは結婚し、女の子が生まれた。

ダビッドはその時まで造園業で働いていた。そこでもともと働いていたキューバ人が辞めるときに、「彼は覚えが早いから」と紹介されたのだという。実際、すぐに仕事を覚えた。しかも楽しんでできたため「仕事じゃないように感じた」という。インタビューのとき通りがかった、彼の手がけた庭のひとつは、「撮影禁止」と書かれた、王室と関わりのある大きな建物だった。娘が産まれてからは、仕事を休んでいた。「保育園に入れると、自分の稼ぎが全部それに消えてしまう。そのうえ、娘が初めて歩き始めるとか、そういう大事な瞬間に立ち会えない」。それでフルタイムで働く妻の代わりに子育てと食事作りを担当していた。

二〇〇七年のインタビュー／撮影当時はまだ、ダビッドも妻も、近い将来、スペインに戻って暮らすことを考えていた。しかし、経済危機の影響もあり、スペインには望むような仕事がないことが分かった。ついにダビッドは、自分で造園業の小さな会社を立ち上げた。ラテンアメリカ出身の従業員を二人雇っている。娘は英西バイリンガルの保育園に通うようになった。ロンドンにはスペイン人子弟のためのバイリンガル教育を行う小学校があり、スペイン人の親を持つ子ども達の教育費は無料である。しかも質が高いので、彼らは当面はここで暮らす心づもりを決めた。二〇一一年には以前のアパートからも保育園からもほど近い、ロンドンの中心地に中古マンションを購入。これを自前でリフォームして住みつつ、資産価値を上げ、時が来たら購入したよりも高い値段で売り、庭のある家を買うという計画である。

僕だってここに永遠にいるつもりじゃない。例えば、老後はカナリア諸島に行きたいと思ってる。でも、子育てのためには安定が必要だ。しばらくはここにいるよ。

彼は自分の判断に満足していた。二〇一二年には英国の永住権を取得した。

## ホアンとエリサ

ホアンとエリサは、まったくの偶然のきっかけから、当初、希望していたカナダではなく、チリに住むことになった。しかし、同じスペイン語圏というだけでなく、もともとチリは多くのキューバ人医師の移住を受け入れている地だったため、専門職を生かしながら暮らすという点ではむしろ格好の場所であった。

まずエリサは、すでにチリに移住していた昔の恋人の母親に、招待状を書いてもらっただけでなく、アパートをシェアするチリ人女性を紹介してもらえた。サンティアゴに着いた翌日には彼女の部屋に移った。そのチリ人女性は年上だったが、とても気が合い、気兼ねなく暮らし、色々な話をすることができた。チリは一九七二年にピノチェトのクーデターの最中、選挙で選ばれた社会主義政権の大統領アジェンデが亡くなり、長らく軍事独裁政権が続いた国である。このため、キューバへの憧憬を描く人もいれば、独裁政権として嫌う人もいる。それゆえホアンいわく、「僕らは、ここの左翼にとってみたら、国を捨ててきたグサーノ、でもここの右翼にしてみたら、コムニスタ」として見られがちである。しかしこのときエリサが同居した女性はキューバを理想化することがなく、率直に話をすることができたという。

エリサは薬学部で学んだ。そのときに同級生だった、チリ人と結婚した男性に会うと、すぐに薬剤師資格の「再認定」(revalida) を受けるよう勧められた。彼女は薬学部に進学したことを後悔していたし、その後、考古学や歴史学の仕事をしていたので抵抗したが、絶対に受けろ、と強く言われ、再認定のための準備をし、受かることができた。「実際、やっぱりやってよかった」と彼女は言う。チリではキューバと違い、専門家への給料はそれ以外の仕事よりも格段によいのだ。彼女は最初、チリ在住のキューバ人が経営するダイエット・クリニックで働き、その後、薬剤師の資格をもって薬屋で働くことになった。雇用されたので、当初の短期滞在ビザをすぐに就労ビザに変更することができた。初めのうちは、一番安い食料、とくにパスタを買うなどして節約し、一二月には夫のホアンが合流するための資金まで調達した。彼女がチリに渡航するための費用は、革命後も外国の会社に勤めていたため高所得者だった祖父が、自分の持っていた古いアメリカ車を売却することで捻出してくれた。エリサが入国して一年後には、九ヶ月後に合流したホアンと二人そろって永住権を申請し、許可された。六年経ち、チリ国籍を申請する権利を得たときには申請した。二〇〇八年にキューバに一時帰国した際、飛行機の故障で予定日に出発できなかったとき、他の乗客はホテルに宿泊できたにもかかわらず、キューバ国籍だった彼らはビザなしで経由地に出ることができず、空港内で一晩を過ごさなければならなかったためだ。

ホアンは到着してすぐに、セールスマンとして働こうとしたが「自分が全然、才能がないことが分かった(笑)」。結局、一年間はボランティアで障害のある子ども達の施設で働くことにした。人数が多いにもかかわらずスタッフが少なく、みんなが彼を慕って気を惹こうとするので大変だった。しかも治安のよくない地区なので、朝、出勤すると、銃の薬莢が落ちていることもある。

一年後、チリの大学で精神科医としての再認定を受けると、職を探すために精神科医として登録した。その一〇日後ぐらいには電話がかかってきて、「いつから働けるか？」と聞かれたという。「え、もう？」彼自身が驚くほどだった。このとき決まったのは、プンタ・アレナスの公営診療所での心理クリニックの仕事だった。なるほど、首都サンティアゴと違い、南極に近いそこは、石油の産出で経済特区ができ、若い人口も増えているとはいえ、専門家は足りていない。ちょうどこの頃に、私が日本からスペイン語の授業で使う歌の歌詞についてメールで問い合わせをすると、少し遅れて「すごく遠くて寒いところに行くから服をそろえるのに忙しかった」という答えが返ってきたのを覚えている。

公営診療所自体は様々な科があるので平屋建てでもそれなりの大きさだが、心理クリニックは縦に二畳ぐらいしかない小さな部屋だ。小さな机とパイプ椅子が彼のもので、ドアを開いて、閉めないと座れない場所に患者が座る。しかしそれほど忙しくはない。もともと精神科医にかかること自体、あまり習慣となってないのだという。一度やってきた男性に、どうしましたか、と聞くと、「いや、先生がどんな人なのか会ってみたくて」という返事が返ってきたという。

ホアンはこのとき、ある家族の家にひとり間借りをして暮らしていた。エリサはまだサンティアゴの夜間大学でのジャーナリズムの勉強が一年残っており、それを修了したかったからだ。彼女はミドルクラスの瀟洒なマンションに住んでいた。その時は住んでいなかった知人とシェアしていた。薬局での仕事から、チリ公衆衛生局の専門的な検査機関の仕事へと変わっていた。警察が応酬した麻薬の成分を分析するのだ。その麻薬成分や、成分の割合によって、刑が変わるのだという。

エリサはこの場所の清掃をしている労働者や、同じ職場で働いているが専門職というよりは技術担当の職員などにも挨拶し、言葉を交わしていた。しかし、あるとき、上司の女性に呼び出されて注意を受けた。自分たち専門職の人間と彼らは違うのだから、気安く声をかけないように、と。エリサは腹を立てた。そもそも、専門職と技術職の間の給料の格差が違いすぎる。それにこの国の格差は、アフリカのどこかの国と同じぐらい大きいのだと、新聞で読んだと。サンティアゴの富裕層の暮らしぶりに批判的だった。彼らは中心地の高級住宅地に住んでいて、車で出勤するからゆっくりしていられる。それに子どもたちの世話はナナ（家政婦）がする。それに対し、そこまでの収入がない人たちは郊外からバスで通うので通勤に時間をとられる。子どもの面倒もみられない。贅沢なものも買えない。つい最近、技術者の友人の奥さんが妊娠して出産間近なのでお祝いに行った。そのとき、実用的な贈り物としておむつはもちろんだけど、ケーキも買っていった。それを見た子どもたちの輝くような笑顔が印象的だった、と。

そして格差を是正するためのデモに出たとも言っていた。こうした行動は、キューバではできなかったことだ。キューバに一時帰国するときに乗った航空会社が三度も発着に問題があったため、クレームをつけた。職場でも、みんなチームで働くべきで自己中心的であってはいけない、と言った。彼女は明らかに、キューバにいるときよりもはっきり物を言い、闘う態度を身につけていた。キューバにいたときは、相手のほうが間違っていると思っていても、仲良くならなければ事が進まないため、国立図書館の無礼な司書にも笑顔で話しかけ、最後には仲良くなって必要な資料をとってきてもらうようにまでなっていた。

しかしチリでは自分の意見を明確にする彼女も、キューバに関しては、まだそうではない。「国を出ても、あらゆることで自己を抑圧をする」。例えば、出国してすぐに乗った飛行機の機内誌に、亡命できるだけキューバ人による記事があった。読みたかったが、チリに着くまでは、と自分を制した。そのあとでも、キューバに関して公の場での発言は避けてきた。考えすぎだ、と自分でも思うことがあったが、実際、それほど現実離れした恐れではない、と思わされることがあったという。チリ在住のキューバ人のうち、知人である二人が、キューバへの再入国を許可されなかったのだ。そのまま、やってきた飛行機に乗って戻らなければならなかった。「どうして?」と聞くと、彼女は言った。

「一生、有効なはずのパスポートの『再発行』の印が無効になったからよ」。

そして、それが無効になった理由は明確に通知されるわけではない。

パスポートの「再発行」とは何か。キューバ人は、出国してから一一ヶ月以上続けて国外に居住するには「外国居住許可証」PRE(Permiso de Residencia en el Exterior)を取得しなければならない。しかしこれが下りるのは、外国人と結婚することによる移住か、出国前に政府の認可を受けた海外就労契約に基づく海外渡航の場合のみであるといわれる。それ以外の多数は、つまり、短期ビザで渡航し、超過滞在する者であれ、就労ビザに切り替えた者であれ、申請することができないのである。こうして外国に居住する場合、一一ヶ月ごとにキューバに帰国すれば、キューバでの通常の地位を失うことはない。逆にいえば、一一ヶ月を過ぎると、キューバでの居住権や、医療や教育を無料で受ける権利、不動産などを相続する権利を失う。それでも無国籍者にするわけにはいかないので、キューバのパスポートは発行される。

以前はキューバ人であっても帰国にビザが必要だったが、現在はパスポートに再発行の印が押されればよくなった。問題はこの期限である。この印をもらいに、エリサは友人とともにキューバ大使館を訪れた。そして、この印に期限があると聞いたことがあったので、友人は「期限はあるの？」と職員に訊ねた。職員は答えた。「いいえ、それは無期限です。あなたの行いが正しい限りは」。友人はくってかかるように聞き返した。「『正しい行い』って何？」職員は答えた。「ご存知のはずです（Usted sabe）」。

こうして、常につきまとう、キューバ人として「正しい行い」とは何かという問いが、海外に住み、すでに言論や行動の自由を行使することもできる彼女のようなディアスポラをも縛る。もうすでにキューバに帰国するつもりがないなら問題はない。しかしエリサのように、家族を本国に残している者にとって、入国できず、彼らに会えないことは最も厳しい罰となる。

さて、ホアンの一年間の単身赴任のあと、無事に夜間大学を修了したエリサは、プンタ・アレナスに引っ越した。ホアンは公営クリニックだけでなく、私営クリニックと大学の非常勤講師も掛け持ちしており、彼の収入だけでもやっていけるため、彼女は好きな仕事をするようにと言った。彼女も「やっと自分が好きだと思えた」映像ジャーナリズムの仕事を探した。結局、大学内のラジオとテレビ放送に関わる仕事を得ることができた。ただし、収入は激減したし、仕事もそれほど多くはない。それでも、この最果ての地での公募に何通もの応募があるほど、ジャーナリズムで働きたくても職がない人が多くいるのだ。引っ越し直後、彼女はまだ子どもよりも仕事が欲しい、と言っていた。彼女が出国する前に、夢は何かを訊ねたら、子どもを持ちたい、と言っていたように私は記憶していたので、そう言うと、

「そうだったかもしれないけど、今は仕事が先」と答えた。数年、その仕事を続けた後、彼女は女の子を出産した。

**サーシャ**

サチ、もちろん、あなたのことは覚えていますとも！　メール書いてくれて嬉しい、ありがとう。あのとき、キューバ、「日熱い国」(el país del sol caliente)[3]で楽しい時を過ごした人たちとエリサの家を覚えている？　あそこで過ごした時間はステキだった。また繰り返せればと思う。いつかまた世界のどこかで会って、ラムを飲んで話しながら夜を過ごしたいね。

二〇〇六年末の博士論文執筆中、エリサから、サーシャが米国に家族そろって移民することになったと聞いて二年半ぶりに連絡をとった。まさか米国に行くとは思わなかったので驚いた。サーシャ自身も予想もしていなかったという。この八年間、毎年、親が移民の抽選のための書類を出してはいたものの、半ば冗談みたいなもので、すっかり忘れていたからだ。ところが突然、当選したという知らせがきた。通常ならば、両親と一緒に移民できるのは二一歳以下の独身の子供に限られる。でもなぜか、米国政府は、すでに二七歳になったサーシャにも移民の資格を見定めるための面会を求め、何度も本当に彼女が結婚していないのかを確かめたうえで、「どういうわけか」移民許可を出した。[4]

家族全員とキューバから逃れることになったの、思いがけずに。もうほとんど希望を失っていたし、この国で死ぬんだろうと思い始めていたから。

いつか、彼女とだけはハバナで会えるかもしれない、と私も思っていた。まさか最もキューバ帰国が困難な、米国への移民という道をとることになるとは。

彼女にとっても移民の決断は難しかった。米国が自分にとって合う国だとは思えない、でももう、ここに住みつづけるのは嫌だから出ていくことにしたという。

アルゼンチン系カナダ人のグスターボとは、あれから二年続いたが、別れた。外国人とつきあって相手が理解できないのに嫌気がさしたのか、その後、いままでつきあったこともないグアヒロ（田舎者）の男性と暮らし始めた。「大声でしゃべるし、聞いたこともない粗野な言葉を使うからすごく可笑しい。だけどとても気が合った。やっと成熟した関係を持てるようになったと思ったら離れなければならなくなった。でもいつかまた、会えることを信じたい」。

それに、と彼女は書いていた。この九月から、人類学の修士課程の進学が決まっていたの、でも諦めなければならなかった、と。

彼女が人類学に関心を持ったことに、私は少し、驚きと、嬉しさを感じた。エリサも出国前に、人類学に関わる仕事をしたい、と話していた。チリでジャーナリズムの勉強を始めていた頃、彼女はキューバの政治文化に関する論文を書きたいと言っていた。エリサは渡航先がチリだったため専門知識を生かした仕事に就き、貯金して、新しい勉強を始めることができた。

しかし米国に渡ったサーシャは、まったく異なる道を辿ることになる。

渡航するとき、彼女たちにはビザの問題はなかった。渡航もハバナから直接、マイアミ行の便があり、その運賃も米国側が負担してくれた。しかし移民が決まってから出発までのあいだ、キューバ政府からの配給はストップする。「母に『どこか出かけてきて、誰かにご飯をおごってもらって。うちには何もないの』って言われたこともある」。手間ひまかけて修復した家も接収され、他人の物になる。それを嫌って、義父（実の母親の後夫）は手直しした部分を取り外した。また、冷蔵庫や家具なども接収される。財産目録をつけにこられるまえに、こうしたものを内々で売ったり、親戚の家に密かに移したりということは、移民が決まった多くの家族が必要に迫られて行うことだ。

渡米後しばらくは、いとこの家にいた。洗濯機の使い方が分からず、手洗いをしようとして従兄弟の妻に笑われた。何もかもが分からなくてびっくりしていた。予想していたことだが、従兄弟をはじめとするマイアミのキューバ人の多くとはそりが合わなかった。「バーベキューをして肉をたくさん食べて、パーティーして……半年経ったらもうイヤになったから、誘われても行かなくなったら、気難しい（pesada）子って言われるようになった」。唯一、気が合ったのは、革命直後に亡命し、会ったこともなかったおじだった。しばらくの間、サーシャの一家はフードスタンプ（生活扶助のための食料品切符）で食べきれないほどの食料を無料で手に入れることができた。家賃も要らなかった。車がないので自転車をこいで行くしかないのだが、一番近くのスーパーマーケットでも遠いのが唯一の問題だった。それでも働いている「今よりずっといい暮らしぶりだった」という。

特にマイアミに思い入れがあったわけでもなく、義父がたまたま仕事を見つけたので、母と弟とともにそろってアリゾナに引っ越しすることになった。彼女がそこで初めて見つけた仕事は空港の清掃だった。早朝から始まる肉体労働で、体中が痛む。その痛みを消すため、鎮痛剤を飲み、休日はひたすら眠る。「眠ることが最大の楽しみだった。どこかに出かけて映画を観る、なんてありえない」。しかしある日、あまりに理不尽な仕事の要求と、それに黙って従う同僚の移民たちの姿に我慢がならず、「こんなバカな仕事、見たことない」と捨て台詞を吐き、辞めた。

次に始めたのが、テンペという大学町の中心にある観光ホテルのバックヤード係だった。二〇〇八年一二月、ついに米国のサーシャを訪ねた私は、彼女が催し物の会場のテーブルにかけるクロスを取り替えたり、飲み水の入ったピッチャーにレモンを入れたりしていく様子を撮影させてもらった。たまたま前日に「今月の従業員にノミネート」され、受賞したばかりだった。受賞後、同僚のグアム人やメキシコ人らと飲みにいくところから私はつきあった。彼らはホテル内のバーで、ビールと日本酒を混ぜたカクテルを一気に飲んでいた。しばらくすると、たまたまアメリカ人の上司たちもそこを通りがかった。そのまま一緒に、ホテルの外の、いかにもアメリカ南部らしいバーへ行く。ホテルの従業員の制服を着たままの彼女を、スーツ姿のアメリカ人上司は苦笑して指差した。彼女も戸惑っていた。それまで、自分の直属の上司であるグアム人や他の多くのヒスパニック系の移民、アメリカ人学生のアルバイトなどとしか話したことがなかったのだ。カメラの前で目をキョロキョロさせながら、サーシャは言う。「今日は初めてアメリカのバーに来た。それに、アメリカ人の上司と。なんか自分の人生じゃないみたい」。

彼女は撮影時、両親と弟から独立して一人暮らしをしていた。キューバでは姉であろうと、娘が男兄弟の世話をするのを当たり前と見なす風潮がある（第二章であげたように、アイデー・サンタマリアが大学に入学した弟のため、ハバナに引っ越したのを思い出してほしい）。彼女は弟を愛していたが、自分が家事や、英語の分からない親の世話に忙殺されるのに嫌気がさしたのだ。月四〇〇ドルの平屋のアパートのあるあたりは、変わった人たちが住む「ボヘミアな」場所なので気に入っていた。そして出国後始めたインターネットで知り合ったアルゼンチン人の男性とつきあっていた。

二年間、ずっとチャットやネット通話、携帯電話でやりとりを続け、とりあえず会って思いを確かめようと、イタリア国籍をもつ彼が、一緒に三ヶ月間を過ごしにやってきた。私が訪れた時は彼が帰国した直後で、また再会するための計画を立てているところだった。遠距離恋愛で、かつ、どちらも低収入で、サーシャのように発展途上国のパスポートを持っている場合、しっかり計画を立てて行動しなければまた会うことすらできなくなってしまう。彼女は予定通り、貯金してアルゼンチンの彼の家を訪れ、結婚した。結婚式には隣国チリにいるホアンとエリサも訪れ、四年ぶりの再会を果たした。ハネムーンにイグアスの滝へ行き、ふたりで米国に戻って新しい生活を始めた矢先、妊娠に気づいた。

二〇一一年、男児が産まれた。予定外に早かったため、彼女の家族と同居しなければならなかった。そのことから軋轢《あつれき》が生じはじめたので、引っ越した。二〇一一年一二月から二月までの二ヶ月間、彼らは休暇を取り、アルゼンチンの夫の実家で息子の洗礼式とお祝いを行い、ゆっくりと過ごした。

ブエノスアイレスで、私は休暇中のサーシャと再会した。すでに完成して一年半近く経っていたが、彼女がまだ見ていなかった『キューバ・センチメンタル』を観てもらった。その感想と彼女のいまを撮ることが訪問の目的だった。観終わった彼女は、笑ってため息をつきながら言った。「よかった。送ってくれたリンク先からも、ずっと観ないようにしていたの。観たら落ち込むんじゃないかと思っていたから。でも、大丈夫だった」。

それは、彼女がいま、幸せだからなのだろう。前回会ったときは、恋人だった夫が帰国したばかりで、私が持参した、長らく会っていなかったキューバ人の友人たちの映像を観て、非常にセンチメンタルになった。でも今は、夫がいて、息子がいて、喜びを与えてくれる。「息子がすべての喜びを与えてくれる。子どもができると、何が一番大事か分かる。他のことは大して重要じゃない」。

以前は米国で働いてお金を貯めたあと、二人でスペインに行ってみるつもりだったが、イギリスに行くという計画に転換した。息子の教育のために、ダビッドの子どもが通う予定のスペイン人子弟のバイリンガル教育を行う小学校に通わせるのが目的だ。サーシャと夫はスペイン人ではないので教育費は無料ではないが、それでも払える範囲の額である。もともとアメリカ文化が好きではないし、学校では英語しか教えてくれない。そのせいで、子どもは英語しか知らず、スペイン語しかできない親と十分なコミュニケーションがとれないメキシコ人移民が周囲に多くいるのだという。

案内してくれたブエノスアイレスの食堂で、彼女は言った。「今の夢はこういうお店を持つこと。家庭的で、古いけどきれいで……」まだまだ先だけど、という顔をして。それでもホテルのバックヤードから、表の接客への異動を求めた彼女は、収入も増えるだろうし、英語力も上達するだろう。実はこれまでバックヤードで働いていたのは、グアム人やアメリカ人がいて、英語の練習になるからというのもあった。ウェイター／ウェイトレスは、アリゾナ「らしさ」を演出するためか、かならずヒスパニックが配置されるので、それでは英語の練習にならないと感じていたのだ。しかしもはや、アメリカ人の客と英語を話すうえでも不安はないのだから、いっそのこと働く場で使ったほうがいいし、収入も増えるし、労働時間も短縮できる。夫もソーラーパネルの組み立て工場で働き始め、仲のいいキューバ人の友人もできたという。

サーシャも迷うことが多かったが、もう後ろを振り向こうとはしなかった。まだ一人暮らしをしていたころの彼女は、「私たちは乗ってきた舟を焼くようなもの……後戻りはできない」とつぶやいていた。しかし、今の夫と結婚し、その家族の一員として受け入れられてからはアルゼンチンが「帰る」場所だと感じている。「ここが私の第二の『祖国』なの。この言葉は使いたくないけど。私たちは帰れる国がない。だけど、私はここに戻ってこれる」。それでも、夫とその家族を訪れようとした二〇一一年一二月、ビザの申請が厳しくなっていた。それまでは郵送で済んでいた手続きを直接、ロサンゼルスの大使館まで行って行わなければならなくなったのだ。そのうえ、ビザの申請には限度額が三〇〇〇ドル以上のクレジットカードが必要だと言われ、それを持つことなどできない彼女は驚き、涙を流した。最終的に、「夫の親に、何かあったときに費用を負担すると一筆書いてもらう」ことで決着したが、この件は彼女をひどく傷つけた。

「キューバから出て五年も経つのに、まだキューバ人の受難が続く。私は負担になるためにアルゼンチンに行くんじゃない。ここで働いているし、子どもを連れて私の義理の家族に会いにいくのに」。こうしたことから、手続きが可能な時期になり次第、米国のパスポートを申請し、翌年に期限が切れるキューバのパスポートの更新はしないと決心したという。「こういう問題を避けるために……本来、国籍もビザもパスポートもあるべきではない。それが理想の世界。でも……」そこで彼女は言葉に詰まり、「それが事の次第（historia）でした」と笑った。

## 4　最終地点の不在

『キューバ・センチメンタル』の撮影は、二〇〇七年八月から二〇〇八年一二月まで行われた。撮影したのはフリオとシェイラが出国してから五年、ダビッドとホアンとエリサが四年、サーシャが二年のときだった。

ダビッドはスペインに行きたいという思いはあったが、仕事がないので諦め、現在は天職と思える造園業をしつつ、子どもに良い教育を受けさせることができるイギリスに満足している。サーシャの場合、もともと米国に行くつもりがなかったうえに、言葉が違う国で、キューバでの世界遺産保存に関わる歴史学というやりがいのある仕事から離れ、肉体労働とサービス業に就いたために、あまり米国への愛着がないのは当然のことだろう。しかし彼女だけではなく、チリで自分の天職と感じられる仕事に出会ったホアンとエリサも、バルセロナで薬剤師になったシェイラも、「ここが一生、自分が住む場所だとは思えない」「どこかは分からないけど、ここが最終地点だとは思えない」と口にするのだった。

シェイラの言葉を聞いたフリオは「やりたいこととできることは違うよ」と釘を刺す。彼は、いろいろ不満や問題があっても、ここバルセロナでそれを解決する立場になりたい、という確たる思いをもっているようだった。「人はよく、ここは自分の望む場所じゃないとか、これは自分の望みじゃないとか、世界が思い通りじゃないと言っても、変えるために何もしない。僕は毎日少しずつ、砂粒ほどでも自分の望むことのために、なにかすべきだと思う。時間もかかるし、経済的には苦しくなるとしても」。こう言って少し照れたように笑った。

とはいえ、エリサやホアンが自分たちのいる場所を変えようとしていないわけではない。すでに述べたように、エリサは自分の職場の人びとにチームワークの大事さを訴え、専門職としてそれ以外の人間とは口を効かない、という慣習にも真っ向から対決している。ホアンはカウンセリングや、大学で講師をしながら、チリの人びとを捕らえている価値観が普遍的なものではないと教えている。サーシャも不満を持ちながらも、当初は誰とも口を効かなかった——彼女は「白人」なので、メキシコ人からはアメリカ人だと思われて話しかけられず、アメリカ人は言葉が通じないので話しかけられなかった——が、徐々に交流の輪を広げ、ついには職場で優秀な従業員として表彰されるまでにいたった。その理由として、彼女が言われていない仕事も率先してやってきたからだと考えている。「本当は、やらないほうがいいんだけど……。だってその頼まれていない仕事をしている最中にどこか痛めたら、契約に書かれていないっていう理由で、医療費が下りないかもしれないのよ。だけど、どうしても放っておけない。水を入れるピッチャーなんかも適当に洗ったり、ゴム手袋をつけないでレモンを入れたりする人がいるけど、私はできない。なんでだろう?」

サーシャがキューバで、地道な歴史学の調査を行っていた姿を見ていた私には、その理由が分かる。彼女たちは、自分で満足のいく仕事をすることを第一にしていた。キューバの職場のなかでも外国との関わりがあり、能力給や特別報酬のある職場では、他者、特に上司からの評価が報酬につながるため、上司に認めてもらえるよう、目立つような業績をあげたり、こびを売ったりする者が多い。あるいは、ホアンやフリオが働いていた医療関係のような場では、問題を起こさないことが求められ、彼らの直属の上司は、そのまた上の上司から責任を問われないようにするため、彼らが必要以上に「勉強会」を行い、患者と接触をすることを厳しく制限しようとした。しかし、彼／彼女たちは、金という報酬のためでも、上司からの覚えをめでたくするためでもなく、自分のしている仕事が自分とその対象である患者や世界遺産にとって意義のあることだと感じたくて仕事をしていたのだ。

彼らのような存在は、「働かなくてもいい唯一の国」だと笑い、制度の盲点をついて生き延びることを模索するような「ストリートの《カイエ》」（de la calle）――つまり、政府に飼いならされてないキューバ人にとっては、バカ正直で不器用な存在である。一方で、模範的な共産主義者であると見なされながらも、問題を起こさず、制度的に引かれたレールの上を進む「統合された」キューバ人にとっても面倒な存在である。両者はキューバ国内では正反対な位置づけをされているが、どちらも政府が決めた言葉、規則、行動を基準にして行動を決めるという点で、コインの表裏なのだ。

これに対し、私が移住先まで追いかけた彼らの行動は、革命政権の目指す、少なくとも当初は目指していた方向性に字義通りに従っているがため――つまり、金のためではなく、社会のために働き、質素に暮らし、よき家庭人である――、現在の革命政権が実際はその言うところと行っていることが違うのだと、その存在すべてを賭けて非難しているような存在なのである。それは彼らが、革命政権のもとで生まれ、家庭や地域による偏差はあっても、一律の公立学校で学び、同じ困難のなか高等教育まで進み、その教育を生かして仕事をしようという純真な信念があったからではないだろうか。

多くの人間が、矛盾した状況をみても、ある程度は仕方ないと諦めたり、クエントや冗談を言ったり、社会の問題点を引き合いに出して自分ができない理由を並べたてたりすることによってやり過ごす。にもかかわらず、彼らは不満をもらしながらも、自分に要求することをやめない。二〇一一年、キューバに一時帰国したエリサは他の仲間たちと『キューバ・センチメンタル』を観終えたあと、こう言った。「私たちは、すごくラッキー。住む場所は離れてしまったけど、再会しても変わったとは感じない。お互いに、まだ落ち着いてないし、野心がある。こういう終わりのない探求をしていると、孤独に感じるときがある。でもこの人たちとなら、それを分かち合える」。

こうしていつまでも、落ち着くことができず、どこかここではない場所、いまの自分ではない誰かを求めて探求を続けるキューバ人らの「移民」は、冒頭の研究者らが言うように、「経済的」なものだろうか。彼らはより多くの収入が得られると分かっていてもそれを辞め、自分がすべきだと思う仕事に向かっていく。それではこの移民は「政治的」なものだろうか。政治的な移民が、通常考えられているように、政府による迫害を逃れるためのものだけを指すなら、違うだろう。彼らの半数は、当初は革命の理想の後継者となるべく期待された党の青年組織ＵＪＣに属していたのだ。

しかし、キューバにおける「政治」が彼らの移動を突き動かす動力になったということはできるだろう。一つには彼ら国民が、よりよい生を求めるに値する存在であると教育することによって、次には、よりよい暮らしを求めることが、キューバでは許されないのだと示すことによって。

彼らの立場は、外からみると、太田心平が「絶望移民」と報告する在米コリアンに似ている。「絶望移民」は、これまで移民研究で定説とされていた二種類の移民動機のどちらにも該当しない。つまり、祖国では食べていけないからとか、移民先で成功したいからといって出国する「経済移民」でも、祖国での迫害を逃れて国境を越える「政治移民」でもない。祖国の社会に愛着がもてず、移民する人びとのことだ（太田　二〇一二）。

そしてこの太田が『キューバ・センチメンタル』の冒頭のサーシャの言葉を聞いて、まったく同じだと言っていた。「みんな国を出ていってしまうから」というのが、彼ら韓国社会に愛着が持てなくて移民する人びとが口にする言葉なのだという。

しかし一方で、キューバから移民する人びとを知る私には、「絶望」という言葉は、似つかわしくないように思う。彼らはキューバの現在の体制には幻滅している。しかし、多くは、革命直後に亡命しなかったことから分かるように、革命政権に期待していたのだ。そしてすでに何度もあった移民の機会を見過ごし、最悪の経済危機も生き延びた。その彼らがいま移民するのは、キューバの現政権が、かつて希望を託した政府と同じものには二度と戻らないであろうことに気づき、だがしかし、自分たち個々人がその「失敗」に打ちのめされるほど柔な存在ではないということを信じているからだ。

キューバの現状を悲観したり、互いの疑心暗鬼ぶりにうんざりしたりしていた人でも、「国外にいったキューバ人」の活躍ぶりを自分の身近な人間のことのように生き生きと語っていた。「あっという間に社長になったんだ」「有名なスターの恋人はキューバ人だ」「ブッシュ二世を勝たせてしまったのは、マイアミのキューバ人たちの力だ」等々。

ホアンは出国する前「国外のキューバ人はお互い助け合うものだ」と大真面目に語っていた。ずるいだまし合いをするのは、キューバという場が悪いのだ、というわけだ。

真偽はともかく、ここには、果たされなかった革命の夢が、国外では実現できるというオプティミズムがあるのではないだろうか。だから私は、彼らのような移民を敢えてカテゴリーでとらえるならば、

「希望移民」と呼ぶのが適切ではないかと思う。彼らは具体的な行き先の情報すらわずかしか持たず、それでもまだキューバで見たことのない「何か」を求めて移民した。生まれてからずっとキューバ国内で、外の世界のまやかしと、革命前の腐敗と恐怖について聞いてきた彼らが、それでもそれを疑問に思い、別の世界に希望を託し、帰れないかもしれないと知りながら、約束されたものなどない、見たこともない地へ旅立つ。それは「希望」以外の何に基づくだろう。

ハバナで出会った若者たちのライフストーリーと感情に寄り添って移民を理解するうちに、これまでキューバ移民研究で続いてきた「亡命か移民か」「政治移民か経済移民か」といった区分が意味のないものに見えてくる。それらは政治家や官僚、政策提言を行う研究者たちにとって重要な区分であろう。しかし、彼ら個々人が国を出た理由、それは「生きる」(vivir) ためだ。国にいるときは、いろいろな願望を抑え、できる範囲のなかでできることをするしかなかった。しかし、それでは「植物のように自生しているだけ」(vegetariando) と考えた彼らは、新しい世界を見るために去っていった。残った人間にとって、「出国した人は、死んだ人のようでもあり、英雄でもある」という者がいた。情報や移動の自由がない国から数々の困難を乗り越えて出て行った人びとは、もはや「彼ら」とは違う次元を生きる人間になる。彼らこそ、革命がめざしていた「新しい人間」なのではないだろうか。

# 第六章　アイロニカルな希望

自転車で旅できたらいいのに。チェみたいに……
こんなふうにあちこちへ……（笑）
でも……　でも人生はそうはいかない。違うのよ

――エリサ

## 1　移動と自由

ここまで移動が困難な国からの脱出を試みたキューバ人らのライフストーリーを見てきた。このコンテクストでは、移動とは抑圧からの解放であり、自由への権利を手に入れることだといえるだろう。しかし、グローバル化が進み、最大のオルタナティブであったはずの社会主義の祖国が崩壊した後、共産主義が理想にかかげる貨幣なき社会は、田舎であれ都会であれ、想像することさえ困難な状況にある。そうしたなか、多くの発展途上国は、自国民の国外労働とその送金を当てにし、二重国籍を与えることもいとわない。国境は国民が移動した先まで引き延ばされる。カリブ海諸国から米国への移民を中心とした研究を基に、このような状況では「ディアスポラ」はありえない、とバッシュらが看破した状況は、

現在も変わっていない（Basch, Glick Schiller and Szanton Blanc 1994）。

キューバの場合、移動した先でもキューバのパスポートの使用が避けられないものの、彼らはすでに、革命に背を向け、国を捨てた存在として帰国を許されない。その点では、故郷喪失者＝「ディアスポラ」といえるだろう。そのキューバで二〇一二年一〇月、前年度から議論されてきたように、出国のためにかかっていた様々な費用や手続きが簡便化されることが決定された。施行は二〇一三年一月からである。

多くのキューバ国民にとって、出国手続きの簡便化は長年の夢であった。とりわけ、長い間、出国を許されなかった国内在住のブロガー、ヨアニ・サンチェス（Yoani Sánchez）にとってはそうである。キューバ人には限られた職場でしかインターネットの使用が許されていないなか、外国人の協力を得て、観光ホテルのｗｉｆｉを通じて、一九七〇年代生まれに多い「Ｙ」から始まる名前からとって名づけた「Ｙ世代」[1]（Generación Y）というブログで発信を続けている。ブログはキューバ国内ではほとんど知られていないものの、国外では圧倒的な知名度を誇り、キューバの日常で現地の人間にしか分からない瑣末な、しかし、理不尽な状況を、淡々と優れた描写力で訴えている。すでに国外の様々な賞を受けているが、これまで、彼女がそれら授賞式に出席するための手続きをしても、出国許可が下りなかったのだ。このため、出国許可をとらなくてもよくなる今回の変化を心待ちにしていた。しかし、詳細を知ると、落胆に変わる。結局、出国の可否の選り分けはパスポートの取得の時点でなされるのだ。「新しいパスポートの申請書を書き、生き延びるために必要な無邪気さとともに待とう——アパシーに陥らないために」[2]

一方で、ヨアニのような「ブラックリスト」に載っていない、その他大勢のキューバ人にとって、国を出る自由は様々なチャンスとなるだろう。とはいえ、すでに学校に通う子どもがいたり、病気がちだったり年配で自由が利かなくなっている親がいる場合は、出る自由があっても出ることがためらわれる。出国して送金するにもそれだけの稼ぎができるまで時間はかかる。また、今後、キューバにこれまでよりも「自由」があると見なされた場合、今までならばキューバ人が「政治難民」として認められてきた欧米で、他のラテンアメリカや発展途上国出身者と同様、「経済移民」としてカテゴライズされ、より定住化が難しくなるかもしれない。

こうした背景から、移動の「自由」化は、必ずしもキューバ人個々人の生の「自由」度を高めるわけではないことが分かる。何よりも世界は資本主義に包摂されており、自由を求めて出国しても、ほとんどの人は働き、生活に必要な支払いをするために時間をとられることになる。

エリサが『キューバ・センチメンタル』の最後で言う言葉は、示唆的だ。

「行きたいから別の場所へ」なんてユートピア的で夢にすぎない。例えば私はスウェーデンに住んでみたいけど、いちど資本主義国に住むとそうはいかないのが分かる。スウェーデンに着いたらすぐに生活できるわけじゃない。ヒッピーみたいな夢はもてない。現実が圧倒する。

そして本章の冒頭であげた言葉を、照れ笑いと苦笑が混じったような顔で言うのだ。

資本主義国の住民が社会主義国の住民の生活をリアルに想像できないように、社会主義国の住民も資本主義国の生活を現実的に想像できない。それでも人間がつくったはずの制度が変えられないわけではないことを思い出すこと、「ここではないどこか」を想像することをやめないこと、それが現実に、異なる明日をつくる可能性を開いていく。少なくとも、個々人にとっては。それらは小さい変化にしか過ぎないかもしれない。しかし、同じことを考えたキューバ人が年間三万人出国し、人口一一〇〇万人の国の人口構成と所得水準を変えつつあるいま、移民法の改正の理由を「時代遅れだから」と政府担当者に言わしめたのは、この小さな変化を求めて行動を起こした出国者たちなのかもしれないのだ。

## 2　つながりをつくりなおす

「まだ - ない」未来を求め、「希望移民」となったキューバ人が直面する最大の障壁は孤独である。住宅不足で独立した世帯をもてず、隣近所で組織された革命防衛委員会の視線を意識し、職場でも適切な言動が求められ、官製のデモ行進への参加の有無が勤務査定にも影響するこの国から出る動機として、「人の目を気にせずに生きていきたい」という理由が挙げられるのは当然だろう。しかし、時にはプライバシーのある時空間がほしい、という彼らの願いは、出国先で、あまりにも人との関わりの少ない生活にとって替わられるや、虚しいものになる。キューバを出れば、国に残った家族や友人と連絡をとるのも難しい。キューバ国内のインターネットは普通の人には利用できない。ホテルの外国人観光客向けのインターネット回線でさえ遅すぎて、スカイプは使えないので、話をしたければ電話をするしかない。

しかしキューバでは家に固定電話がないところがまだ多く、通話料金も、他のラテンアメリカ諸国と比べて格段に高い。携帯電話一台の価格は、キューバ国民の平均月給を上回る。こうして、初めての国で知人もほとんどおらず、さらに人間関係が希薄な状況で、キューバに残った親族や友人たちとも話ができない状況に陥る。郵便事情もよくない。いちど出国すれば、それまであった人たちとのつながりが徐々に薄れていくだけなのだ。

また、キューバを離れ、新天地ですべてが新しい経験のなか、電話で話せたとしてもうまくそれを言葉にできない、という側面もある。そしてキューバに残った側も、何を聞けばいいのか分からない。二年ぶりに一時帰国したある在日キューバ人は、本国に残る近所の人や友人らがまったく日本についての質問をせず、キューバの近況や自分のことしか話さないことに驚いた。彼自身がまだ国にいたときは、戻ってきた人たちに、移民した先の国がどんなところなのか、まったく想像ができなくても聞いていたのに。しかしキューバの中で暮らし、アクチュアルな外国の情報が入ってこないなか、適切な質問をすること自体が難しいのだろう。キューバのニュースでは、外国で起きていることの多くは「問題」であり、国内で起きていることは輝かしい「勝利」である。しかし、後者が現実とはかけ離れていることを、多くの人は知っている。だとしたら、外国の情報も信用できるものではない。

こうしたなか、多くの人が報告のために使うのが映像である。私が下宿していたエルナンドとミレイダの家で、彼らの一人娘がメキシコシティで撮ってきたビデオレターを一緒に観たことがある。夜景を見下ろす大きな家に集まった友人や恋人たちと、ここがキッチン、ここがクローゼット、などと部屋を紹介し、「私たちは闘ってるわ（estamos luchando）」と笑顔で報告する娘の映像を、還暦をこえた両親は無言で見つめていた。彼らが住むベダード地区は、ハバナでも高級住宅地で現在でも「良い地区」とされるところだ。それでもまったく、生活水準が異なる世界を目にして、言葉がないようだった。

フリオとシェイラも、帰国したときのために、スペインの自宅のあちこちを紹介するビデオを撮っていた。「みんなやるでしょう」と恥ずかしそうに笑う。こうしたビデオでは、すでに離れて暮らすだけで心配をさせている故郷の家族に対し、あえて日々直面する問題や、「現実」について語ることはない。不満や不安を、キューバに残る人と共有することは技術的にも難しいし、かといって移民先の現地の人との共有はさらに難しい。もともとの背景が違ううえ、渡航先での不満をもらすことが、攻撃的だと思われることがあるからだ。

孤独と日々の仕事を抱え、多くの人がつながりを求めて開くのがフェイスブックとスカイプである。フェイスブックでは、知っている名前から「友人」登録ができるだけでなく、出身校、出身地、現在住んでいる場所で検索することによって、これまで途切れていたつながりを、再びつなぎなおすことができる。たまたま同時にオンラインであれば、文字によるチャットで気楽な会話をすることもできる。キューバ在住者であっても、仕事中、インターネットを使っていれば、リアルタイムでチャットできることがある。電話のように周りに聞こえないので、仕事中でもできるのが強みだ。世界各地に散らばるキューバ人にとって、フェイスブックは救世主のようなものだ。

スカイプは、キューバでは使えないが、やはり国外に出たキューバ人同士が顔を見ながら無料で会話できるため、よく使われる。少し仲のよい関係であればたわいのない会話をし、より深い関係ならば、問題を話したり、相談をしたりする。

いわゆる「出会い系サイト」もチャットから始まって交際、結婚にいたったケースが、本書の登場人物だけでも二例あった。偶然、身体的に近くにいる人との出会いのみを待っていたら、いつまでも孤独は癒えない。しかし、こうしてサイバー空間を通じて再会や出会いを求めれば、薄れていたつながりをつなぎなおしたり、あらたなつながりをつくったりすることができるのだ。

偶然、空間的に近い場所にいることからできるつながりはないわけではないが、移民先によっては言葉の違いから、あるいは仕事時間の違い、あるいは然るべき態度の見せ方（例えば、職場ではにこやかに、私情を見せない）に関する規範の存在などのため、なかなか本心で話し合える相手に出会うのが難しい。そんな彼らにとって、インターネットを通じて、物理的に遠くであっても、世界のどこかに自分とつながれる人がいるというのは大きな救いなのだ。

一九九八年、私の初めてのキューバへのメールが、ハバナ大学宛てで、返事が二ヶ月経ってからであったころとは隔世の感がある。滞在初年度にはメール使用は大学図書館でしかできず、空調のないなか一時間以上並んで待ってやっと、文字だけが並ぶパソコンの画面の前に座ることができた。現在もキューバのネット環境は他国と比べるべくもないが、携帯電話からのショートメールなら、ほぼ時間差なしで国外とやりとりできるようになった。専門の職場で働く人などはフェイスブックに近況の写真や好きな動画の転載を行ったりしている。ただ、やはりまだそれは「一般的」になったとは言えない状況である。

## 3　現実のなかで夢見る

本書のもととなる博士論文を書いていた二〇〇六年末にかけてはまだ、ギリシャやスペインの経済危機も起きておらず、資本主義が勝利し、社会主義が敗北したということが不動の事実であるかのように語られていた。二〇〇八年の世界的な経済危機以降は、こうした楽観論は陰を潜めつつある。このような状況下で、キューバでの長期調査がより綿密に行われるようになり、旧社会主義国出身の人類学者が内側から見た社会主義と革命に関して質の高い研究を重ねてきたため、私が博士論文を執筆していた時期よりも、キューバや現存する社会主義国に対するシニカルな物言いは見られなくなってきた（例えばGordy 2006; Partierra 2008; Wilson 2013）。それは喜ばしいことだと素直に思う。

### 観察する外部者の幻滅

ソ連崩壊の後、社会主義や革命に関して、観察する外部者としてシニカルに語るのは簡単である。しかし、私は、人類学者はそうすべきではないのではないかと思う。なぜなら、研究対象である人たちが、初めはいかに非合理に見えようと、彼らがどのように物事をとらえ、分析し、解釈しているのかを知り、それを「文化」として伝えることが、これまで人類学者がやってきたことだからだ。後続の若手人類学者には、過去のものになってしまった奇妙な風習を固持する人びとに見えるとしても、このような、「住民の視点から」という構えを「社会主義」や「革命家」、そして「ディアスポラ」にも適用すべきだと考える。

また、思い起こしてほしいのは、人類学者のなかでも、非資本主義的な社会の実現の夢を共有する人びとが、これまで少なくなかったということである（メイヤスー 一九八〇：真島 二〇〇六参照）。彼らが「非西洋」「伝統」社会を研究する動機の背景には、オルタナティブな生活と経済を追求すべき／したいという思いがあったのだ。例えば、シドニー・ミンツによる、サトウキビ刈り労働者のライフヒストリー、アフリカ系アメリカ人研究、そして砂糖の商品化の歴史的研究は、どれも、「第一世界」の人間が当たり前に思っている資本主義というシステムを、脱‐自然化するための研究である（ミンツ 一九九八、二〇〇〇）。ラテンアメリカの都市を対象に「貧困の文化」を研究してきたオスカー・ルイスは、当然のように、キューバ革命に関心をもった。そして、彼らの著作は、人類学者の狭いサークルをこえて読まれ、社会活動家だけでなく、革命家たちをも刺激した（ルイス、ルイス、リグダン 二〇〇七）。

現在、多くの人類学者は、「マルクス主義」革命の後の国々が、官僚化し、国民国家化し、ついには互いに戦争にまで至ることに幻滅してしまったようだ。[3] 一九六八年をピークに市民権運動や学生運動が世界中で盛り上がったあとにも、ユートピア的なコミュニティの建設の試みが各地で起きたが、長続きするものは稀だった。ターナーが「コムニタス」の概念を提案したのは、そもそも、反体制運動がすぐにでも世界を変えうると多くの若者が信じた、このユートピア的な歴史の瞬間だった（ターナー 一九九六）。しかし彼自身が、ある概念が提案された当初は鋭い洞察であるものの時とともに呪物化《フェティッシュ》することを批判した（ターナー 一九九六：一八二）にもかかわらず、コムニタスという概念は同様の道を辿り、呪物化され、非歴史的に用いられてきた。[4] だが、ターナーが分析において、フランシスコ会修道士の変遷と、当時、サンフランシスコで起きていたカウンターカルチャー運動を対比させてみたのは、まさにこの呪物化をさけ、概念の歴史的文脈化をはかってのことではなかっただろうか。それは、ユートピアとその反作用を、歴史的に繰り返されてきたものとして提示することによって、当時優勢だった、直線的な歴史観に基づいたユートピア実現への期待とそれが実現できないことへの幻滅に対する、オルタナティブな見方を提案しているようにも見えるのである。

現在、多くの人類学者は、「後期資本主義」に対して批判的な態度をとっているが、オルタナティブを提案することはしていない（グレーバー 二〇〇六：一六六―一六七）。キューバ人も人類学者も、自らが住む社会に対して、積極的なオルタナティブが見出せないという状態にある点では、共通しているようだ。

## 当事者のアイロニーから希望へ

だが、このように、オルタナティブな希望がないのだ、と私が書くこと自体が、私の言葉を裏切っていった。フィールドワークを終えてまもなく、本書第四章で引用したクエントについて日本で発表したとき（田沼 二〇〇四）、驚いたことに、キューバ革命に親近感をもつ世代の研究者からも好意的なレスポンスを受けた。また、若い人類学者やこれから人類学者になろうという人からも、異なるフィールドで似たような感覚があるという事例を聞くこととなった。[5] これは私のクエント、つまり、「フィールドの物語についての物語」が生んだ、意図せざる結果だった。つまり、「アイロニカル」なことに、「ポスト・ユートピア」という感覚と、オルタナティブな希望がないことを、私が言明することによって、それを聞いた人びとは、今までフィールドで同様のことを見たり感じたりしてはいたけれども、語ったり言葉にすることのなかったものに、形を与えることができ、逆にそれを、オルタナティブなとらえ方と語り方につなげていったのである。結果として、キューバ人のアイロニーが、「第一世界」の人類学者にとって、アイロニカルな「希望という方法」（宮崎 二〇〇九）につながったのだ。

> 知の方法としての希望は、〈既に‐ある〉ものについての達成感、あるいは〈もう‐ない〉への郷愁といった形で過去へ向いた知識を、再び未来へ、〈まだ‐ない〉ものへと向かわせる。本書で言うところの「希望（hope）」は、明るい未来が必ず待っているというような「楽観主義（optimism）」とは違う。「希望という方法」は、確定され、固定されたかに見える知識を再び未来へ向かって開くために、知識を揺さ振り、突き動かし、何らかの動きを与えようと積極的に働きかける。（宮崎 二〇〇九：四）

夢見た国外で、思いがけない困難にぶつかったキューバ人らは、それでも、ただ幻滅し無気力に傍観することなく、自らを含めたアイロニーによって、オルタナティブなかたちで語り続ける。自分とその周囲の世界を変えたいという、彼らの希望の力のひとつひとつは微々たるものだろう。しかし、職場や近所の人びと、そしてその家族が変わっていくとき、そして彼らについての映画が世界各地で観られ、観た人びとがこれまで常識と思っていたことを彼らによって考えなおさせられるとき、「希望という方法」は少しずつ、個人的サークルや国境を越えて、拡散していくだろう。

現実離れした空想からではなく、現実逃避でもなく、現実のなかで夢見ること。現実と理想が乖離したキューバから逃れた彼らは、そのための技法を身につけた。それは、他者にとって都合のいいように利用されたり、自分をごまかして幸福なふりをしたりすることを拒んだ「希望移民」たちの、小さな革命だ。大文字の革命の物語は、いつか過去のものとなっていくだろう。しかし、その大きな物語がほころび、色あせたとしても、その物語を一時は信じることによって育ち、そこにあった理想をあきらめることなく国外へ去っていった人たちの物語は、小さく柔らかいものだからこそ、様々な空間を縦横無尽に行き来し、拡散し、世界中にいる、共感を持つ人びとの中に残っていくだろう。

願わくは、本書がその一助となることを。

# 注

## 序章

（1）このころ、従来、非合法だった民間の下宿業が合法化され、下宿を始めようとする人が増えつつあった。しかし、そういった情報をインターネットで発信できるすべをもたないうえ、現地でも不動産紹介業が存在しないため、話しかけてくるキューバ人についていったり、外国人同士で情報交換したりするなどして探すしかなかった。しかも公務員の月収が一〇ドル程度の国で、下宿を営む者は月々、売り上げにかかわらず一五〇ドルから二五〇ドルの税金を払わなければならず、これを避けるため許可なしで営業しようとする者も多かった。

（2）長期滞在する外国人学生が月に三〇〇ドル、一日あたり一〇ドル支払うところ、観光客は一日あたり一五ドルから二五ドル、平均して二〇ドル支払う。

（3）CDR＝Comité de la Defensa da la Revolución

（4）ただし、このプロセスは平坦ではなかった。調査は予定期間の途中でキューバ政府によって打ち切られ、データの一部が押収された。その半年後にはオスカー・ルイスが亡くなったため、妻のルース・ルイスと助手のリグダンが本にまとめた。

（5）セントロ・アバナに居を構え、異人種間恋愛の調査をしたナディン・フェルナンデスによれば、一九八一年のセンサスでは、ハバナ全体の人口のうち、白人が六三％、黒人が一七％、メスティソが二〇％に対し、セントロ・アバナは白人五三％、黒人一九％と黒人の比率が大きく、プラザ地区（ベダードとヌエボ・ベダードを含む）の白人は六九％、黒人が一三％となっている。（Comité Estatal de Estadísticas 1981: xci qtd. in Fernandez 1996: 45）。

（6）二〇一三年にインターネットカフェの利用は自由化されたが、収入に比べて高額であるゆえ誰でもアクセスできるわけではない。

（7）ある入国管理局職員は以下のように語った。出国するキューバ人の五〇％は帰国しない。出国許可は三ヶ月ずつ程度しか発行されないが、滞在先で延長して一一ヶ月滞在することはできる。問題は、それ以上の期間、外国で生活したい場合である。不法に超過滞在すると、キューバ国籍は残ったままであるにもかかわらず、移民と見なされキューバでの財産はすべて没収される。キューバでの所有権を失わないまま生活を続けたい場合、外国に長期滞在するきちんとした名目をキューバの在外大使館に申請しなければならない。するとほとんどが、仕事の契約か、現地の人との結婚となる。どちらかの名目で外国に滞在すれば、ＰＲＥ（Permiso de Residencia en el Exterior）と呼ばれる永続ビザを取得できる。これを取得すれば、一一ヶ月ごとにキューバに戻らなくてもキューバの財産を失うことがない。「移民」扱いになると、キューバのパスポートを持ちながらもキューバ入国のためのビザを取得しなければならなくなり、親戚が危篤のときなどでも迅速に許可が下りない。ＰＲＥがあれば航空券を買うだけで入国できるようになる。

（8）ムラートや黒人という呼び方は、よく用いられるものの、侮蔑的なニュアンスが拭いきれない。このため、教育のある人や革命のイデオロギーに賛同する人たちは、こういう言葉を避けるために、「濃褐色の」（prieto/-a）といったり、語感を和らげるために、「-ico」「-ito」（縮小形）をつけて、mulatico/-a, negorito/-a という言い方をする。

（9）一九九九年以降、出国者を抑制するため、出国許可が下りても五年間はキューバ国内で待機しなければならないようになった。

(10) 当時、不動産の売買は禁止され、「交換」(permuta) のみが許可されていた。

## 第一章

(1) 革命家の名前はキューバ国民のあいだでは一般的にファーストネームで呼ばれている。これは、革命家への庶民の感覚の近さを理解するうえで重要であるため、本書でもその呼び方を踏襲する。革命家たちのファーストネームは、新聞や歴史書においても用いられる。彼らの四〇年以上前の写真もしばしば、新聞紙面やテレビに登場する。このため、キューバ国民は、その登場人物である政府要人たちに対して、改めて、気さくな姿と、手で触れることもできた「フィデル」たちの若い革命戦士としての姿を繰り返し想像しなおすことになる。

(2) 現在、キューバでどのように歴史が教えられているかを知るには九年生(日本の中学三年生にあたる)向けの教科書を翻訳した『キューバの歴史――先史時代から現代まで』(キューバ教育省編、後藤政子訳、明石書店、二〇一一年) が参考になる。

(3) しかし、これは現在のキューバにおける「現地の捉え方」としてはあまり的を得ていない。フィデルが父に喩えられることは多いが、チェが「父」と表象されることはほとんどない。

(4) "Con la adarga al brazo" (腕に盾を持って)。<http://www.trovadores.net/index.php?MH=nc.php?NM=4484> Accessed 9 Sep. 2006.

(5) それは革命の初期だけのことではない。二〇〇四年に私がボストンに滞在していたおり、ハーバード大学に短期間の研究員として訪問中だった医学研究者は、研究成果発表の質疑応答で、こんなエピソードを語っていた。あるとき、フィデルが研究所を見学にきた。何か必要なものはないかと言われたので、実験のために必要な機材や材料で不足しているものをあげた。彼は、感謝と畏敬の表情を浮かべて続けた。「その数ヶ月後には、すべてが揃っていたんです」。

（6）キューバ革命軍省（MINFAR＝Ministerio de Fuerzas Armadas Revolucionarias）の公式ウェブサイトには、「総司令官カミーロ・シエンフエゴス＝ゴリアラン」（COMANDANTE "CAMILO CIENFUEGOS GORRIARAN"）として、以下のように紹介されている。「反乱軍の創始者のひとりで、国家解放戦の主要な指導者の一人だった。つましい家系の出身であり、その陽気な性格と自然な気前のよさから、広く人びとに人気のあった、際立った革命家であった」。<http://www.cubagob.cu/otras_info/minfar/camilo.htm> Accessed 1 Sep. 2006.

（7）キューバ革命軍省の公式サイトには以下のように紹介されている。
「キューバ革命で最も傑出した人物のひとりであり、戦闘員であり、国際主義者であった。その功績のため、法律によって、出生によるキューバ人である（ciudadano cubano por nacimiento）と宣言された。〔……〕知的革命家の原型（[a] rquetipo de intelectua revolucionario）であり、革命の実践と理論に関する彼の著作は極めて重要である。〔……〕一九六五年には、世界の別の土地で正義と自由の理想をもとめて闘うため、フィデル・カストロとキューバ人民に別れを告げた」<http://www.cubagob.cu/otras_info/minfar/che.htm> Accessed 1 Sep. 2006.

（8）共産党員だったアリーナに対し、チェが子供の靴の状態など気にするべきではない、と言ったことに関してどう思うか聞いたところ、「気にするべきでない、と言ったわけではなくて、彼は共産主義になれば、そういう物質的問題は解決されると思ったのよ」と語った。

（9）ムルヘアについて、彼女の人類学の博士論文に書かれている経歴をここに記しておく。彼女は、一九三〇年、スペインとキューバ出身の家族にキューバで生まれたが、幼年時代にアルゼンチンに移住した。キューバには、一九五六〜五八年の間に計一八ヶ月滞在した。家族生活を調査し、カリブ地域に関心をもつアメリカの会社に市場情報として提供したという。後にアメリカに移住したキューバ人に追跡調査を行った結果を合わせて博士論文にまとめた。

（10）「植木鉢」という単語だが、キューバでは俗語で金持ちを指す。

（11）語尾を発音しない話し方を、「言葉を食べる」（comen las palabras）というが、現在も同じ表現で自分たちの話し方の特徴を表しているのは、むしろ白人であるスペインのアンダルシア州の人びとである。

（12）「階級のない、新しい社会」では、「筋肉労働者と知的労働者、労働者と農民のあいだの差別はまったくなくなるだろう」（ゲバラ 一九六九c：六〇）。

（13）キューバのマスコミュニケーションは、すべて政府が運営する機関によって統制されている。

（14）職場で優秀な労働者は、前衛として、電化製品や車など、様々な褒賞が与えられた。なかでもそれを受けた人が感動とともに回顧するのは、ソ連旅行だった。

## 第二章

（1）後に教育テレビが加わって三チャンネルになり、地方局も増えた。

（2）二人はビルマが亡くなる数年前から離婚したと言われているが、政府による明言は避けられ、公的な場にはそろって出席していた（Palma 2007）。

（3）日本語の本（カストロ 一九六〇）ではしばしば「兄」とされているが、実際は弟である。

（4）これはアイデーが学生を前に語り、その質疑応答をまとめた証言集である『アイデーがモンカダについて語る』（Santamaria 2005）という本である。キューバ革命に関わる本を数多く出版しているオーシャン・プレス社（メルボルン、ニューヨーク、ハバナ）のものである。

（5）この短い悪態を言ったと誤解される危険を避けるため、通常、母親を指すときは、madreではなく、mamáが使われるほどである。

（6）英国ＢＢＣラジオの番組「セリア・サンチェスはカストロの恋人だったのか?」（二〇一一年一二月一一日放送）で、オーバーン大学の歴史家ティファニー・スィピアルは、キューバでは彼らの関係を革命の文脈においてのみしか語れない一方、マイアミでは二人の性的関係をとりあげることによって、彼らの政治的献身をおとしめようとする傾向があると話した（Pressly 2011）。

（7）ハネイはこの一七通の手紙をもとに伝記『セリア・サンチェス——キューバ革命の心の伝説』を著した。テレビ解説者で歴史小説の作家でもあるハネイの本は学術書ではないし、彼が所持しているという一次資料のセリアの手紙は公開されていない。とはいえ、彼がキューバに短期滞在したさいに見聞したものとして引用する現地の人びとの言葉遣いは、筆者が長期調査で見聞したものと整合するため、資料として信憑性のあるものだとみなして以下に引用する。なお、本書完成間近に、関係者のインタビューに基づくセリアの詳しい伝記が、図書館に勤務する作家／写真家の米国人女性スタウトによって出版された（Staut 2013）。

## 第三章

（1）幼児と高齢者には配給で粉ミルクが支給されているが、十分な量ではない、ということだと思われる。ドルショップの牛乳の値段は、二リットルパックが二ドル強である。

（2）キューバの伝統的な食事では、あまり野菜が重視されていない。野菜をたくさん食べる人は、健康のために必要だから努力して摂っている、という人や、外国の生活に憧れている人が多かった。
（3）ペナという語については本章第4節（一四一頁〜）を参照。
（4）日本でいうキャバレーとは異なる。プロのダンサーたちが舞台上で披露するきらびやかなショーを、男女連れ立った客が、テーブルで飲食しながら楽しむというもの。革命前から存在し、革命後にも引き続きソ連や東欧からの賓客をもてなすために利用された。
（5）ピンチョという語で指導者を指し示すとき、片方の手の指を二本そろえ、反対側の肩を、二回、トントン、と軽く叩く。
（6）例えば、退職した技師エルナンドは、クラシックバレエ（芸術家も専門家と同じぐらいのプレステージを持っている）を一〇年以上続けてきた娘が最終選考で落とされたことに腹を立てた。彼からすれば、落とされた理由には説得力がなかった。そして、本当のところは、合格した子供たちが、「パパとママの子供たち」だったからだと考えている。また、退官した大学教授フェリシダーは、自分は五冊も本を出したので、当時の基準でいえば「博士号」をもらってもよかったはずなのに、「修士号」さえ取らせてもらえなかったという。キューバでは博士号は、本人の希望によってではなく、上からの命令に応じて書かれた論文に対して授与されることになっていた。こうして任命されるのは、ほとんどが、「パパとママの子供たち」であったと彼女は言う。その間、自分たちは「バカは働け」とばかりに、博士論文執筆者の分の仕事の埋め合わせをさせられたという。
（7）一九八八年、母親が「国家前衛」として招待された二〇日間のソ連旅行のこと。エルバも同行した。
（8）これは、国営ホテル（一泊三五ドルから一五〇ドル程度）に対して安すぎる賃貸料（非合法の場合、最安値は一日五ドルから。二五ドル程度まで）を値上げさせ、競争力を弱めるためであったという（Peters 1998: 8）（括弧内は著者の調査による）。

（9）ただし、私が調査した時期には、チェの顔を用いた自営業者の手工芸品はしばしば見られた。合法化されたのか、彼らが規制を逸脱していたのかは不明である。

（10）私が初めて訪れた一九九九年には、ヒネテーラの斡旋をするので、ヒネテーロを「ヒモ」（chulo）と互換的に使う人もいた。二〇〇〇年を過ぎたころには、旅行者の女性の恋愛の相手をして、彼女たちから金やプレゼントを受け取ったり、結婚して出国を試みたりする男性のことを指すのに用いられるようになった。

（11）この論文「非常期間のヒネテリスモ」は、キューバ人の恋人も知ったうえで、六〇代のスペイン人男性と「デート」をし、「母親の五ヶ月分の給料を一晩で稼ぐ」という女子学生や、親には内緒にしつつも、外国人と結婚し国外に出る事を夢見る女子学生などのインタビューを収録している。

（12）penaは『西和中辞典』（小学館、一九九〇年）によれば、「1. 罰、2. 心痛、懊悩、3. 苦労、骨折り」で、7にラテンアメリカ特有の表現として、『恥じらい、内気、小心、臆病」があげられている。

（13）現在のキューバ共産党は一九六五年に設立されたが、革命前から「キューバ社会主義党」と改名された共産党は存在していた。

（14）この許可なしで一一ヶ月以上、海外生活を続けると、キューバに残った財産を没収され、居住権を失い、一時帰国しかできなくなる。序章注（7）参照。

## 第四章

（1）フィデルが獄中でレモン汁で書き、持ち出された『歴史が私に無罪を証明するだろう』を清書したのはマニャチだとフィデルの妹は語る（カストロ 二〇一二：一二一）。
（2）ここで彼らがあげる三人のうち二人はギアツとサーリンズである。
（3）ギアツとサーリンズを、それぞれ、アサドとオベーセーカラが批判している。
（4）物語の終わりに節をとる締めの言葉。
（5）通常は、間に「社会主義か死か」も入るが、この語がつけ加えられるようになったのは「非常期間」が始まろうとする一九八九年一二月のことだった（Hernandez-Reguant 2009: 17）。
（6）私は会ったことはないが、例えば、ホアンの知り合いは、革命に心酔する義父の前では絶対こういう話はしない、と言っていた。
（7）スペインの人類学的調査をしたギルモア（一九九八）によれば、結婚したばかりの男女は、経済的に苦しくても必ず一年以内に子供をもうけ、両者ともに子供をつくる能力があることを周囲に示さないといけないという。オルガド・フェルナンデスは、自国の規範を、無自覚にキューバに適用してしまったのかもしれない。
（8）出版されていないようなので、私はその論文を実際に読んではいない。だが、ケイトが調査を始めたばかりのころと、終えようとするころにキューバで会い、どんな論文を書くつもりか聞いてはいた。
（9）Ernesto Che Guevara, El Socialismo y el Hombre en Cuba. In *Escritos y Discursos*, vol. 8. Havana: Editorial de Ciencias Sociales, 1977［1965］.
（10）ちなみにこの語は、キューバでは、ガリシア州以外のスペイン人全般にも、「白人」キューバ人全般にも用いられる。
（11）キューバの混淆宗教であるサンテリアの司祭であるティートに、呪術でフィデルに対抗することはできないのか、と問うと、肩をすくめて「考えてみてよ。彼はアフリカに行った。トラだろうがライオンだろうが供犠に捧げることができただろう」と言った。大学教授のヨアナは、人びとが、フィデルがアフリカを訪問した際、初めて通常の軍服ではなく正装姿で現れたことから、なにか宗教的な儀礼を行ったのではないかと噂したと語った。
(12) ただし、以下の言葉が続く。「今は、演説が始まると、みんなテレビを消すか、メロドラマにチャンネルを変えるけど」。

## 第五章

(1) ドキュメンタリー『バルセーロス Balseros』(二〇〇二年、一二〇分、スペイン。Carlos Bosch とJosep Maria Domènechによる共同監督)は七年にわたる取材のもと、キューバ人七人のハバナでの生活からグアンタナモ基地収容、渡米後の生活までを追っており興味深い。
(2) 制作の詳細は、田沼(二〇一二)を参照されたい。
(3) 筆者がメールに、日本を「日いづる国」(el país del sol naciente)と書いたのにかけたもの。
(4) この時期に日本のインターネットに配信されたニュースによれば、フィデルの死と同時に、無秩序な移民が起きるのを恐れた米国政府が、通常よりキューバからの受け入れ数を増やしていたのだという。

## 第六章

(1) 現在、キューバに住む同年代の人びとが日常をどのように経験し、語るかに関しては、すでにいくつかの国際的な賞を受賞しているブログ「Y世代(Generacion Y)」(http://www.desdecuba.com/generaciony/ 日本語訳はhttp://www.desdecuba.com/generaciony_jp/)、何人かの日記が英語・スペイン語で読める「ハバナ・タイムス(*Havana Times*)」(http://www.havanatimes.org/)を参照されたい。

(2) Yoani Sánchez, "Ballot Box, The Stretcher." *Generacion* Y. October 22, 2012. <http://www.desdecuba.com/generaciony/2012/10/22/the-ballot-box-the-stretcher/> Accessed Feb. 14, 2014. 翌年二〇一三年、ヨアニは出国許可を得て外国講演を行い、キューバに帰国した。国外からは民主化の担い手として期待される彼女に対する「普通の人」の不信感や反発については国立民族学博物館編『世界民族百科事典』(二〇一四年出版予定)「うわさ、流言飛語」の項目に関する拙稿を参照されたい。

(3) アンダーソン(一九九七)の序章がよい例だろう。

(4) 本考察は中川理氏からご教示いただいた。

(5) このため、二〇〇四年にポスト・ユートピア研究会を立ち上げ、翌年には文化人類学会で分科会、一〇月に二日間のシンポジウムを行い、報告書(田沼 二〇〇六)と編著『ポスト・ユートピアの人類学』(石塚、冨山、田沼編 二〇〇八)を著すことにつながった。

# あとがき

『キューバ・センチメンタル』を東京で上映したときのことである。年配の女性がやってきて聞いた。「お聞きしたいんですけどね、あなたはキューバのことが好きなのですか」

私は、好きなところもあれば嫌いなところもあります、と、これまで何度もしてきた返事をした。キューバでも現地の人が、「キューバは好き？（¿Te gusta Cuba?）」と聞いてくる。でも彼らの問いは、実際に質問である。このときの質問がそうではないのは、口調で分かった。

婦人は、自分が一九九〇年にキューバを訪れてからキューバが「大好き」であること、だからこそ、こうしたものは「好き」な人にやってほしいのです、と、言われた。私は、キューバの人みんなが好きなのですか、と聞き返した。「ええ、好きですよ」と彼女は即答した。一九九四年、現地に滞在したという研究者に「キューバの学者は非常にいい生活をしてます。ごちそうしてくれます」と言われたこともある。あえて彼女たちの言葉をあげなくても、マイケル・ムーアの映画『シッコ』で見せられる、医療ユートピアのキューバ（撮影当時、一般の外国人旅行者は無料で治療を受けられなかったのだが）、オーガニックな農業を実現したとする数々の著作やテレビ番組で、革命のことを知らなくても、キューバはいいところらしい、と考える若い人は増えている。

その一方で、一九七〇年代にキューバを訪れ、皆が明るい表情をしていて印象的だったという女性が「また行きたいんですけど……自由がないっていうのは、よくないことですよね、やっぱり」と声を詰まらせることもあった。ここにあげたのは、だいたい同じぐらいの年齢の女性だが、キューバとそれぞれ違う関わり方をして、違うスタンスを持っているために、同じものを見てもまったく違うように感じられるのだろう。誰が正しくて間違っている、という「査定」をするために、私は本書を書いたのではない。世界の革命のリーダーとして輝くキューバ、経済危機で困窮してなりふり構わないキューバ、そうしたマスメディアのセンセーショナルなニュースではとりあげられない、ありふれた日常（国外の人間にとっては「ありふれて」ないかもしれないが）の出来事とその解釈のあり方を知ってほしいためだ。当たり前のことだが、歴史の一ページに残らない日を、ニュースの一項目にもとりあげられない日々を、大方の人びとは生きている。ある意味、それは「輝かしく」もないが、問題があったわけでもないので「無事に」過ごせたということだ。ただ、非常期間のキューバの「無事」は、「何も無かったこと」にされているだけ、という部分が多分にしてある。市井の人びとの苦しみや悲しみは、勝利する明日のための物語へと接続され、語られることもないまま消えていく。

そうではない。多くの人たちが、苦痛や悲しみを、笑い話のかたちであれ、出国というかたちであれ、表現していた。私がそれを記録し表すことを、冒頭の婦人のように「キューバが好きならばあるまじきこと」と憤慨する人もいるだろう。しかし、私は博愛主義者ではないし、キューバという国自体を好きかどうか問うこと自体、疑問に思うので、こう答えるしかない。

「私が好きなキューバの人たちが、黙るか仲間内で話すしかなかったことを、もっと多くの人に知ってほしいのです。それによって、いまのキューバで嫌いなところが変わっていくかもしれませんから」。実際はそんなふうに答えたことはないが、考えているのはそんなことである。

＊

本書を書くために大変、多くの方にお世話になった。まず、仮名で申し訳ないが、ホアン、エリサ、サーシャ、ダビッドを初めとするキューバでお世話になった皆様に、心より感謝の意を述べたい。同じ時と場所を共有させてくれて本当にありがとう。あなた方のおかげで、キューバについてだけでなく、人生について知ることができた。

シドニー・ミンツ氏にはフィールドワークの前後に様々な助言をいただいただけでなく、会話の使用も許可していただいた。石塚道子教授には、帰国後にデータの理解を深めるうえで有益なコメントを数多くいただいた。アナリサ・ライルズさんと宮崎広和さんには、第四章のもととなった「Post-utopian Irony: Cuban Narratives during the "Special Period"」を書くうえで大変有益なコメントをいただいた。彼らのコメントをもとに書き直す際に、若松文貴さんは、英語だけでなく論文の書き方に関しても丁寧な指摘や面白い提案をしてくださり、何度も草稿の手直しに付き合ってくださった。博士論文の後に書いたもののお蔵入りとなっていた、本書の二章のもととなった論文、「同志たちの愛のあと——創設フィクションとしてのキューバ革命」を雑誌『リプレーザ』二期（一）七五—九四（二〇〇九）に、「特集 ポスト・ユートピア」とともに掲載してくださった当時の編集委員の友常勉様にも御礼申し上げたい。

博論提出前の絶望的な状況では、松川恭子さんと内海博文さんに元気づけていただいた。森田良成くんには、締切一週間前に全草稿を読んでほしいという無理なお願いを聞いてもらえたうえ、とてもすばらしいコメントをいただいた。本書もやはり、数日で丁寧な校正をしてくれた。いつもありがとう。

遠い国で先の見えない研究を続ける娘をずっと見守ってくれた両親にも、改めて感謝したい。院生だったころから研究を支えてくれた先輩の大杉高司さん、私がキューバに残って一緒に暮らす方法を色々考えてくれたにもかかわらず、日本に来てくれたレオにも心よりお礼申し上げたい。小さいのにいろんな意味で親孝行な息子にも感謝である。

大阪大学人間科学研究科博士課程在学時にいらした人類学の先生方には、感謝してもしきれない。小泉潤二先生には、修士論文の調査のあと、短期間でよくこれだけのデータをとれたと言っていただけたことが、その後、人類学とフィールドワークを続けるうえで、どれだけ励みになったかしれない。春日直樹先生には、いつも素敵なアドバイスをいただいてきた。アイロニー、仕事、愛に着目したのは先生のご助言のおかげである。栗本英世先生には、大阪大学21世紀COE「インターフェイスの人文学」の様々なお仕事で、大変、貴重なご意見をいただいてきた。本書のもととなった博士論文を二〇〇七年四月に提出した同年九月からは、拠点リーダーの小泉先生ともどもグローバルCOE「コンフリクトの人文学国際研究教育拠点」の拠点サブリーダー兼事務局長として、さらなる研究に専念させていただいた。初めての映像制作であるにもかかわらず「映像作成による人文学国際研究教育の可能性」というプロジェクトを立ち上げることができ、多くのセミナーと二つの人類学的映像作品の完成が実現したのは、おふたりのおかげである。

中川敏先生には、ご着任以来、数々の笑いと涙のエピソードを共有させていただいた。先生の、「フィールドの笑い話がわかるようになるとそこの文化が分かったことになるって誰かが言ってたぞ」と、「ネイティヴは間違えないんだぞ」という二つの言葉は、フィールドワークとは何か、ということと、それを民族誌にするとはどういうことかを端的に表した名言である。本書の各章の冒頭に小さなエピグラフをつけたのは、先生のアイディアである。

「インターフェイスの人文学」でお知り合いになってから、私の書くものや撮るものを「めちゃんこおもろい」と励ましてくださった冨山一郎先生にも感謝したい。編著を著したのち、各方面で活躍されているポスト・ユートピア研究会の面々も、相変わらず「同志」として心の支えとなっている。また、第五章執筆の背景となった映画『キューバ・センチメンタル』は市岡康子氏の指導・助言なしには完成し得なかった。

大学を越え、長期のフィールドワークから帰国してきた人類学の院生たちが集まって執筆中の博論を読み合って忌憚なく、建設的な意見を述べる会「民族誌 co-labo 100」は、いつかはちゃんと単著にするぞ、という希望を捨てずにがんばるための動力となった。特に先駆けて立派な民族誌を献本してくれた佐川徹さん、木村周平さん、髙橋絵里香さんには、無言のプレッシャーをかけていただいた（本人たちにはその気はないだろうが）。西真如さんと伊東未来さんには、今回、出版前の原稿全体を読んでいただき、書き直すうえで的確なご指摘をいただけた。記して感謝の意を述べたい。

しかし何よりも、人文書院の伊藤桃子氏の粘り強さに感謝したい。博論執筆後、すぐに単著にしたいと持ちかけたところ快諾していただいたにもかかわらず、二度の編集会議にとおらず、研究成果公開促進費を受け、三度目の正直でやっと実現した。昨今の厳しい出版事情のなか、本書が世に出ることを本当にありがたく思う。

二〇一四年新春

田沼幸子

付記：本研究の調査は、日本育英会、澁澤民族学振興基金平成一五年度大学院生等に対する研究活動助成、平成一五年度COE「トランスナショナル研究」大学院生調査研究助成プログラムによって可能になった。また、キューバでは、フェルナンド・オルティス協会の受け入れによって長期間の調査ができた。博士論文執筆後、ディアスポラとなったキューバ人らの追跡調査は科学研究費（若手研究（B））「キューバからの越境における希望と実践の人類学的研究」（平成一九―二一年度）によって実現した。本書の出版は、平成二五年度科学研究費補助金（研究成果公開促進費）によって可能になった。本補助金に採択されるうえで、大阪大学研究推進部が行った「平成二五年度科学研究費助成事業の公募に係る相談員制度」において匿名のレビュアーの方にいただいたアドバイスが功を奏した。

二〇一〇年一月の出産後、育児で思うように時間がとれないなか、大阪大学男女共同参画推進オフィスは二〇一一年一〇月以降、研究支援員制度を通じ、研究補助員を採用し研究活動を支えてくれた。補助員をされた椿原敦子さん、古川不可知さん、油屋求さん、特に本書の校正を手伝ってくれた福田友紀子さんに御礼申し上げたい。

## キューバ略年表

1492　10月28日コロンブスが到着。「人間の目が見た最も美しい土地」だと述べる
1868　第一次キューバ独立戦争開始
1895　2月24日第二次独立戦争開始，5月19日マルティ死去
1898　4月25日米西戦争開始　12月10日パリ条約でスペインがキューバの主権を放棄
1902　5月20日キューバ，スペインから「独立」
1925　キューバ革命党（PCC）発足（1944年に人民社会党［PSP］と改名）
1952　バティスタがクーデターで政権掌握
1953　7月26日モンカダ兵舎襲撃
1955　5月15日カストロ兄弟らが恩赦で釈放される
　　　7月7日フィデルがメキシコに亡命。同月チェ・ゲバラと出会う
1956　11月25日フィデルらグランマ号でメキシコ出航　12月2日キューバ東部到着
1959　1月1日バティスタ亡命により「革命勝利」　1月8日フィデルのハバナ入城
1960　米国企業の国有化
1961　1月3日米国がキューバとの外交関係を断絶
　　　4月16日フィデルによる社会主義革命宣言
　　　4月17日在米キューバ人によるプラヤ・ヒロン侵攻事件（ピッグス湾事件）
1962　10月22日キューバ・ミサイル危機（核ミサイル危機）
1965　4月1日チェがキューバ国籍と全職位を返上
　　　10月3日新しいキューバ共産党（PCC）発足
　　　9月28日フィデルが米国亡命希望者の出国を期限付で認める（カマリオカ港開放）
1966　11月2日米国のキューバ難民地位調整法制定
1967　10月9日チェがボリビアで処刑される
1968　3月13日革命攻勢（Ofensiva Revolucionaria）宣言
1980　1月11日セリア・サンチェス死去
　　　5月亡命希望者のペルー大使館占拠事件を受け，マリエル港開放（～9月26日）
　　　7月28日（一説では26日）アイデー・サンタマリア自殺
1989　11月10日ベルリンの壁崩壊
1990　12月30日グランマ・インターナショナル紙に「キューバは非常期間に突入した－まだ状況は深刻でない」という記事が一面に載る
1991　12月25日ソビエト連邦崩壊
1993　米ドル所持の非－罰則化
1994　8月5日マレコン通りで暴動，海岸警備隊は出国者を止めないというフィデルの発言を受け筏難民（バルセーロス）発生
2006　7月26日フィデルが腸内出血で倒れ，5日後，ラウルに全権委譲
2008　2月24日ラウルが正式に国家評議会議長就任
2011　不動産売買解禁（キューバ在住の国民と永住権所持者）
2013　1月14日移民法を37年ぶりに改定

# 参考文献

アベル，ジャネット
一九九六　「ハバナの新しい資産家たち――大変革期を迎えたキューバ」『世界』三月号：二一〇―二一六.
アンダーソン，ベネディクト
二〇〇七　『定本　想像の共同体――ナショナリズムの起源と流行』白石隆・白石さや訳，書籍工房早山.
石塚道子，冨山一郎，田沼幸子編
二〇〇八　『ポスト・ユートピアの人類学』人文書院.
ウルフ，ロバート・ポール
一九八九　『アイロニーの効用――「資本論」の文学的構造』竹田茂夫訳，法政大学出版局.
大杉高司
二〇〇二　「神々の〈物質化〉――あるいはキューバのマルクス」，杉浦勉ほか編『シンコペーション――ラティーノ／カリビアンの文化実践』新宿書房.
二〇〇四　「ある不完全性の歴史――20世紀キューバにおける精神と物質の時間」『文化人類学』六九（三）：四三七―四五九.
二〇〇八　「〈アイロニー〉の翻訳――ポスト・ユートピアが人類学に教えること」，石塚道子・冨山一郎・田沼幸子編『ポスト・ユートピアの人類学』三四五―三七五頁，人文書院.
太田心平
二〇〇八　「センセーショナリズムへの冷笑――移行の言説としての韓国『民主化』と元労働運動家たちの懐古」，石塚道子・冨山一郎・田沼幸子編『ポスト・ユートピアの人類学』一六一―一八六頁，人文書院.
二〇一二　｜ニューヨーク！　ニューヨッ！　ニゥユィェ！　第01回　どうしてニューヨークだったのか――自分のことを語りたおす」国立民族学博物館　研究スタッフ便り．<http://www.minpaku.ac.jp/museum/showcase/fieldnews/staffletter/ota/ny01>　二〇一二年一〇月二二日閲覧.
カストロ，フィデル
一九六〇　『わがキューバ革命――その理想と展望』池上幹徳訳、理論社
一九六一a　「歴史は私に無罪を宣告するであろう（1953年10月16日，サンチャゴ・デ・クーバ）」，『わがキューバ革命』池上幹徳訳，二二――一九頁，理論社.
一九六一b　「私は神ではない（1959年2月6日ハバナ）」，『わがキューバ革命』一二〇――四二頁.
一九六一c　「キューバ人民は前進する（1959年10月26日ハバナのパラシオ広場）」『わがキューバ革命』一五一――八一頁.

一九六一d　「キューバ経済の自立的発展のために（1960年2月24日キューバ労働総同盟の集会）」『わがキューバ革命』一八二――一九〇頁.
一九六一e　「『共産主義の亡霊』におびえるもの」『わがキューバ革命』一四三―一五〇頁.
カストロ，フアーナ
二〇一二　『カストロ家の真実――CIAに協力した妹が語るフィデルとラウール』伊高浩昭訳、中央公論新社.
ギルモア，デイヴィッド
一九九八　『攻撃の人類学――ことば・まなざし・セクシュアリティ』芝紘子訳，藤原書店.
工藤多香子
一九九九　「90年代キューバ、アフリカ系カルトの行方―――『観光商品』化されるサンテリーア」『ラテンアメリカ・カリブ研究』六号：一七―二七.
グレーバー，デヴィッド
二〇〇六　『アナーキスト人類学のための断章』高祖岩三郎訳，以文社.
ゲバラ，エルネスト・チェ
一九六七　『革命の回想』真木嘉徳訳，筑摩書房.
一九六八　『ゲバラ選集１』選集刊行会編訳，青木書店.
一九六九a　『ゲバラ選集２』選集刊行会編訳，青木書店.
一九六九b　『ゲバラ選集３』選集刊行会編訳，青木書店.
一九六九c　『ゲバラ選集４』選集刊行会編訳，青木書店.
一九七〇　「キューバにおける社会主義と人間」，小田実編『第三世界の革命（現代革命の思想４）』一二一――一三七頁，筑摩書房.
コルトマン，レイセスター
二〇〇五　『カストロ』岡部広治監訳，大月書店.
桜井厚
二〇〇二　『インタビューの社会学――ライフストーリーの聞き方』せりか書房
佐々木一惠
二〇〇八　「夢と惆察――中国革命のなかの『新女性』」，石塚道子・冨山一郎・田沼幸子編『ポスト・ユートピアの人類学』二一五―二三九頁，人文書院.
塩川伸明
二〇〇一　「『もう一つの社会』への希求と挫折」『20世紀の定義（２）――溶けたユートピア』二一―三三頁，岩波書店.
スローターダイク，ペーター
一九九六　『シニカル理性批判』（1983）高田珠樹訳，ミネルヴァ書房.
セルトー，ミシェル・ド
一九九九　『文化の政治学』山田登世子訳，岩波書店.
ターナー，ヴィクター
一九九六　『儀礼の過程』（1969）冨倉光雄訳，新思索社.

田沼幸子
二〇〇三　「クバーナは解放されたか——革命キューバのジェンダー／人類学研究に関する一考察」，小泉潤二・栗本英世責任編集『トランスナショナリティ研究：場を越える流れ』五七—六九頁，大阪大学21世紀ＣＯＥプログラム「インターフェイスの人文学」.
二〇〇四　「話せないことを語ること——クエント（cuento）から見る現代キューバ」，21世紀ＣＯＥプログラム「インターフェイスの人文学」トランスナショナリティセミナー大阪大学5月21日.
二〇〇六　『ポスト・ユートピアの民族誌』
二〇〇八　「YUMA-CUBA——ここではないどこか，私ではない誰か」，石塚道子・冨山一郎・田沼幸子編『ポスト・ユートピアの人類学』二四一—二六三頁，人文書院.
二〇一一　「永遠から現在《いま》へ——終わらないキューバの『特別な期間』と出国の意味」，濱治佳・川口隆夫編『シマ／島，いま——キューバから・が・に・を見る』六一—六二頁，山形国際ドキュメンタリー映画祭.
二〇一二　「『Cuba Sentimental』制作ノート———人類学者がカメラを持ち，編集を終えるまで」，冨山一郎・田沼幸子編『コンフリクトから問う——その方法論的検討』一四三—一七〇頁，叢書大阪大学出版会.
二〇一三　「キューバン・ディアスポラ——在米キューバ人の表象に関する考察」『グローバル人間学紀要』五：五—二八.
二〇一四（予定）　「うわさ，流言飛語」，国立民族学博物館編『世界民族百科事典』丸善出版.
戸井十月
二〇〇三　『カストロ——銅像なき権力者』新潮社.
中川敏
二〇〇三　「『宗教とは何か』とは何か」『民族学研究』六八（二）：二六二—二七九.
ハーヴェイ，デヴィッド
一九九九　『ポスト・モダニティの条件』吉原直樹監訳，青木書店.
ブレイン，ロバート
一九八三　『友人たち／恋人たち——友愛の比較人類学』木村洋二訳，みすず書房.
ベイトソン，グレゴリー
二〇〇〇a　「社会計画と第二次学習」，『精神の生態学　改訂第二版』佐藤良明訳，二三八—二五七頁，新思索社.
二〇〇〇b　「精神分裂症の理論化に向けて」，『精神の生態学　改訂第二版』佐藤良明訳，二八八—三一九頁，新思索社.
真島一郎
二〇〇六　「中間集団論——社会的なるものの起点から回帰へ」『文化人類学』七一（一）：二四—四九.
ミルズ，ライト

一九六一　『キューバの声』鶴見俊輔訳，みすず書房.
宮崎広和
二〇〇九　『希望という方法』宮崎広和訳，以文社.
ミンツ，シドニー
一九九八　『甘さと権力――砂糖が語る近代史』川北稔・和田光弘訳，平凡社.
二〇〇〇　『【聞書】アフリカン・アメリカン文化の誕生――カリブ海域黒人の生きるための闘い』藤本和子編訳，岩波書店.
メイヤスー，クロード
一九八〇　『マルクス主義と経済人類学』山崎カヲル編訳，柘植書房.
山岡加奈子
二〇一〇　「米国におけるキューバ人ディアスポラ」，駒井洋監修『ラテンアメリカン・ディアスポラ』七九――一〇三頁、明石書店.
リオタール，ジャン＝フランソワ
二〇〇〇　『異教入門――中心なき周辺を求めて』山県熙ほか訳，法政大学出版局.

Agramonte, Roberto
1971 *Martı y su Concepcion del Mundo*. Barcelona: Universidad de Puerto Rico.
Aguilar, Alexandra
2003 Socialist Paradise Lost: Cuba's Failing 'Special Period in a Time of Peace'. *The World and I* 18(7): 164-167. Goliath. News World Communications, Inc.
Almeida, Juan
2003 In the Face of Haydée's Death. In *Haydée Santamaría*, ed. Betsy Maclean, pp. 86-89. Melbourne, New York: Ocean Press.
Barnet, Miguel
1983 *La Fuente Viva*. La Habana: Letras Cubanas.
Behar, Ruth
2000 Post-Utopia: The Erotics of Power and Cuba's Revolutionary Children. In *Cuba, the Elusive Nation: Interpretations of National Identity*, eds. D.J. Fernández and M.C. Betancourt, pp. 134-154. Gainesville: University Press of Florida.
Basch, Linda, Nina Glick Schiller and Christina Szanton Blanc
1994 *Nations Unbound: Transnational Projects, Postcolonial Predicaments, and Deterritorialized Nation-States*. Amsterdam: Gordon and Breach Science Publishers.
Buck-Morss, Susan
2000 *Dreamworld and Catastrophe: the Passing of Mass Utopia in East and West*. Cambridge: MIT Press.
Bunck, Julie Marie
1994 *Fidel Castro and the Quest for a Revolutionary Culture in Cuba*. University Park, PA: Pennsylvania State University Press.

Burawoy, Michael and Katherine Verdery, eds.

1999 *Uncertain Transition: Ethnographies of Change in the Postsocialist World.* Lanham: Rowman & Littlefield.

Butterworth, Douglas

1980 *The People of Buena Ventura: Relocation of Slum Dwellers in Postrevolutionary Cuba.* Urbana: University of Illinois Press.

Cabezas, Amalia

2004 Between Love and Money: Sex, Tourism, and Citizenship in Cuba and the Dominican Republic. *Signs: Journal of Women in Culture and Society* 29(4): 987-1015.

Campbell, Al

2000 The Cuban Economy has Turned the Corner: The Question Now is Where is It Going? In *Cuban Transitions at the Millennium*, eds. Eloise Linger and John Walton Cotman, pp. 167-203. Largo, MD: International Development Options.

Cantón Navarro, Jose

2000 *History of Cuba: The Challenge of the Yoke and the Star.* Habana: Union Nacional de Juristas.

Castro, Fidel

1967 Granma, February 5. (qtd. in Nelson 1972: 133)

1968 "Discurso pronunciado en el acto conmemorativo del XI Aniversario de la Acción del 13 de marzo de 1957, efectuado en la escalinata de la Universidad de La Habana, el 13 de marzo de 1968." *Portal Cuba.* <http://www.cuba.cu/gobierno/discursos/1968/esp/f130368e.html> Accessed December 15, 2006.

2000 Dentro de la Revolución, Todo; Contra la Revolución, Nada. (30 de junio de 1961). En *Revolución Cubana 40 Grandes Momentos*, Selección y Presentación or Julio García Luis, pp. 76-82. Melborne, Nueva York, La Habana: Politica/Ocean Press.

Castro Medel, Osviel

2005 Celia Sánchez: una mujer de verdad, enero 11 del 2005. <http://www.radiohc.cu/celia/celia3.htm> Accessed Oct. 22, 2012.

Catalá, Raquel

1942 Martí y el Espiritualismo. *Vida y pensamiento de Martí; homenaje de la Ciudad de La Habana en el cincuentenario de la fundación del Partido Revolucionario Cubano, 1892-1942.* Municipio de La Habana.

Clark, Juan

1990 *Cuba: Mito y Realidad: testimonios de un pueblo.* Miami, Caracas: Saeta Ediciones.

Comité Estatal de Estadísticas

1981 *Censo de la Población y Viviendas: Provincia de Ciudad de la Habana.* La Habana: Comité Estatal de Estadísticas

Cova, Antonio Rafael de la

2007 *The Moncada Attack: Birth of the Cuban Revolution.* Columbia: University of South Carolina Press.

Crabb, Mary Katherine

2003 The Political Economy of Caudillismo. In *Cuban Communism 1959-2003*, 11th ed., eds. Irving L. ouis Horowitz and Jaime Suchlicki, pp. 134-153. New Brunswick: Transaction Publishers.

Creed, Gerald W.

1999 Deconstructing Socialism in Bulgaria. In *Uncertain Transition: Ethnographies of Change in the Postsocialist World*, eds. Michael Burawoy and Katherine Verdery, pp. 223-243. Lanham: Rowman and Littlefield.

Duany, Jorge

2000 Reconstructing Cubanness: Changing Discourses of National Identity on the Island and in the Diaspora during the Twentieth Century. In *Cuba, the Elusive Nation: Interpretations of National Identity*, eds. D. J. Fernández and M. C. Betancourt, pp. 17-42. Gainesville: University Press of Florida.

Eckstein, Susan

1994 *Back From the Future: Cuba under Castro.* Princeton: Princeton University Press.

Elinson, Hannah

1999 Cuba's Jineteros: Youth Culture and Revolutionary Ideology. *Cuba Briefing Paper* No. 20. The Caribbean Project, Center for Latin American Studies, Georgetown University.

Espín, Vilma

1991 *Cuban Women Confront the Future: Three Decades after the Revolution*, ed. Deborah Shnookal. Melbourne, Australia: Ocean Press.

Fabian, Johannes

1983 *Time and Other: How Anthropology Makes Its Object.* New York: Columbia University Press.

Facio, Elisa

2000 Jineterismo During the Special Period. In *Cuban Transitions at the Millennium*, eds. Eloise Linger and John W. Cotman, pp. 55-74. Largo, MD: International Development Options.

Fagen, Richard R., Richard A. Brody and Thomas O'Leary

1968 *Cubans in Exile: Disaffection and the Revolution.* Stanford: Stanford University Press.

Fernández, Damian

2000 *Cuba and the Politics of Passion.* Austin: University of Texas Press.

Fernandez, Nadine

1996 *Race, Romance, and Revolution: The Cultural Politics of Interracial Encounters in Cuba.* Ph. D. Dissertation, University of California, Berkeley.

1999 Back to the Future? Women, Race, and Tourism in Cuba. In *Sun, Sex, and Gold: Tourism and Sex Work in the Caribbean.* ed. Kamala Kempadoo, pp. 81-89. Lanham: Rowman & Littlefield Publishers.

Fernandez, James W. and Mary Taylor Huber

2001 Introduction. In *Irony in Action: Anthropology, Practice and the Moral Imagination,* eds. James W. Fernandez and Mary Taylor Huber, pp. 1-37. Chicago and London: University of Chicago Press

Friedrich, Paul

2001 Ironic Irony. In *Irony in Action: Anthropology, Practice and the Moral Imagination,* eds. James W. Fernandez and Mary Taylor Huber, pp. 224-252. Chicago and London: University of Chicago Press.

Martínez Furé, Rogelio

1979 *Diálogos Imaginarios.* La Habana: Editorial Arte y Literatura.

Fusco, Coco

1998 Hustling for Dollars: Jineterismo in Cuba. In *Global Sex Workers: Rights, Resistance and Redefinition,* eds. Kamala Kempadoo and Jo Doezema, pp. 151-166. New York: Routledge.

García, Maria Christina

1996 *Havana USA: Cuban Exilesand Cuban Americans in South Florida, 1959-1994.* Berkeley, Los Angeles, London: University of California Press.

Geyer, Georgie Anne

1991 *Guerrilla Prince: The Untold Story of Fidel Castro.* Boston, Tronto, London: Little, Brown and Company.

Gordy, Katherine

2006 "Sales + Economy + Efficiency = Revolution?": Dollarization, Consumer Capitalism, and Popular Responses in Special Period Cuba. *Public Culture* 18(2): 383-412.

Guevara, Ernesto Che

1965 *El Socialismo y el Hombre en Cuba.* La Habana: Instituto del Libro.

Haney, Richard

2005 *Celia Sanchez: The Legend of Cuba's Revolutionary Heart.* New York: Algora Publishing.

Hart Dávalos, Armando

1980 *Ejemplo de Celia: Aliento y Enseñanza.* La Habana: Editora Política.

Hart Santamaría, Celia María

2005 Éste, el prólogo. En *Haydée Habla del Moncada,* by Haydée Santamaría, pp. 1-9. Melbourne, Nueva York, La Habana: Ocean Press.

Hart, Celia

2005 "A Butterfly against Stalin (Una Mariposa contra Stalin)." 25th Anniversary of the Death of Celia Sanchez Manduley, January 14, 2005. <http://www.walterlippmann.com/ch-01-14-2005.html>

Harvey, David

2000 *Spaces of Hope*. Edinburgh: Edinburgh University Press.

Hernández-Reguant, Ariana

2004 Copyrighting Che: Art and Authorship under Cuban Late Socialism. *Public Culture: Society for Transnational Cultural Studies* 16(1):1-29.

2009 Writing the Special Period: An Introduction. In *Cuba in the Special Period: Culture and Ideology in the 1990s*, ed. Ariana Hernández-Reguant, pp.1-18. New York: Palgrave Macmillan.

Holgado Fernández, Isabel

2000 *¡No es Fácil!: Mujeres Cubanas y la Crisis Revolucionaria*. Barcelona: Icaria.

Horowitz, Irving Louis, ed.

1995 *Cuban Communism, 1959-1995*, 8th ed. New Brunswick: Transaction Publishers.

Horowitz, Irving and Jaime Suchlicki

2003 Introduction. *Cuban Communism, 1959-2003*, 11th ed., eds. Irving Louis Horowitz and Jaime Suchlicki, pp. xiii-xxii. New Brunswick: Transaction Publishers.

Humphery, Caroline

1999 Traders, 'Disorder,' and Citizenship Regimes in Provincial Russia. In *Uncertain Transition: Ethnographies of Change in the Postsocialist World*, eds. Michael Burawoy and Katherine Verdery, pp. 19-52. Lanham: Rowman & Littlefield Publishers.

Hutcheon, Linda

1989 *The Politics of Postmodernism*. London, New York: Routledge.

Ichikawa Morin, Emilio

2003 The Moral Basis of Cuban Society. In *Cuban Communism, 1959-2003*, 11th ed., eds. Irving Louis Horowitz and Jaime Suchlicki, pp. 329-340. New Brunswick and London: Transaction Publishers.

Jameson, Fredric

1993 *Postmodernism, or, the Cultural Logic of Late Capitalism*. Durham: Duke University Press.

Kummel, Ingrid

2005 Love in the Time of Diaspora: Global Markets and Local Meanings in Prostitution, Marriage and Womanhood in Cuba. *Iberoamericana* 20: 7-26.

Lemon, Alaina

1998 'Your Eyes Are Green Like Dollars' : Counterfeit Cash, National Substance,

and Currency Apartheid in 1990s Russia. *Cultural Anthropology* 13(1): 22-55.

Lewis, Oscar and Ruth Lewis and Susan Rigdon

1977 *Four Men: Living the Revolution. An Oral History of Contemporary Cuba.* Urbana, Chicago, London: University of Illinois Press.

Lima, Lázaro

2005 Locas al Rescate: The Transnational Hauntings of Queer Cubanidad. *Cuba Transnational*, ed. Damián J. Fernández, pp. 79-103. Gainesville: University Press of Florida.

Linke, Uli

2006 Contact Zones: Rethinking the Sensual Life of the State. *Anthropological Theory* 6(2): 205-225.

Llanes, Julio M.

1985 *Celia Nuestra y de las Flores.* La Habana: Editorial Gente Nueva.

Lockwood, Lee

1969 *Castro's Cuba, Cuba's Fidel: An American Journalist's Inside Look at Today's Cuba- in Text and Picture.* New York: Vintage Books.

Malinowski, Bronislaw

1995 [1940] Introduction. In *Cuban Counterpoint: Tobacco and Sugar*, by Fernando Ortiz, pp. lvii-lxiv. Durham: Duke University Press,

Mañach, Jorge

1991[1928] Indagación del Choteo. In *La Crisis de la Alta Cultura en Cuba/ Indagación del Choteo* (Edición al cuidado de Rosario Rexach). Miami: Ediciones Universal.

Martinez-Alier, Verena

1989 *Marriage, Class and Colour in Nineteenth-Century Cuba: A Study of Racial Attitudes and Sexual Values in a Slave Society*, 2nd ed. Ann Arbor: University of Michigan Press.

Masud-Piloto, Felix

1995 *From Welcomed Exiles to Illegal Immigrants : Cuban Migration to the U.S., 1959-1995.* Lanham, MD: Rowman & Littlefield

Mesa-Lago, Carmelo

1972 Ideological, political, and economic factors in the Cuban controversy on material versus moral incentives. *Journal of Interamerican Studies and World Affairs* 14(1): 49-111

Miyazaki, Hirokazu

2004 *The Method of Hope: Anthropology, Philosophy, and Fijian Knowledge.* Stanford: Stanford University Press.

Moreno, José, Niuruka Pérez, Mark Ginsburg, Esteban Domínguez.

1998 *Cuba: Período Especial: perspectiva.* La Habana: Editorial de Ciencias

Sociales.

Mulhare, Mirta de la Torre

1969 *Sexual Ideology in Pre-Castro Cuba: A Cultural Analysis.* Ph.D. Thesis, University of Pittsburgh.

Nelson, Lowry

1972 *Cuba: The Measure of a Revolution.* Minneapolis: University of Minnesota Press.

*The New Oxford American Dictionary*

2001 Eds. Elizabeth Jewell and Frank R. Abate. New York: Oxford University Press.

O'Connell Davidson, Julia

1996 Sex Tourism in Cuba. *Race & Class; A Journal for Black and Third World Liberation* 38(1): 39-48.

Orozco, Román y Natalia Bolívar

1998 *Cuba Santa: Comunistas, Santeros y Cristianos en la Isla de Fidel Castro.* Madrid: Ediciones El País Aguilar.

Palma, Anthony de

2007 "Vilma Espín, Rebel and Wife of Raúl Castro, Dies at 77." *The New York Times*, June 20. <http: //www.nytimes.com/2007/06/20/world/americas/20espin. html?_r=0> Accessed Feb. 14, 2014.

Paz Pérez, Carlos

1988 *De Lo Popular y Lo Vulgar en el Habla Cubana.* La Habana: Editorial de Ciencias Sociales.

Pérez-López, Jorge

1998 Cuba's Socialist Economy: The Mid-1990s. *Cuban Communism*, 9th ed., eds. Irving Louis Horowitz and Jaime Suchlicki. New Brunswick: Transaction.

Peters, Philip

1998 Cuba's Small Business Experiment: Two Steps Forward, One Step Back. *Cuba Briefing Paper* 17. The Caribbean Project, Center for Latin American Studies, Georgetown University.

Partido Comunista de Cuba

1987 Programa del Partido *Comunista de Cuba.* La Habana: Editora Politica.

Portes, Alejandro

1969 Dilemmas of a Golden Exile: Integration of Cuban Refugee Families in Milwaukee. *American Sociological Review.*, August 34 (4): 505-517.

Pressly, Linda

2011 "Celia Sanchez: Was She Castro's Lover?" BBC Radio 3, Cuba, December 11. <http: //www.bbc.co.uk/news/magazine_15986857> Accessed Feb. 14, 2014.

Quesada y Miranda, Gonzalo de

1943 *Mujeres de Martí* (Con 18 Ilustraciones fuera del texto). La Habana: Ediciones de la Revista "Indice."

Randall, Margaret

1974 *Cuban Women Now: Interviews with Cuban Women.* Toronto: Women's Press: Dumont Press Graphix

Rodríguez, Silvio

2003 Notes for a Song to Yeyé. En *Haydée Santamaría,* ed. Betsy Maclean, pp.121-125. Melbourne, New York: Ocean Press:

Rosendahl, Mona

1997 *Inside the Revolution: Everyday Life in Socialist Cuba.* Ithaca and London: Cornell University Press.

Safa, Helen

1995 *The Myth of the Male Breadwinner: Women and Industrialization in the Caribbean.* Boulder: Westview Press.

Salazar-Carrillo, Jorge

1995 Interdependence and Economic Performance in Cuba. In *Cuban Communism,* ed. Irving Louis Horowitz. New Brunswick: Transaction.

Salomón Beckford, Luis

1986 *La Formación del Hombre Nuevo en Cuba.* La Habana: Editorial de Ciencias Sociales.

Sánchez

Sandoval, Mercedes Cros

1986 *Mariel and Cuban National Identity.* Miami: Editorial SIBI.

Santamaría, Haydée

2003 Hasta la Victoria Siempre, Dear Che. En *Haydée Santamaría,* ed. Betsy Maclean, pp.18-19. Melbourne, New York: Ocean Press.

2005 *Haydée Habla del Moncada.* Melbourne, Nueva York, La Habana: Ocean Press.

Scott, James C.

1985 *Weapons of the Weak: Everyday Forms of Peasant Resistance.* New Haven: Yale University Press

Smith, L. and A. Padula

1996 *Sex and Revolution: Women in Socialist Cuba.* New York: Oxford University Press.

Sommer, Doris

1990 Irresistible Romance: The Foundational Fictions of Latin America. In *Nation and Narration,* ed. Homi K. Bhabha, pp. 71-98. London, New York: Routledge.

Stout, Nancy

2013 *One Day in December: Celia Sánchez and the Cuban Revolution.* Forwarded

by Alice Walker. New York: Monthly Review Press.

Strathern, Marilyn

1995 Nostalgia and the New Genetics. In *Rhetorics of Self-Making*, ed. Debbora Battaglia, pp. 97-120. Berkeley: University of California Press.

Tanuma, Sachiko

2007 Post-Utopian Irony: Cuban Narratives during the 'Special Period' Decade. *PoLAR* 30(1): 46-66.

Torres, María de los Angeles

2001 *In the Land of Mirrors: Cuban Exile Politics in the United States*, paperback edition. Ann Arbor: University of Michigan Press.

Valdés, Nelson

1992 Cuban Political Culture: Between Betrayal and Death. In *Cuba in Transition: Crisis and Transformation*, ed. Sandor Halebsky and John Kirk, pp. 207-228. Boulder, San Francisco, Oxford: Westview Press.

Wilson, Marisa

2013 *Everyday Moral Economies: Food Politics and Scale in Cuba*. Oxford: Wiley-Blackwell.

Yurchak, Alexei

2005 *Everything was Forever, until It was No More: The Last Soviet Generation*. Princeton: Princeton University Press.

## 著者略歴

**田沼幸子**（たぬま・さちこ）
1972年生まれ。国際基督教大学教養学部社会学科在学中，カリフォルニア大学サンディエゴ校への交換留学がきっかけで文化人類学者を志す。2004年，大阪大学大学院人間科学研究科単位取得退学。人間科学博士（大阪大学）。2012年より，大阪大学大学院人間科学研究科グローバル人間学専攻助教。

主な業績
論文に，Post-Utopian Irony: Cuban Narratives during the “Special Period” Decade（*PoLAR* 30(1), 2007），共編著に『ポスト・ユートピアの人類学』（人文書院，2008年）と『コンフリクトから問う――その方法論的検討』（大阪大学出版会，2012年），企画・執筆した特集に「Rethinking “the Visual”――人文学にとっての映像とは」『コンフリクトの人文学』第２号（大阪大学出版会，2010年）などがある。
映像作品に，『キューバ・センチメンタル　Cuba Sentimental』(2010年，60分。ゆふいん文化・記録映画祭第四回松川賞受賞，山形国際ドキュメンタリー映画祭，ケベック国際民族誌映画祭，ゲッティンゲン国際民族誌映画祭，ハバナ若手映画祭にて入選上映）がある。

革命キューバの民族誌　非常な日常を生きる人びと

2014年2月20日　初版第1刷印刷
2014年2月28日　初版第1刷発行

著　者　田沼幸子

発行者　渡辺博史

発行所　人文書院

〒612-8447　京都市伏見区竹田西内畑町9
電話 075-603-1344　振替 01000-8-1103

装　幀　田端 恵　㈱META

印刷所　モリモト印刷㈱

落丁・乱丁本は小社送料負担にてお取り替えいたします

ISBN 978-4-409-53046-7 C3039